走出发展困局之一

十字路口的资本主义
（第3版）

CAPITALISM AT THE CROSSROADS

斯图尔特·L·哈特(Stuart L.Hart) 著
李麟 李媛 钱峰 译

中国人民大学出版社
·北京·

献给所有的子孙后代

译者序

中国经济再一次走到了十字路口。2011年一季度以来，我国经济增速逐季回落。2011年一季度同比增长9.7%，二季度增长9.5%，三季度增长9.1%，四季度增长8.9%，2012年一季度增长8.4%。中国经济面临着经济下滑、有效需求不足、房地产调控难度加大、贸易摩擦加剧、区域经济不协调等突出问题。面对艰难的时局，如何实现战略突围？置身于这样一个转折时代的我们，将如何决定我们未来的发展模式和发展方向。当我们的子孙后代审视这段历史的时候，对今天将会是眉飞色舞的赞叹，还是捶胸顿足的惋惜？——这将取决于身处这个十字路口的我们的选择。

实现战略突围的首要立足点是借助科技创新释放生产力。从人类的发展史看，每一次生产力的解放，都以科技创新为先导。蒸汽动力技术导致了第一次工业革命，出现了以煤炭为动力的蒸汽铁路以及工厂；电信技术与燃油内燃机的结合引发了第二次工业革命，迎来了批量工业制品时代。当前，互联网信息技术与可替代能源、可再生能源的出现让我们迎来了第三次工业革命。科技创新带来的第三次工业革命将对人类社会产生深刻的影响，也是我国经济实现跨越式发展的又一契机。

举一个例子来说，页岩气是赋存于有机质泥页岩及其夹层中，以吸附或游离状态为主要存在方式的非常规天然气，成分以甲烷为主，是一种清洁、高效的能源。我国页岩气资源丰富，与常规天然气资源量相当。到2020年，我国页岩气年产量如果能够达到1 000亿立方米以上，则有希望改变我国油气资源开发格局，页岩气也将成为我国重要的能源支柱。事实上，到2015年，中国将有望建成富有竞争性的可再生能源产业体系，风电、太阳能、生物质能、太阳能热利用及核电等非化石能源开发总量将达到4.8亿吨标准煤。其中风电将达到1亿千瓦，年发电量1 900亿千瓦时，海上风电500万千瓦；太阳能发电将达到1 500万千瓦，年发电量200亿千瓦时。智能电网建立在集成、高速、双向通信网络的基础上，能够促进能源资源优化配置、保障电力系统安全稳定运行、提供多元开放的电力服务、推动战略性新兴产业发展。未来10年，我国将迎来智能电网的投资高峰期，投资额将达4万亿元，成为拉动经济增长的新引擎。

哈特教授在本书中告诉我们，在通过科技创新来释放新的生产力的同时，不要忘记生活在"金字塔底层"（Base of the Pyramid）的人们。如果生产率的提升和生产的增长不能和社会环境等各方面的利益相关者完美融合，经济系统必定是不稳定、不协调和不可持续发展的。哈特教授认为，真正有效的战略是如何在推动企业成长和获取利润的同时，为人们提供更多工作岗位，改善人们的生活状况，为解决社会和环境问题提供良方。通过消除低收入群体生活中遇到的一些困难和障碍，增加他们的收入，企业可以识别并利用之前自己根本无法发现的机遇。最为重要的是，企业将由此数倍乃至数十倍地扩大市场规模，形成生产和消费两端的平衡。

本书作者哈特在全球可持续发展和企业战略环境领域可谓声名赫赫，他是康奈尔大学的管理学教授，同时是美国密歇根大学威廉·戴维森研究所的一名杰出学者。他担任全球可持续发展企业协会的会长。他所撰写的开创性论文《超越绿色：世界可持续发展战略》，于1997年荣获《哈佛商业评论》颁发的最佳文章奖——麦肯锡奖，一场倡导企业可持续发展的运动也在此带动下拉开序幕。2002年，他和C. K. 普拉哈拉德（C. K. Prahalad）教授合作撰写的《金字塔底层的财富》（*The Fortune at the Bottom of the Pyramid*）同样是具有拓荒意义的佳作，这是第一次有人提到企业要如何在服务发展中国家的40亿贫困人口时，挖掘这块市场中的商机。

本书从各个角度分析了如何践行可持续发展战略。以冷战后的危机展开话题，在其后的第1章中告知我们，将可持续发展视作义务的观念早已被扫入了时代的垃圾箱，从其中寻找机遇才是当下的主旋律；而后，在第2章，作者又在更大的背景下介绍了与可持续发展相关的全球战略，试图将企业面临的挑战转变为一种面向未来的方略，并为企业将在其中扮演什么样的角色给出了一些思路。接下来，在第3章，作者又以一种价值组合的角度来分析可持续发展，从经济、社会、环境三个方面，对企业的行为提出了指导与约束；在第4章中，作者开始将我们引入一个全新的方向——"超越绿色"，清晰地介绍了洁净技术的战略框架，从系统思考的角度，论证了在那些能够提高企业未来竞争力的全新的技术和技能上率先投资的重要性。第5章中，作者为我们诠释了，为什么世界经济金字塔底层的40亿人口所构成的市场是可持续发展的基础。在第6章，作者说明，企业在金字塔底层市场成长和获取利润的同时，在改善当地人的生活状况和解决社会、环境问题方面同样义不容辞。第7章，作者继续进行鞭辟入里的分析，首次对现有的"发展"和"现代化"这些源自西方的概念提出了批判，要求企业必须拓展其宽度并扩大自身对全球经济的认识，对藏匿于正式经济形式外的其他经济形式同样给予高度重视。第8章中，作者认为在底层市场取得成功的关键，即开展深度对话、合作探讨解决问题的办法、由小处着眼、建立相互之间的信任和实实在在地为那些当地的合作伙伴发展生态系统。第9章中，作者为我们介绍了一种特殊的、使商业模式与目标市场联系更加紧密的方法——金字塔底层倡议。最后在第10章中，作者将重点放在启示领导者和变革推动者，如何使可持续发展的思想付诸实践。

可以说在阅读了本书之后，应对当前艰难时局的战略突围路径就非常清晰了。即在国家层面上，加大经济结构调整的力度，不断优化投资结构，通过结构性减税促进内需，加快收入分配改革的步伐，促进民生福利，更加注重科技创新和节能环保；在企业层面上，以客户为中心，不断优化客户结构，以创新作为增长的驱动力，不断探索新的、可持续发展的商业模式。

支持实体经济，推动我国经济可持续发展，是我国商业银行肩负的历史使命。浦发银行一直以来勇于探索支持实体经济发展的新路子，前瞻性地将对"绿色经济"的支持作为服务实体经济的重要领域之一。加强"现代制造业、战略性新兴产业、现代服务业"等领域的信贷支持力度，积极在"低碳、循环、绿色"领域发掘客户及业务发展的新需求。

浦发银行还积极探索通过科技创新实现金融普惠的路径。其中，在移动金融领域的科技创新中投入巨大，为推动移动金融服务于广大农村和边远地区用户进行了不懈的努力。而这也正与书中服务金字塔底层市场及将可持续发展付诸实践的思想不谋而合。

李麟

浦发银行战略发展部总经理

2012年6月

美国前副总统阿尔·戈尔的推荐序

　　商业的全球化背景继续经历着沧海桑田的剧变，在《十字路口的资本主义》第3版中，斯图尔特·哈特明察秋毫，洞察出了大背景变换之重要实质。事实上，世代投资管理公司的同仁们与我都深信，在未来的50年间，可持续发展将成为驱动全球经济变化的关键引擎。与此同时，我们认为，通过绘制未来蓝图创造股东价值，并为可持续发展事业添砖加瓦，企业将拥抱前所未有的商机。

　　如今，在经济学家约翰·梅纳德·凯恩斯（John Maynard keynes）的"国民账户"（现国内生产总值理论的核心）范围外的诸多因素正直接影响着企业盈利、风险管理以及维持竞争优势的能力，且这种影响的强劲之势前所未有。尽管在计量生产资料的时候，现今的货币系统精确度尚可，然而，一旦计量的对象变为了自然、社会以及人力资本之际，这一工具的准确程度便不再尽如人意。诸如，在某些方面，自然资源还是会被假定为取之不竭。这也部分诠释了为何我们现有的经济发展模式总是与尽可能多的外部化成本如影随形，并造就了整个社会最终为这些环境和社会成本买单的格局。

　　能够在战略高度，通过对经济、社会、环境以及道德方面进行有效的绩效管理，而使得自己的财务收益最大化的企业，将最终通过时间的考验，为公众及利益相关者谋得一桶金。在面对诸多局限性以及一个在现今的利用方式下不可持续的生态系统之际，这句话犹如至理名言。当气候恶化、艾滋病以及其他疫病爆发、水资源短缺、贫困漫延等问题严重到市民社会与消费者们急需向企业与政府求得一个答复之际，恐怕"经营许可证"就不再能被企业视作理所当然之物了。企业中的佼佼者已然走在了法律法规之前，并以此作为保有自己竞争优势的手段。

　　全球经济危机正是对一个挑战是如何将企业及政策制定者们从曾经

的安乐窝中驱逐而出的完美例证。全球变暖所反映出的危机与挑战正是我们的经济体系能否维持长期健康的症结。在应对气候变化之际，积极投身其中的企业将能提升利润，吸引顶尖人才，收获品牌效益——而这一切，从长期来看，最后都将转换为增长的股东收益。今天，在应对环境危机时的激流勇进不仅将为公司赢得声望并获得风险管理的成功，同样将成为创造利润及争夺竞争优势的一大利器。那些将环境的全面综合管理纳入自己的战略制定、企业文化设计以及运作过程中的投资者与企业，必将成为行业中的佼佼者，而更多的股东价值也将如期而至。

正如哈特所指出的那样，企业是变化的一个有力的代言人。这个代言人已经整装待发，他将与政府通力合作打造一个更加可持续发展的未来，一个更加强劲的市民社会。然而，哈特同时指出，企业主一贯承担的短期与长期的压力迫使其必须做出权衡，是高瞻远瞩地在可持续发展事业中扮演弄潮儿还是固守过往的投资与旧习惯（通常是不可持续的）。

毋庸置疑，传统企业在凭借自身的力量面对可持续发展中的挑战时，存在一些能力上的局限性。我们的社会，现在比以往任何时期，都更需要一个全新的模式，以解决诸如环境危机、贫困、流行性疾病、水资源短缺以及人口结构变化这一类系统、长期的问题。这将涉及更多的企业和政府创新，社会企业家精神，公私机构的合作，以及更加有效的市民社会参与。

可持续发展的时代已然来到，然而，它必须在已有的经济体系中经受彻底的洗礼。为了实现这一点，我们必须继续将商业所在的环境及社会外部性因素纳入考虑的范畴，从而使资本得到有效配置，实现最大化与最优化的利用。价值250亿美元的欧洲二氧化碳市场在2006年被纳入管制，这正是资本主义通过价格信号——在这一案例中是二氧化碳的单价——有效地解决环境问题的佐证。只有当市场提高了自己为负外部性定价的能力时，我们才能看到资本在可持续发展的原则指导下更加有效地配置。这层转变其实无须其余任何条件，只要人们在心态上能够经历一场彻头彻尾的巨变——将我们的地球视为一项长期投资，而非一项清算之中的业务。

庄臣公司总裁菲斯克·约翰逊的推荐序

企业的领导者们需要把握自己在构建一个可持续发展的未来中扮演的角色以及肩头所承担的重任，在刚刚发行的《十字路口的资本主义》第3版中，斯图尔特·L·哈特告诉我们，在如今这个时代，这一点将变得越来越不容忽视。哈特的书向我们传递了一个不可回避的现实：企业可以成为真正推动全球可持续发展的催化剂。

作为一家业务覆盖全球的消费品企业的总裁兼CEO，我每天都能见证企业所创造的价值。我可以看到公司的产品为世界各地的人们送上健康与安全。我看到企业所带来的工作岗位，帮助父母们抚育自己的子女，并帮助这些孩子们实现他们的父辈甚至无法想象的梦想。

我同样意识到，企业的商业行为会为那些全球化反对者们所利用。然而我深知，有为数众多的企业家们与我秉持着同样的信念：不能仅仅将追求更高的季度利润作为自己使命的唯一内容，也不能在陈述公民责任的时候认为在提高一国国民生活水平的同时导致另一国的环境满目疮痍是可以接受的，尽管有人将这些视作"进步"的代价。短期的季度收益在长期的可持续发展面前唯有甘拜下风。

正如作者在本书中清晰陈述的那样，将世界建成为一个更加美好的家园与追求漂亮的利润报表绝非水火不容。对企业而言，坚守全球可持续发展事业绝非委曲求全，事实上，这是追求长期增长的唯一一条可行之路。

《十字路口的资本主义》为我们勾勒了这样一幅蓝图：企业不仅可以保持增长，同样能令社会、环境的利益相关者满意。哈特告诉我们，通过将目光的焦点转向金字塔底层的40亿人口，企业可以在收获令人难以置信的经济增长的同时，为人们的生活带来翻天覆地的变化，并保护地球上的其他物种继续繁衍生息。

我们公司在金字塔底层的早期工作为哈特的观点进一步提供了佐证。正如哈特所描述的那样，当我们通过在肯尼亚内罗毕建立一种全方位关系以便对金字塔底层进行检验之际，我们共同创建了一种互惠互利的商业模型。我们超越慈善机构，在肯尼亚的贫民窟建立了一种可持续的商业伙伴关系，虽然这里鲜有商业冒险家们涉足，却也并非毫无挑战。尽管这项尚未成熟的项目还不能被视为成功，我们还是倾尽所能地在金字塔底层促使自己的业务生根发芽。

借助商业驱动可持续发展对我而言并非一个新兴概念。这种思想在我与家父塞缪尔·C·约翰逊持续一生的交谈中早已被播种并培育。他与我分享祖父的故事，19世纪30年代我的祖父踏上巴西之旅，为我们的产品寻找一种可持续的蜡源。1975年，尽管来自同仁和竞争对手的反对之声源源不绝，他还是下定决心，自愿地、单方面地宣布禁止在我们的产品中添加氯氟烃。

我的父亲在社会与环境方面的努力使得他被推选为可持续发展委员会的主席（Council on Sustainable Development）和世界可持续发展工商理事会（World Business Council on Sustainable Development）的创始会员。他将我们的家族企业——庄臣公司，在环境与社会方面的成就推升到了新的高度。

更重要的是，父亲为关于可持续发展的对话得以延续提供了保障。2000年，他让出了自己在全球企业可持续发展研究中心的席位，而现在接替此席位的正是哈特教授，他绝对有能力并值得担此重任。除此之外，父亲还赞助康奈尔大学约翰逊学院创办了新的全球企业可持续发展研究中心（Center for Sustainable Global Enterprise）。正是通过这些，他履行了哈特教授在其著作中对企业提出的一项至关重要的理念：对我们所要面对的未来，以及全球挑战中蕴藏的机遇保持乐观。

我同样拥有这份乐观。这就是为什么我们公司在2001年单方面提出了环境分类系统绿色名单，并以此来挑选环境友好型的原材料与包装材料。这项举措远远走在了政府规章之前，它帮助我们的企业孕育出了更加优异的产品。这也是在2003年我们专门派遣人员奔赴非洲撒哈拉以南地区抵抗肆虐的疟疾，并向迈阿密饱受哮喘摧残的拉丁裔儿童伸出援手的缘由所在,这些活动的序幕已经被拉开并且将势不可挡。这还是在 2004 年我们投身到全球碳保护运动中,帮助拯救世界上生物多样性破坏最为惨重的地区的信念所在。这同样是我们开展综合性运动,以降低温室气体排放以及推行创新系统(诸如利用天然气及公共垃圾填埋场的沼气发电,为全球最大的生产设施提供燃料)的深意所在。以 2000 年作为基准年,在我们的顶级全球工厂,该项目已成功减少排放量达 42%。

尽管哈特呼吁通过"颠覆式的剧变"来"避免灾难",但在《十字路口的资本主义》全书中提及的问题背后我们都看到了乐观的影子,作者也呼吁我们采取乐观的行动。他要求我们在拟定可持续发展问题的解决之道时,能将全部利益相关者纳入考虑范畴。他倡导我们拥抱一种全新的商业模式,这种模式不在于逐步改善,而是基于创造性的破坏与重新创造。他向我们提出了挑战:他要我们将一个无以颠覆的事实作为企业政策及业务的基础,即股东利益的创造与社会环境问题的解决可以并行不悖。

也许有人会说,"全球企业"与"可持续发展"本身就是一对矛盾,然而他们可能大错特错。从激进的环保主义者到企业的 CEO,从苏丹的难民到英国的社会名流,从美国工厂的工人到阿根廷的农民,我们所有人紧密相连。我们都与全球环境和经济的未来休戚与共。这正是《十字路口的资本主义》一书所昭示的一个不容否认的事实:我们从根源上被紧密相连,依赖于同样有限的资源,被我们对自身及子孙后代所担负的重任所鞭策。

对于商业中存在的荣誉与价值,我深信不疑。在《十字路口的资本主义》中,斯图尔特·哈特让我们向这一真理敞开怀抱,我相信,对于想要保证长期可持续发展的全球化企业而言,这或许是他们所能拥有的最佳机遇。对于未来,我满怀信心。

目录

第一部分 战略纵览

序 重塑后危机时代的资本主义

4 经济大崩解
5 最好的时代，抑或最坏的时代
7 环境恶化
8 发展瓶颈
11 对企业的影响
12 踌躇于十字路口的人们

第1章 从义务到机遇

17 非此即彼的重大误区
19 绿色革命
20 打破非此即彼的观念
21 摆脱指挥与控制模式
24 超越绿色
27 疯狂抵制机器
29 智慧的乌合之众和精明的全球化
31 本土化征程
34 未来之路
36 本书概览

第2章 冲突中的世界

43 三种经济形态

49	冲突过程
51	透视全球市场
53	成熟市场：减少企业对环境的破坏
55	新兴工业化国家：避免冲突
58	传统市场：满足其真正的需求
62	价值主张

第3章 可持续发展价值组合

66	与"可持续发展"相关的概念
67	与创造股东价值相关的元素
69	可持续发展概念分类
71	可持续发展价值组合串联
80	绘制可持续发展价值组合评估图
82	可持续发展之路
85	追寻洁净空间

第二部分 超越绿色

第4章 洁净技术与创造性破坏

92	持续改进与创造性破坏
97	从纺织品染料到生物材料
99	利用二氧化碳改变世界
100	开启绿色畅想
102	系统思考
105	再创驱动力
108	技术解放
109	履行自己的义务

第5章 自下而上的创新

114	进退两难
115	BoP 概念横空出世

117	冰山一角
120	创造性创新
123	从金字塔底层开启创新旅程
125	与世界相通
128	食品、健康和希望
130	为人们提供电力
134	伟大的结合
136	一个新的发展范式
138	深入金字塔底层

第6章 改善金字塔底层的状况

142	开发金字塔底层市场的先锋
143	愚蠢的商业模式
157	评估可持续发展的影响
159	乡村电话：三重底线
162	跨国公司的优势
164	共同的事业

第三部分 本土化进程

第7章 拓展企业宽度

170	拉达克带来的启迪
172	发展进程中所面临的挑战
176	深度合作
178	向外拓展：扩展公司的经营范围
181	向内拓展：整合未被证明的多样化信息
185	扩展全球经济的概念
187	反客为主

第8章 培养本土化能力

191	新一代企业的战略和技巧

| 207 | 超越跨国模式 |

第9章 嵌入式创新战略

212	苹果和橘子的比较
214	向 BoP 进军的倡议
218	在探索中学习
222	水的冒险
227	三大挑战
229	引领下一次巨变

第10章 成为可持续发展的全球性企业

234	在真实的世界中成就一切
242	整合组织中的要素
247	建造一所"大教堂"
249	附言

尾声 展望未来

254	排干沼泽中的水分
255	下一次海啸
257	谁会成为 21 世纪的守护者？

致谢

第一部分

战略纵览

序
重塑后危机时代的资本主义

每一代人都坚信自己的出生必然伴随着某种不同凡响的特质，有的面临着异常重大的挑战（例如，"最伟大的一代"和第二次世界大战中出生的一辈人），有的拥有某种特质或是被标记以某种特殊符号（譬如，在婴儿潮时期出生的一代人），还有的是降生于某个意义重大的年代（比方说，在启蒙运动之际奔赴这个世界的一代），我们对此有一个术语，称之为"自我中心主义"。虽然每一代人都对自己的独特之处深信不疑，仍然有客观证据表明，当下这一代书写的才是最重要的历史。我们是真正踌躇于十字路口的一代人。

自人类在地球上繁衍生息之日，到大约12 000年前，我们在地球上直立行走的同胞数从未超过几千万。然而，随着农业的产生和食物供给的日益充沛，时至今日，人口膨胀的问题时时与我们相伴。美国独立战争之际，全球人口一度达到约1亿。随着新世界的扩张和工业革命的推波助澜，到第二次世界大战时期全球人口已达20亿之多。[1]

时间追溯到婴儿潮时代，1952年，当我与众多婴儿一同降生之时，迎接我的，是一个已经拥有20亿人口的世界。在不足半个世纪内，这个数字就飞涨至60亿。如果我有幸能足够长寿的话，看到一个被80亿甚至更多同胞挤满的地球绝非难事。这样，仅需一辈人的时间，人类数目就能从最初的20亿增长至超过80亿。这个增速的确前所未有，人类有史以来从未曾有任何一辈人经历过如此爆炸性的巨变。毋庸置疑，由此可知，在可预见的将来，我们所制定的政策，我们所做的决定，以及在接下来的10年、20年我们所要遵循的战略将会决定人类的未来以及地球的发展轨迹。我们肩负着可以引以为豪的责任，或者至少可以说，重大的机遇正在我们眼前。

经济大崩解

《十字路口的资本主义》第 1 版于 2005 年新鲜出炉,当时一些学者认为本书标题似乎过于"杞人忧天"。无论如何,随着苏联代表的发展模式于 20 世纪 90 年代初轰然解体,资本主义似乎就一直独占鳌头。当然,这期间资本主义也遭受了一系列的挑战——网络泡沫破裂、安然公司倒闭以及 20 世纪初的"9·11"恐怖袭击。但从大局来看,推崇"自由市场经济"的资本主义仍将在未来翻云覆雨,世界上绝大多数国家对此深信不疑。然而时至今日——间隔不足五年之际——这个观念似乎被撼动了。

其实,2010 年年初,当我重新撰写这篇序言时,对于本书标题的质疑已然寥寥无几。甚至早在 2007 年本书第 2 版问世的时候就已经有了这种迹象。事实上,我坚信 2008 年可被看做一个转折点,正是在那一年之后,各路危机不断侵袭这个世界——油价高企,世界性的粮食短缺,次贷危机,全球金融危机,物种多样性的丧失,极度赤贫,贫富差距日益加大,绝望滋生,恐怖势力横行——最终,多数人开始清楚地意识到一些基础性的东西已然背离正轨。

这个世界——以及全球的资本主义所代表的发展模式——毫无疑问,已经置身十字路口。在 2009 年 1 月召开的世界经济论坛(WEF)上,该论坛创始人克劳斯·施瓦布(Klaus Schwab)如是说:"此次经济危机为 21 世纪全球性机构和跨国公司敲响了重组的警钟。"通用公司首席执行官杰夫·伊梅尔特(Jeff Immelt)则宣称:历史的车轮不会调转,世界经济绝不会恢复得完好如初,与其寄希望于此,倒不如将重组纳入新的议题。

《纽约时报》的专栏作家汤姆·弗里德曼(Tom Friedman)近期注意到,人类社会或许正置身于一个拐点——我们在过去的 50 年间所创造的增长模式,无论从经济还是生态方面来说,归根结底,都是不可持续的。最终,2008 年世界经济全面崩盘。澳大利亚环境事务专家保罗·吉尔丁(Paul Gilding)甚至将这个时刻命名为"经济大崩解"——此时,"自然母亲"和"贪婪父亲"同时撞墙。[2] 无论怎样高估这次转变的重大意义都不为过,任何一家组织,如果不做好迎接转型后新世界的准备,最终命运必将是遭到淘汰。

最好的时代,抑或最坏的时代

历史性的时刻即将到来,此时的我们却无动于衷。全球评论家戴维·科顿(David Korten)认为,100年后,当我们的子孙后代重新审视这个时刻,这将被认为是一个成功的过渡期,抑或是一个重大的转折期。[3] 事实上,我们所处的是一个矛盾重重的时代:200年前,以现今的生活水平来衡量的话,几乎所有人的生活都只能用两个字概括:贫困。那时候,饥荒和疾病无处不在。20世纪上半叶,第一次世界大战爆发,战争夺去了数百万人的生命,将一个个国家整个摧毁。显而易见的是,人类社会在相对极短的时间内取得了令人咋舌的巨大进步。

在过去的20年内,我们见证了苏东剧变和计划经济的复苏。1990年,美国成为世界上唯一的超级大国,这使得镇压和被镇压成为历史,自由和民主成为时代的主旋律。中国和印度的经济增速空前,在全球格局中,扮演着极其重大的角色。跨国公司、国际组织、全球公民社会纷纷登上历史舞台,与之相伴的,是超一流的技术、先进的商业模式和新的问责机制。在世界各地,人均寿命不断增加,文化水平不断提高。[4]

信息和通信技术(ICT)革命已经展现在我们面前,改变着我们的生活方式,加快了信息和思想的传播速度。无线通信技术惠及第一个10亿人花费了20年的时间,起初很大一部分只被用于美国、西方国家和日本的高端工业试验。然而,在那些发展中国家尚未被普及的城市及乡村地区中,随着个人及公司对于无线通信技术的需求开始出现,该技术犹如野火般迅速播散。短短两年时间,该技术的受众增至20亿人,又经过不足一年时间,受众达到30亿。现如今,该技术已覆盖全球超过一半的人口,低收入人群构成的市场成了该技术创新的主战场——主要体现在成本的降低、便携技术创新以及太阳能充电设备的研发上。

以信息为基础,新经济的透明度极大增加,促进了各地方的自力更生，加快了民主在全球的传播步伐。随着生命科学和纳米技术的日趋成熟，在21世纪，ICT会给我们的生活带来翻天覆地的变化。在经济生活中，技术创新显著降低了原材料和能源的单位消耗量。美国经济的发展历程就是一个例证，20世纪末，美国消耗的原材料和20世纪初大致相当，而前者创造的产值却是后者的20倍。[5] 钢铁时代已经退出历史舞台，取而代之的是信息时代，毋庸置疑，我们对此大为欣喜。

然而，像上文所提及的那样，冲突和分歧仍然随处可见。尽管20世纪90年代世界经济的增长在很大程度上依靠美国消费者的需求拉动，但现实却清楚地告诉我们，即使是美国国民，对商品和服务的消费水平也有上线。事实上，美国消费者对中国经济的飞速增长也功不可没。这种相互依赖关系其实是一个注定要崩溃的恶性循环。2008年，当次贷危机引发的房地产泡沫破灭之际，"中美共同体"可谓遭受重创，数千家中国出口型企业被迫倒闭，数以千万计的外来务工人员惨遭失业，不得不返乡另谋生计，而在农村，原本就有7亿农民苦苦挣扎在贫困线上。

与中国极其类似，全球经济增速放缓对印度也造成了深远的影响，诸如孟买、班加罗尔及海得拉巴这样的承担信息和商业服务中心职责的大都市，同样纷纷遭受重创。汤姆·弗里德曼在著作中曾经提及的"平的世界"的概念开始站不住阵脚。[6] 印度股市下跌超过50%，城市房价一路下滑。尽管印度银行躲过一劫，未曾遭受次贷危机的影响，但印度的投资资产数额还是下降了一半之多。足足有2/3的国内人口——超过7亿农民——甚至没来得及看到经济全球化惠及自身，而只看到了棚户区、城市贫民窟的爆炸式增长。当新政府将关注的目光不断投向城市发展的时候，印度的60万个村庄却未曾受到同等关注，可持续发展目标的实现变得尤为艰难，印度人于是被划分为两类——2亿多的富裕阶层和7亿多的贫困阶层。

简而言之，经济全球化、私有化和自由贸易将近20载的进程所带来的影响姑且只能称之为喜忧参半。发达国家的富裕阶层财富不断增加，中国和印度诞生了一种新兴的中产阶级。当资本主义和自由民主凯歌高唱之时，世界上绝大多数国家和人民并未从中明显获益。即便是以经济机会众多而著称的美国，富裕的精英阶层以及包括急速增长的失业人群和收入寥寥无几的工薪阶层在内的两极分化也日趋严重。美国曾经引以为傲的中产阶级现在成了"消失的阶层"[7]。事实上，尽管全球每年产值超过40兆美元，世界经济的增速却不足以为全球数千万的年轻劳动力提供哪怕一个就业岗位。与公众的信念相左，原本被认为的"咆哮的90年代"实际上是过去40年间经济增速最为缓慢的10年。[8]事实上，世界上最贫困的国家早在20世纪80年代初起，国家经济就已经停滞不前，甚至陷入负增长了。[9]

环境恶化

尽管发达国家的经济信息和服务密集化程度越来越高，但放眼全球，原材料和能源无法持续利用，过去50年间能耗的急剧增长给世界环境造成了极其恶劣的影响。无论如何，冲突已经出现——并非部分人所认为的文化冲突，而是人类社会和地球生态系统间的冲突。2005年出版的《千年生态系统评估》发人深省，有证据表明，地球这列火车离脱轨不再遥遥无期。世界顶尖的生物学家和生态学家认为：大多数支撑人类繁衍生息的生态系统——土壤、水体、海洋、森林、沿海珊瑚礁和气候——都处于十分危险的境地。[10]科学家警告我们，持续的生态系统恶化加大了那些将对人类造成严重后果的潜在突变发生的可能性，其中包括渔场资源枯竭，沿海生物灭绝，并可能滋生各种新的疾病。那些新疾病——如艾滋病、埃博拉病毒和"非典"病毒的扩散也在警醒我们，这些使全人类遭受苦难的根源仅仅通过一架飞机就可以传遍全球。牛群，染上了疯牛病；鸟类，则感染了禽流感。

各种证明环境恶化的科学证据源源不断，阿尔·戈尔2006年获奖的纪录片《不可忽视的真相》(*An Inconvenient Truth*)为全世界人民敲响了警钟，全球性的行动不能再拖延！格陵兰岛和南极西部冰原正在以始料不及之势迅速融化，潜在的突变乃至全球性气候灾难不再被排除在外，海平面的上升已经是不争的事实。实际上，随着2006年《斯特恩报告》(Stern Report)的出台，我们已经可以清楚地知道，如果人类对气候变化仍旧无动于衷的话，到21世纪中叶，经济社会所遭受的重创将与20世纪上半叶第一次世界大战和经济大萧条时期不相上下。[11]不久前，英国东英吉利大学气候研究中心的"气候门"事件曝光，虽然这是一次公关灾难，却并未减少相关科学证据的不断累积。

在2009年召开的哥本哈根会议上，各国代表并未就解决全球气候问题所应采取的行动达成共识，这凸显了在面对这个艰巨而又复杂的全球性挑战上，形成一套政治解决方案的无比艰难：非常不幸，要使大大小小192个国家同时认可这些意义非凡的行动只能是天方夜谭。[12]国际可持续发展研究所（IISD）的马克·哈里（Mark Halle）如今发现，英国为遏制环境恶化而做出的全部举措犹如搁浅的鲸鱼：没有人理解这些看上去健康的鲸鱼为何涌向对它们来说犹如死亡之谷的海滩，为什么将它们送还到海洋怀抱的行动最终只能以失败告终。像哈里所提及的那样，英国正犹如那些将水一桶接一桶倾倒在搁浅鲸鱼身上的志愿者一样，所有努力只求它们能多获得哪怕一瞬间的滋润。

发展瓶颈

近年来爆发的诸多事件对持续数十载的世界发展模式打了一个大大的问号：苏联解体，亚洲经济危机和最近的阿根廷金融危机都清晰地呈现出一个事实——旨在将"结构调整"作为全球发展战略的所谓的"华盛顿共识"开始分崩离析。国际货币基金组织、世界银行和世界贸易组织都如坐针毡，即使对这些组织中的中流砥柱，诸如杰弗瑞·萨奇（Jeffery Sachs）、约瑟夫·斯蒂格利茨（Joseph Stiglitz）、威廉·伊斯特利（William Easterly）以及乔治·索罗斯（George Soros）之流来说，情况也是如此。[13]布雷顿森林体系——第二次世界大战之后设立的国际金融监管体系，现如今也似乎无力继续践行初衷。缺乏国际统一的价值标准和汇率，以及商业周期的剧烈波动，导致了经济全球化的三种形态同时衰退，发展中国家资金短缺，股东们的短期金融需求和长期可持续发展之间矛盾重重。纵观全球的发展中国家，他们对经济全球化能给大多数国家带来繁荣昌盛这一点并不抱太多幻想。[14]

2008年的《人类发展报告》将现状清晰地展示于世人面前：尽管世界收入极低人口比率（即每天收入低于1美元的人口占世界总人口的比重）可能处于下降态势，但世界各地不平等的现象却有增无减，生态系统的破坏使得全球贫困阶级的生活更加朝不保夕——尤其是农村人口。城市的大量外来人口势不可挡，恐怕唯有依靠农村——现在仍是将近40亿人口的家园——人口外流态势才能得到及时遏制，阻止城市人口进一步膨胀。如果仍旧持续当前的趋势，在接下来的10年内我们将看到超过10亿人口涌向已经人满为患的城市贫民窟和棚户区。在人类历史上，移民的热潮从未如此高涨。尽管日前"让贫困成为历史"的重要运动正进行得如火如荼，然而仅靠增加援助、药品、蚊帐和化学肥料还远不能实现这个目标。

反全球化浪潮汹涌澎湃，其中蕴涵了人们对于环境恶化、不平等、人权、文化侵略和地区主权丧失等问题的热切关注。富裕阶层的抗议者开展了大量的运动来反对跨国公司和全球化的资本机构，如世界贸易组织和世界经济论坛。反政府武装分子变得越来越有组织并且军事化——他们期望捍卫自己的主权。例如，由印度人领导的在玻利维亚开展的运动，成功地在该国推翻了亲西方的政府并且主张在整个大陆范围内进行反对自由贸易的改革。在过去的十年内，由于政府提出的"城市化"方针，数千万农民被迫背井离乡，农村的暴乱和抗议因此几乎成倍增长，如今每年的参与者接近10万。[15]事实上，过去我们所秉持的"发展"理念必须被摒弃，取而代之的新概念必须广泛采集意见并且确保将当地人民的利益置于首位。[16]

从严格意义上来说，2009年的经济危机只不过是给原本就已摇摇欲坠的世界经济最后一记重创；它使得多数人对原本就印象不佳的大企业、资本主义以及利益驱动云云更加闻之色变。社会各阶层的人们开始质疑他们在商业、社区以及家庭中已经深入骨髓的经济模式。怒火最先直指掌控数千亿救市资金的银行——他们以此谋取私利——这样令人生厌的贪婪引发了许多人对更深层问题的思考，引发了对这种金融体制及资本主义整体模式的质疑：当资本主义坚持应该任由失败的企业自生自灭，然后被更加具备创新性、适应性和创造力的企业取代时，政府是否仍应该救这些企业于水火？为什么有的公司就可以获得"保释"而普通人只能甘受损失或是凭借自身之力苦苦挣扎？一些大型的银行或企业真的就绝不能倒闭吗？危机过后的世界，需要采用何种经济模式，才能使得类似的腐败案件真正成为历史？

简而言之，当今世界与未来世界撞了个正着，在接下来的10年或是20年间，我们需要实质性的改变来避免灾难的发生。令人悲哀的是，时至今日，全球各国对此仍未做出切实有效的回应。例如，10年前世界各国政府制定了千年发展目标（MDG），描绘了21世纪的美好蓝图。MDG中包含人类期望于2015年前实现的八大目标，以此应对世界发展进程中面临的一系列挑战。这些重要的目标包括：根除极度贫困和饥饿，普及基础教育，确保环境可持续发展和建立全球发展合作伙伴关系。[17]不幸的是，该框架并未逃脱与其他全球性政策文件相类似的命运，其中也并未包含具体的落实方针和问责机制。

令情况进一步恶化的是，MDG中所提及的指标量化工作并不尽如人意。例如，以1990年为基准年，2015年的扶贫目标是"使世界上每天收入不足1美元的人口比重下降一半"。不幸的是，随着人口的不断增长，即使满足了这个指标，到2015年，每天收入不足1美元的人口的绝对值仍然会比1990年有所增加。MDG的目标还包括："至2020年，至少显著改善1亿贫民窟居民的生活水平。"然而，如果贫民窟的增长仍旧保持现在的势头的话，到2020年，其中的居住人数预计将会增至20亿人。

《京都议定书》是全球各国就环境变化问题达成共识而形成的书面文件，同样有着类似的先天不足。协议的目标是截至2010年，全球各地的温室气体排放量下降比例达到6%~8%（以1990年为基线）。尽管此目标可谓一个良好的开端，然而该目标与保持环境体系稳步运转所必需的70%~80%的下降值仍旧相差甚远。更为糟糕的是，仅仅依照2009年哥本哈根协定中确定的温室气体排放降低值，尚不足以逆转灾难侵袭的恶果。

全球金融危机距今已有一年时间，在重新设定或是改造游戏规则以降低全球金融体系风险、增强其可持续性方面，我们的行动少之又少。尽管面对危机带来的巨大创痛,"重组"和"整合"的呼声依旧连绵不绝,但因为有了看似"稳定"的局面,最可能发生的一幕恐怕只能是重演一些无关痛痒的改革以及回到陈旧的商业模式——至少在下次危机到来之前不会有太大改观了。

对企业的影响

由于世界经济对大型跨国公司(MNC)有着关键性的影响,因此前文中提及的全球化的驱动力对其影响巨大。全球现有跨国公司6万余家(跨国公司即业务领域超过一国之公司),它们在全世界拥有25万余家子公司。跨国公司对世界经济总产出的贡献率超过25%。20世纪90年代,跨国公司在外国直接投资(FDI)方面取代了官方发展援助(ODA);到2000年,它超过了官方发展援助的5倍以上。事实上,跨国公司成了经济全球化的首要力量,其更为高效和更具竞争力的商业模式在全世界范围内扩散。[18]

然而,在过去的10年里,对由跨国公司主导的经济全球化的质疑之声也是此起彼伏。[19]譬如,跨国公司中前十强的年销售总额超过了全世界100个最小、最贫困国家的国民生产总值之和,这引起了人们对这些主权国家及政府是否有能力决定自己命运的广泛关注。[20]假如跨国公司有能力跨边境转移资源和产品,许多跨国公司就会提议由它们追加补助金、采取激励措施和降低成本,去开发全球最底层的市场,当然,这是以牺牲相关国家和社会的利益为代价的。[21]

在全球跨国公司前二百强的列表上榜上有名的,多数总部都设立于最富裕、最发达的国家——诸如美国、欧洲国家和日本等国。对这种公司主导地位的反对之声越来越多,反对者认为,这会导致西方国家消费至上的商业模式驱逐其他模式,进而致使本土文化、产品和民族传统遭到削弱。[22]还有人谴责全球资本主义将其能耗和原材料密集型工业的生产地转移至发展中国家,对后者的环境造成了负面影响。[23]

尽管跨国公司对全球经济的贡献率达1/4,他们所雇用的劳动人口数量却不及全球劳动人口总数的 1/100。然而，世界上有大约 1/3 需要就业的人口却处在失业或非充分就业状态。[24] 此外，尽管有大量的美国人直接持有或通过养老金账户间接持有公司股票，全球范围内以股票形式投身金融市场的人数却不足世界人口总数的 1%。由此导致的结果是，跨国公司创造的财富大部分被卷入了世界上少数富人的腰包——有的是公司高管，有的是公司员工，当然还有西方的股权人。[25]

毋庸置疑，公司投资方面必然也存在类似趋势，大多数外国直接投资涌入了最富裕的国家。[26] 在很大程度上，新兴市场的投资只局限于发展中国家中最富裕的几个，因为他们有着最广大的潜在市场，譬如中国、印度以及巴西。即使是在这些国家，大多数跨国公司的产品面向的还是富有的精英群体或者是处于增长态势的中产阶级这一细分市场。[27] 显然，商家关注的目光绝对不会投向在等级阶层中最底层的人群。[28]

50 年过后，随着这一切的不断上演，世界贫富差距不断被拉大。以 1960 年为例，当时世界上最富裕的 20% 的人口占据了对全球 GDP 贡献比例的 70.2%，而最贫穷的 20% 的人口对 GDP 的贡献率仅占 2.3%（前者大约是后者的 30 倍）。到了 2000 年，两者之间的差距发生了极其显著的变化，最富裕阶层的贡献率升至 85%，而最贫穷人口对 GDP 的贡献率跌落为仅剩 1.1%（前者大约是后者的 80 倍）。[29]

当然，跨国公司不是一切问题的罪魁祸首，银行和诸如国际货币基金组织、世界银行等国际金融机构也扮演着主要的角色，许多贫困国家中的腐败以及管理体制的疲弱，对于这些问题的发生也是难辞其咎。对于这一切的炮轰之声仍在不断增多，无论好坏，跨国公司在全球化进程中还是冲在了最前面。如果延续这种趋势的话，它们只会愈加频繁地成为反全球化抗议浪潮、阴谋和恐怖活动对准的靶心。

踌躇于十字路口的人们

全球的资本主义正置身于一个十字路口：如果没有显著的改变趋势，经济全球化、自由贸易和跨国公司的未来都无从谈起，前景只能日趋惨淡。值得一提的是，资本主义目前置身的紧要关口与其在一个世纪前，也就是全球化第一个阶段的末期所遭遇的困境极其类似。城市肮脏，空气浑浊，工人罢工，不公平现象越来越多，还有与之相伴的军事主义、无政府主义、暗杀行动以及恐怖袭击的与日俱增，这些同样成了当今时代的主旋律。1914年8月爆发的第一次世界大战结束了19世纪英国作为世界资本主义领袖的局面。1914年至1945年间，第二次世界大战、革命、大萧条和法西斯主义等险些使得资本主义从地球上彻底消亡。在芭芭拉·塔奇曼（Barbara Tuchman）的经典之作《辉煌之塔》（*The Proud Tower*）中，作者对第一次世界大战前夕的那段时间有着如下描述：

> 工业社会在为人类带来新能源、为世界打开新视野的同时，也进一步加大了贫富差距，导致了人口增长，并且有越来越多的人涌向城市，不同阶级之间的斗争也因此愈演愈烈，人类与大自然相隔越来越远，个人在工作中的满意度不断下降。科学给人们带来了新福利和新视野，却带走了人们对上帝的信仰，还有很多他们原本知道的事情。等到19世纪离开的时候，人类社会已经发生了很多良莠不齐的事。[30]

塔奇曼的描述与现今我们所面对的局面有着惊人的相似之处。我们无力应对迎面袭来的各种挑战——从全球范围内的环境恶化到大面积贫困，从全球恐怖主义再到金融海啸——这一切只会给我们带来比我们所经历过的"一战"波及范围更大的灾难。至此，我们要以建设性的行为应对这些挑战，以获得资本主义在21世纪蓬勃发展的金钥匙——保障所有人的权益。我们所要做的不亚于在21世纪创造一个脱胎换骨的资本主义。

布伦特兰委员会（Brundtland Commission）将可持续发展定义为："既满足当代人的需求，又不对后代人满足其自身需求的能力构成危害的发展。"[31]显而易见，要解决贫困和环境恶化等问题，不能仅仅将一个方针性的策略在各个问题上原封照抄，取而代之的，应当是在当地投资，形成一种自下而上的企业发展模式。时代赋予我们的使命是首先消除世界上数百万的城镇、小城市和农村的贫困，最后再将其建设成为生机勃勃、蕴藏各种机遇的乐土——从早产儿保育器到可持续发展的未来。通过创建一种新的、更具包容性的社会，顾及以前被排除在外的呼声、质疑和利益，公司将会在全球发展进程中催生一种真正的可持续发展方式，并在这个过程中继续保持自身的繁荣。然而，要想获得成功，公司必须学会怎样将整个世界纳入考虑：制定的战略不仅需要考虑全球67亿人口，还需要关注与人类分享这个星球的其他物种。

可持续发展企业代表了一种新兴的、以私营企业为载体的潜在经济发展模式，通过这样的发展模式，企业在收获利润的同时，还能提高世界上最贫困人口的生活质量，维护文化多样性，促进就业，帮助社区建设，并为我们的子孙后代保护地球生态的多样性。要想在促进社会进步的同时又能为股东赚得一杯羹，着实需要一些想象力和一些创新性的商业战略。这些令人振奋和鼓舞人心的挑战正是以下各章所要展开讨论的内容。

注释

1. 对于人类繁衍引人入胜的描绘，参见 Jared Diamond, *Guns, Germs, and Steel* (New York: W.W. Norton, 1999)。

2. Paul Gilding, "Scream, Crash, Boom II: The Great Disruption," Unpublished White Paper, 2008.

3. David Korten, *The Great Turning* (San Francisco: Berrett-Koehler, 2008).

4. Allen Hammond, *Which World?* (Washington, D.C.: Island Press, 1998).

5. Diane Coyle, *Paradoxes of Prosperity* (New York: Textere, 2001).

6. See Tom Friedman, *The World Is Flat* (New York: Farrar, Straus, and Giroux, 2005).

7. Katherine Newman and Victor Tan Chen, *The Missing Class* (Boston: Beacon Press, 2007).

8. Thomas Palley, "A New Development Paradigm: Domestic Demand-Led Growth," Foreign Policy in Focus (September, 1999), www.fpif.org/papers/development_body.html.

9. William Easterly, *The Elusive Quest for Growth* (Cambridge, MA: MIT Press, 2002).

10. The Millennium Ecosystem Assessment, Ecosystem and Human Wellbeing (Washington D.C.: World Resources Institute, 2005).

11. Stern Review, *The Economics of Climate Change* (Cambridge: Cambridge University Press, 2006).

12. Paul Gilding and Jurgen Randers, "The One Degree War," Unpublished White Paper, 2009.

13. See, for example, Jeff Sachs, "Helping the World's Poorest." *The Economist* (14 August 2000): 17–20; Joseph Stiglitz, *Globalization and its Discontents* (New York: W.W. Norton, 2002); and George Soros, *George Soros on Globalization* (New York: Perseus Books, 2002) and William Easterly, *The White Man's Burden* (New York: Penguin Press, 2006).

14. 这个观点的论证过程可见Hernando DeSoto, *The Mystery of Capital* (New York: Perseus Books, 2000)。

15. Peter Navarro, *The Coming China Wars* (Upper Saddle River: Prentice Hall, 2006).

16. See, for example, Wolfgang Sachs, *Planet Dialectics* (London: Zed Books, 1999).

17. Millennium Development Goals, www.undp.org/mdg.

18. Rajan Raghuram and Luigi Zingales, *Saving Capitalism from the Capitalists* (New York: Crown Business, 2003).

19. 也许对这一观点分析得最鞭辟入里的是如下著作：David Korten, *When Corporations Rule the World* (San Francisco: Berrett-Koehler, 1995)。

20. Jagdish Bhagwati 在其著作 *In Defense of Globalization* (New York: Oxford University Press, 2004)中的这种比较颇具吸引力，但概念有误。GDP中仅仅包含产品与服务的附加值，而销售额是一种总值。当我们将销售总额与GDP比较的时候，与拿苹果和桔子这二者作比无异。换言之，如果我们将一个经济体中的销售额加总，我们所得到的数据将远超发生这些销售的地区的GDP。

21. David Korten, *When Corporations Rule the World*.

22. See Colin Hines, *Localization: A Global Manifesto* (London: Earthscan, 2000).

23. Allen Hammond, *Which World?*

24. The World Bank, *World Development Report* (New York: Oxford University Press, 2000).

25. David Korten, *When Corporations Rule the World*.

26. Jeff Sachs, "Helping the World's Poorest."

27. C.K. Prahalad and Ken Lieberthal, "The End of Corporate Imperialism," *Harvard Business Review* 76(4) (1998): 68–79.

28. C.K. Prahalad and S. Hart, "The Fortune at the Bottom of the Pyramid," *Strategy+Business*, 26 (2002): 2–14.

29. The World Bank, *World Development Report*.

30. Barbara Tuchman, *The Proud Tower: A Portrait of the World Before the World* (New York: Ballantine Books, 1962).

31. Brundtland Commission, *Our Common Future* (New York: Oxford University Press, 1997).

第 1 章

从义务到机遇

　　与传统观念背道而驰，本书认为：人类社会如果渴望沿着一条可持续发展的道路前进，在这个历史性的关键时刻，不仅政府部门和市民社会，企业同样应该做好充分准备。我认为，纵观全球各种实体，唯有企业能同时具备技术、资源、生产能力以及将这几大要素延伸至全球各地的能力。如能善用企业的逐利动机，并使之加强与非营利机构、政府部门及多边机构的重要合作并接受这些组织的监督的话，那么这不仅不会抑制，相反还会促进全球可持续发展。本书的内容从实用角度出发，对经理人、企业家、技术专家以及商学院的师生都有直接的帮助，对非营利机构、公共部门乃至社会各界人士同样适用，尤其适用于有兴趣或倾向于与私营企业合作的人士。

　　本书传递了一则积极的信息。尽管环境恶化、贫困、经济危机和恐怖主义的浪潮一直汹涌澎湃，企业在全球可持续发展进程中扮演的角色却越来越重要和频繁。可以预见，企业很有可能在两个方面实现共赢，在获利的同时造福世界——尤其是通过向处于社会底层的 40 亿贫困人口伸出援手。本书是我结合一次始于将近 40 年前的知识探索旅程撰写而成的，我的个人陋见将贯穿于字里行间，请允许我接下来再阐释。

　　20 世纪五六十年代，我在纽约长大。直至现在，我的脑海中仍然会不时浮现与家人一同在尼亚加拉瀑布景区度假时的情景。与蔚为壮观的瀑布一样令我记忆犹新的，还有日复一日擦拭家具的场景，临近工厂的烟尘在这些家具上不断堆积，以致当时年仅 10 岁的我不得不整天擦灰，以免弄脏我的衣服。伴随着烟尘的还有令人作呕的臭味。记得当年，我曾经有过这样的疑问：为什么会这样？这片风景壮美的土地为何躲不过污染侵袭？在那个时候被认为充满智慧的回答是：这就是钱的味道。要想使经济繁荣发展，我们就不得不忍受一些小小的不便，诸如烟尘、恶臭、可以点燃的河流和堆得像山一样高的垃圾，这是进步需要付出的代价。我记得当时自己对这种解释非常不满。

时间很快到了1974年，耶鲁大学向刚刚大学毕业的我敞开了怀抱，朝气蓬勃的我即将在这里的森林与环境研究学院攻读硕士学位。当时我坚信公司和环境是一对宿敌，解决环境问题的唯一有效的办法是通过制定规章让公司为破坏环境"付出代价"，用经济学的术语表达就是"外部性内部化"。在那个时代，这种观点或许是正确的：大公司对环境问题基本上不承担任何责任，似乎解决这个问题的唯一途径就是强迫它们自己收拾自己丢下的烂摊子。环保部门和其他数十余家监管机构正是基于这一目的而设立的。在20世纪70年代的10年里，无数"指挥与控制"的规章得以通过，以迫使公司降低它们对环境造成的负面影响。

管理者和一些民间活跃分子开始利用一些新的手段来给公司施压，其中包括：罚款、惩处、抗议活动和颁布法令。法庭上关于叫停一些项目的起诉源源不断，反对者们认为这些工程会对环境及社会造成负面影响。研究环境多样性领域的经济学家纷纷撰写关于"外部性"的著作，书中阐述了那些可以有效使得公司的外部性"内部化"的公共政策。[1]随着时间的推移，公司们开始相信社会和环境问题如果得不到妥善处理他们必定要付出代价，遭到起诉将在所难免。但无论如何，问题的关键是公司必须意识到环境和社会问题是其不可推卸的责任，并且承担这种责任需要付出高昂的代价。

非此即彼的重大误区

毋庸置疑，有关"指挥和控制"的规章异常重要；这是企业首次被要求关注自己对社会造成的负面影响。自工业革命之后，企业俨然成了廉价原材料、剥削劳动力、大量废弃物和污染（想想那些黑作坊）的代名词。事实上，污染被认为是工业化进程的孪生兄弟。"外部性"这个概念开始被经济学家搬上台面,这似乎昭示着,企业不得不束手就擒。在过去的200年间,在那些发展较好的阶段,企业的运作模式可以被概括为:"攫取,制造,废弃"[2]。因此,"指挥与控制"规章似乎非常必要而且恰当,尽管它与企业的普遍心态背道而驰。

矛盾的是,这种心态导致了一种错误观念,我将其称为"非此即彼的重大误区"——这种观点认为,企业必须通过牺牲经济利益来履行社会责任。[3] 有关环境保护和社会发展的相关规章在过去30年里已经建立起了一道道保护墙,它们当中的大多数都帮助这种观念自圆其说。只要翻阅一下厚厚的美国《联邦政府管理条例》就会发现[4],这些"指挥与控制"规章只描述了具体的处理技术而没有考虑到这些方案的效率或性价比等因素。

一代企业家的行为方式就这样被左右了。所以战后掌握公司大权的经理和管理者们视环境问题与社会问题为企业谋利的大敌也就合情合理了。一个具有社会观念的经理人或一家公司可能会通过开展慈善事业或参与志愿行动来回馈社会,但这些活动与公司的核心业务绝对泾渭分明。正如米尔顿·弗里德曼(Milton Friedman)所言:企业的社会责任是实现利润最大化,而对社会和环境的关注只会削减利润。[5]

时至今日,这种观点仍然还有市场。让我们来做一个小实验,任意选择一家公司,假设你是这家公司的经理。这时,你接到助理的电话,告诉你环境、健康和安全部门的经理与公共事务部主任现在正在你办公室外,他们说有急事要向你汇报,你的第一反应是什么?诚实点吧,你得承认涌上你心头的第一个想法绝对是麻烦、危机、泄漏、事件、事故、联合抵制、抗议、诉讼、罚金或监禁,你的本能反应可能就是转身从后门逃走。

现在,我们再设想第二个场景:你的助理来电告知市场部和产品研发部的负责人正在外间的办公室等候,他们着急要见你。这时候,你的第一反应又是什么呢?什么想法在你的脑海闪现?恐怕你脑际浮现的很可能是:突破、机遇、一鸣惊人、创新或是增长。你会兴冲冲地赶到门前邀他们进来。[6]

非此即彼的重大误区严重误导了一代企业、商业和顶级的经理人,使他们认为关注社会问题只能成为他们生意的绊脚石。于是，他们采取了被动应付的态度——只有在逃避相应法律制裁的时候才会稍稍采取一些措施。遗憾的是，如果相应法律法规的制定者及活动家对实际操作或是市场动态不熟悉，那么他们制定出来的法案必然难以与公司战略战术相匹配。在过去的十年中，通过颁布那些"指挥和控制"规章仅仅是"解表"，却没有对症下药，挖掘企业的病灶。那些针对特定的废弃物、排放物、污染物和披露水平制定的"指挥和控制"规章，仅仅是想方设法在最后一道关口控制住这些指标，而非将相关问题提到公司的战略战术层面，作为其中的一部分。非常不幸，控制污染排放的设备永远无法提高效率或是为企业创收，它们只能提升成本。

绿色革命

20 世纪 80 年代，对于"指挥与控制"规章的质疑之声此起彼伏。这种方案尽管代价不菲，但这种治标不治本的污染控制规章和法条是否真正能够发挥作用并无定论。[7] 相比之下，诸如市场化的激励机制和有偿排放许可等其他选择性方案，在降低污染方面的高性价比反而令人眼前一亮。在欧洲，有关方面更多地以协作和目标管理为新的导向，在此思想指导下形成了许多标准；新的管理方案的重点聚焦在切实保护环境和促进社会进步上，而非强调某种治理技术或是污染控制设备。

我本人也经历了重大的思想转变。1983 年我取得了战略和规划方向的博士学位，其后，于 1986 年，我前往密歇根大学商学院任教。我的研究方向由规章调控转向了商业战略的源头控制。这反映出我对"指挥和控制"规章能够解决环境和社会的问题已经不抱幻想。我不再简单地企图阻止一些具有污染性的工程或者尝试减轻它们带来的损害，而是对企业将这些项目列入关键性议程的缘由兴趣渐浓。

事实证明我的变化仅仅是一种偶然。到 20 世纪 80 年代末，在企业内部和高校商学院，对环境问题和社会问题关注的目光越来越多。幸运的是，这种开放性最先是在其他领域的变革中发展成熟的：即质量管理。你可能已经回忆起来了，在20世纪70年代末、80年代初，毫不夸张地说，日本公司凭借其产品物美价廉的优势将欧美国家的竞争产品驱逐出市场；在欧美国家，从钢铁制造业、汽车生产商到家用电器制造商都将质量控制视作重中之重，以步日本之后尘。随着工厂大量倒闭或生产规模缩小，关于欧美企业不敌日本企业的质疑之声甚嚣尘上。[8]

第二次世界大战后的30年间，大批量、标准化的生产模式蓬勃发展，当时欧美国家普遍采取的质量控制方式是事后控制，而非在生产过程中的质量控制，这种方式在与日本企业更新、更好的质量控制方式的PK中不幸惨败。发现症结之后，欧美国家并未考虑自主研发出更新的战略，而是直接学习并复制了日本的质量管理模式。[9]与此同时，它们要求工人们在生产过程中不再盲目按规定的程序完成任务，而是不断改进和创新自己的生产工序，将"持续改进"贯穿整个生产管理过程的始终。经理们的思想开始从集中控制和结果导向（即发现缺陷再补救）转向分开控制和过程导向（通过建立质量管理体系，使得质量问题被扼杀在萌芽状态）。[10]

打破非此即彼的观念

产品质量和环境保护的联姻简直是天作之合：到20世纪80年代末，人们已经清楚地意识到，在生产前期预防污染和消除其他有害因素远比"先污染后治理"的模式更加经济和高效。通过实施"买卖污染物排放指标"等方式，以在污染防治中引进市场机制作为激励手段，使得企业们更加乐于遵循。而且，将质量管理模式移植到企业的社会和环境保护中几乎不费吹灰之力。到了90年代初，二者的有机结合孕育了环境管理体系方法（EMS）和环境全面质量管理体系草案，并最终催生了ISO 14001体系，该体系相当于在质量管理方面的ISO 9000体系。

在处理公司事务的时候，将利益相关者的意见纳入考虑，通过开展社会咨询团体和企业控股者之间的磋商，就可以避免事后法庭上的唇枪舌剑。事实证明，这种方法可以更加有效地保证公司行为的合法性并维护公司经营权的实现。事实上，公司内部制定相关规章的做法被称作"关爱环境责任制"。化工行业会在产品生产过程中谨记污染防治原则，并非常重视社会团体的意见。简言之，质量管理上的革命告诉我们，不必要的浪费与良好的管理方式水火不容。当废弃物聚沙成塔时，最终的结果必然是环境被破坏以及企业被起诉。

在经营管理过程中，当社会和环境问题越来越多地牵动企业神经的时候，管理者们开始觉察到企业经营业绩和社会贡献不该被分割开来。起初，企业会先在日常生产经营活动中获得盈利，然后再通过慈善事业回馈社会。现如今，二者已经融为一体。原先企业运营和公益事业之间不可逾越的鸿沟已经悄然消失，取而代之的是一系列新方式。公司通过与非政府组织、战略性慈善组织和其他形式的社会革新组织合作，进而发展出新颖而又极富创造力的融合二者的方式。[11]

而且，在有些情况下，在生产过程中采取预防污染防治措施和产品的重新设计，事实上有助于公司节约经费、降低风险，甚至有利于改良产品。为数众多的研究结果表明，污染防治和产品改良会给公司带来大量的财务效益。[12]无疑，要想使环境和社会绩效的提高能够为公司经营业绩的提高服务，就要求我们采取一系列的支持和补充措施，如向雇员授权、实施质量管理、跨部门协作和要求利益相关者的参与。这意味着，对于某些具备必要技术、能力和先见之明的公司而言，绿色革命不仅能够使环境问题和社会问题迎刃而解，还能成功地将这个原先企业需要付出高昂代价来解决的问题转变成战略机遇。[13]

摆脱指挥与控制模式

伴随着公司内部绿色革命的上演，在规制措施和国家政策领域内，一种全新的观点开始初露锋芒。这种观点承认了传统的管制措施和排放端口控制方法的局限性（或代价）。于是，一种新的措施产生了，它鼓励企业率先自发披露自己的相关指标，这种方法充分利用了信息公开化、透明化的力量。[14]在随后产生的一系列措施中，首屈一指的是美国的《有毒物质排放清单》（Toxic Release Inventory，TRI），TRI 的颁布巧借 1988 年美国通过的超级基金再授权法案（该法案为有毒垃圾排放站点严格划分了责任企业）之东风，不过最初 TRI 并未受到太多关注，这份貌似无关痛痒的规定仅仅要求厂家对 300 多种（在当时都是完全合法的）有毒化学物质的使用、贮存、运输和处理情况进行披露。而最终的结果却令所有人惊叹不已，这些由美国环境保护局保存的数据成了激进分子、媒体和第三方分析者追踪公司环境绩效情况的一大全新的重要信息源。前十大污染者成了众矢之的。

TRI，同样首次为公司和厂家经理们提供了一个衡量公司业绩的标准，企业同时可以通过 TRI 的披露结果与竞争对手相比照。量化永远是解决问题的不二法门。十年之后，尽管 20 世纪 90 年代的美国经历了经济膨胀，有毒物质排放量仍然下降了超过 60%。事实上，许多公司在减少或是限制有毒物质排放的过程中，也收获了丰厚的经济回报。[15] 几乎可以断言，TRI 可谓历史上曾经颁布过的最重要也是最高效的社会方面的法案之一。甚至不需诉讼、法庭上的唇枪舌剑和监察员的出现，该法案即可发挥效用。自此之后，由于这种方法同指挥与控制规章相较可以大幅削减成本，诸多发展中国家也开始应用这种信息公开透明化的理念，将其作为一种基础性理论运用到国家环保政策的制定中。

就重要程度而言，主要在欧洲各国生根发芽的"厂商责任延伸制度"也绝不逊色。[16] 这个概念其实十分简单，即在产品的整个生命周期，所有生产厂商必须对其全程负责。这种制度最先源于 20 世纪 80 年代末德国制定的关于"打包垃圾"的法案，现在这些法案已延伸至各行各业，其中包括汽车产业、家用电器及电脑行业，要求生产商在产品寿终正寝之际对这些报废产品予以回收。显然，这些法案敦促生产者在设计之初即将环保理念纳入考虑之中。这个简单的要求使得各企业将产品生命周期作为其核心原则，引发了企业在产品管理上的一大变革，使得"绿色设计"的理念深入人心。企业的关注点不再仅仅局限于产品生命周期中企业可以控制的几个阶段（生产或装配阶段），产品管理意味着企业要在设计产品之初就将其全部生命周期纳入考虑，从原料的取材或对能源的获取，到重新利用、重新生产或进行可降解处理。"生产到废弃"的观念逐渐被摒弃，设计者们越来越多地将"从生产到再利用"的理念作为准则。[17]

在这个过程中，企业开始发现：在产品生命周期理论的指导下，产品的竞争力不断提升。施乐公司正是一个极佳的榜样，在20世纪90年代初，施乐公司在其复印机业务中率应运用了回收再生产和基于环保的设计理念的策略，因而获得了显著的竞争优势。施乐公司的部分业务延伸至商业复印领域，在该领域，废旧机器的回收、零部件的翻新处理以及设计出一条翻新旧复印机的流水线并非难事。然而，直到20世纪90年代中期，施乐公司才将产品重新回收的理念贯穿到了设计之中。这个项目是资产循环管理的一个翻版，目的是使资产尽可能地被多次循环利用（仔细回想，施乐公司的复印机多用于租赁，鲜有消费者自行购买的情况）。如此一来，该公司不仅减少了对环境的破坏，而且有效地降低了成本，凭借单位资产也获得了更高的收益。它将自己的生产理念定位为"从无废弃物工厂到无废弃物产品"[18]。到90年代末期，该项目每年为施乐公司节省近5亿美元，接近该公司年销售额的2.5%。事实上，尽管施乐公司并未审时度势地将业务重点转向打印机领域（因为后来文件越来越多地被以电子版的形式保存，直至打印逐渐取代了复印的主体地位），资产循环管理还是使得施乐公司在20世纪90年代的大多数时期赚得盆满钵溢。

随着"绿色革命"如火如荼地进行，先驱企业们开始将它们的精力和注意力更多地投向各种双赢的战略设计，即能够在减少废弃物、减少污染物排放量和降低对环境的负面影响的同时，降低成本和减少风险。如果公司以一种对环境造成破坏的方式运作，那么，即使花费大量的资金购进原材料或进行其他投资，最终也只会付诸东流。事实上，据陶氏化学公司在90年代初期的一项评估结果显示，那些被动应付式的努力，诸如对制度的服从、清除废弃污染物和事后补救措施等行动的回报率是负的60%，而前瞻性的主动措施的投资回报率超过了20%。[19]问题的关键在于，大多数公司（也许多达90%）在环保方面还是采取一种应对式的策略。使企业在环境保护领域采取前瞻性的主动措施，而非被动应对这种策略性转变，正是迎面而来的重要挑战。我们的最终目标是，使被动应对式的企业策略彻底退出历史舞台。

有一个结论日趋明晰，即：在适当的条件下，创造社会价值有利于公司在激烈的竞争中居于前列。例如企业可以通过预防控制污染将外部效应内部化，从而节约成本。更值得欣慰的是，通过有效地进行产品管理，有时还可能在提供公共产品的同时获得极佳的收益。沃尔沃公司新的汽车散热器在冷却发动机的同时也净化了空气，而英国石油公司的气候改善政策在降低温室气体排放量的同时也降低了成本。在这里我们要着重强调一个概念，即"在适当的条件下"。唯有通过发挥创造力、想象力和不断发展特定的技巧与能力，企业方可在财务绩效以及社会和环境绩效上同时实现最优化。

到了20世纪90年代初，在密歇根大学，"绿色革命"催生了一门双学位课程：企业环境管理课程（Corporate Environmental Management Program，CEMP），由商学院和自然资源与环境学院共同参与该课程项目的研究，目前CEMP已成为该校厄尔布研究院的双硕士学位课程。这个项目的核心是将污染防治与产品管理集成到管理课程中去。作为CEMP的创始人，我的观念发生了实质性的转变：现在我已经深刻意识到，企业自身才是能够使社会绩效得到实质、持久改善的同时，又保障企业利益不受损害的关键点。年幼时的那句"这就是钱的味道"在我的脑海中被彻底否定，我开始意识到：污染里真正散发的是废弃物和管理不善的味道。

超越绿色

然而，我个人思想的变迁并未就此停下脚步。20世纪80年代末及90年代初，企业开始新增了"逐绿"动机——防止污染和产品管理——这意味着这些企业在环保征途中迈出了重要的第一步。社会问题只能被企业视作一大昂贵义务的历史已经被改写。事实上，透过质量管理和利益相关者管理的多棱镜，这些问题变成了公司的绝佳机会，它们可以使得公司在社会效益和经济效益上获得双赢。如何通过良好地贯彻执行污染防治和产品管理策略，使企业获利成为企业研究新的风向标。其中的先驱企业诸如 3M 公司、陶氏化学公司和杜邦公司，相关的研发同时回馈给它们以显著削减的成本和更高的社会声誉。强调生态效率的世界可持续发展工商理事会则致力于消除将经济效益和环境效益完全一分为二的错误思想。

然而，如果仅仅追求"绿色"，我们就会丧失自己原本可以拥有而又迫切的一些需求：对现有产品体系和生产流程的渐进式改变仅仅意味着环境恶化的脚步被放缓。但可持续发展意味着要发明一种新的"自然化资本主义"[20]。正如弗吉尼亚大学的建筑师比尔·麦克多诺（Bill McDonough）所指出的，仅考虑"绿色"，会引领我们走向错误的道路，虽然，速度相对缓慢——危害不会太大。然而可持续发展会带领我们调转车头，向着正确的方向挺进——这才是更好的方法。麦克多诺和他的同事迈克尔·布朗加特（Michael Braungart）指出了高效节能与创造生态效益的区别所在。[21]

当大多数公司仍旧在通过剥削发展中国家的丰富资源和源源不断的廉价劳动力来满足富有阶层的需求时，一个以可持续发展理念指导的企业断然不会如此，相反，这样的企业会为全球各国经济、社会和环境的共同利益而探寻竞争战略。[22] 到 90 年代中期，我们可以清楚地看到，公司议程远不再局限于绿色化——商业机会变得更具实质性内容。这就是我在 1997 年发表于《哈佛商业评论》并获得麦肯锡奖的论文《超越绿色：世界可持续发展战略》中所要传递的核心思想。这也正是我在 1998 年来到北卡罗来纳大学教堂山分校，并且着手创立凯南-弗拉格勒商学院可持续发展企业研究中心的最初动机。

超越绿色成了企业面临的一大挑战。企业首先需要引进先天具备洁净性特征的技术（如可再生能源、生物材料、无线通信技术），其次要使资本运营带来的效益惠及全球 67 亿同胞（而不仅仅是位于金字塔顶部的 10 亿人口）。在对这个挑战的深入认识过程中，2000 年，我在北卡罗来纳大学的同事们和我一起创建了金字塔底层学习实验室，该实验室由一些大型公司、新兴的风投公司和非政府组织共同组建，这些机构都已开始将目光转向如何更好地为金字塔底层 40 亿人口的需求提供服务，渴望挖掘出一种具有文化适应性、保证环境可持续发展并提供经济效益的方式。

通过"超越绿色"，企业希望不仅能够解决日益增长的社会和环境问题，而且能够借机打下在未来几十年间实现创新和效益增长的根基。通过这种努力，企业不仅能够在今天赢得商战，而且也能够在未来的技术和市场方面一马当先。简言之，秉持可持续发展理念的全球化企业会通过创造极具竞争力的出众策略，引领人类迈向一个可持续发展的世界。

事实上，在过去的十年间，洁净技术方面的投资呈爆炸式的增长——带来一场接一场名副其实的变革。[23]自2005年之后，有超过200亿的风投资金流入采用洁净技术的企业。奥巴马政府为洁净技术拨款达1 000亿美元，而中国也在这方面投入2 000亿美元。[24]毫不夸张地说，现如今每年都有数千项"洁净技术"喜获风投公司的启动资金，尤其是在一些极具战略意义的领域，如生物燃料、可再生能源和生物材料等领域。

在过去的数十年间，与"洁净技术"齐头并进的，是层出不穷的面向金字塔底层人群的商业服务策略。这些面向曾经在经济全球化的进程中很大程度上被忽略的40亿贫困人口的、为更好地为其服务而进行的商业实验，现已在全球数十家跨国企业和数百家小型社会企业中拉开序幕或是得到深化。作为时代的弄潮儿们，这些企业已将一枚能够打开全新的、服务面更广的资本主义的金钥匙收入囊中。[25]

图1.1概括了过去50年里企业走过的一条不断变革的道路。从之前在企业效益与环境和社会效益之间进行权衡，或将环境保护视作一项不得不履行的义务（见图左侧），到挖掘可能的双赢良机（见图右下方），这是20世纪80年代所取得的重大突破。到了2000年，许多大型公司在企业内部确立了与环保相关的规章，尽管许多公司的前方仍有一段漫长的征途。就这样，"超越绿色"战略在竞争激烈的商战中占据了主导（见图右上方）。

"超越绿色"并非是持续改进现有做法，它往往意味着要在公司目前核心业务上大动手术，追求彻底的创新——这是一种从根本上开展革

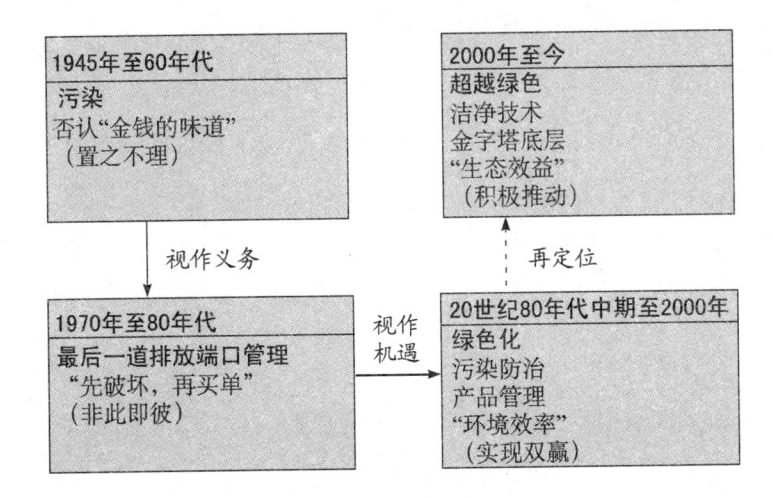

```
┌─────────────────────┐              ┌─────────────────────┐
│ 1945年至60年代      │              │ 2000年至今          │
│ 污染                │              │ 超越绿色            │
│ 否认"金钱的味道"    │              │ 洁净技术            │
│ （置之不理）        │              │ 金字塔底层          │
│                     │              │ "生态效益"          │
│                     │              │ （积极推动）        │
└──────────┬──────────┘              └──────────▲──────────┘
           │视作义务                            │再定位
           ▼                视作机遇            │
┌─────────────────────┐ ───────────► ┌─────────────────────┐
│ 1970年至80年代      │              │ 20世纪80年代中期至2000年 │
│ 最后一道排放端口管理│              │ 绿色化              │
│ "先破坏，再买单"    │              │ 污染防治            │
│ （非此即彼）        │              │ 产品管理            │
│                     │              │ "环境效率"          │
│                     │              │ （实现双赢）        │
└─────────────────────┘              └─────────────────────┘
```

图1.1　漫长而曲折的道路

新的行动。由于其重点聚焦在新技术和新市场方面，"超越绿色"往往蕴藏着无限的商机，但同时也伴随着巨大的风险。有一个例子极为典型——颇有争议的孟山都公司（Monsanto）进军基因改良育种领域的案例——该案例向我们展示了追逐这种战略潜在的机遇和风险。[26]

疯狂抵制机器

20世纪90年代中期，新上任的CEO罗伯特·夏皮罗（Robert Shapiro）一直盘算着对公司进行一场变革。凭借自己的远见卓识，他希望将公司从化工产品制造商转型为一家生命科学公司，公司的关键词就是"食品、健康和希望"。在这个愿望的推动下，夏皮罗剥离了几个与传统化工产品密切联系的业务单元，保留下来的业务都与其目前的战略核心——生命技术息息相关，与此同时，他在公司掀起了并购的狂潮，雄心勃勃地收购生物技术和育种公司，在这个进程中公司变得负债累累。由于在这条杠杆收购的道路上越走越远，公司不得不采用一种快速增长的战略来实现农业生物科技的应用。

对于转基因种子技术将提供何种优势，从而引领公司走向可持续发展的道路，夏皮罗同样分析得鞭辟入里：因为这些种子能提高农作物的产量，降低杀虫剂的使用量，还有助于改善长期处于营养不良状态的贫困人口的营养状况。短短几年间，孟山都公司就成功引导美国的农民种植了将近6 000万英亩的转基因农作物。1997年，夏皮罗又新设立了一个可持续发展委员会，由数十名企业内部精英负责探索并进军新的业务，这些业务以利益驱动的方式来解决全球社会和环境问题。1995年至1997年间，孟山都公司的股价一路飙升，股市对农业生物技术类股票追捧的热潮经久不息，孟山都在生态农业市场上的份额越来越大。

随着这些年的不断发展，孟山都以一种鲜有公司能够具有的光辉形象进入了公众的视野。夏皮罗为生物技术在未来农业中的运用描绘了一幅光辉的蓝图，吸引了无数关注的目光，这方面的研究达到了前所未有的水平。然而大量的研究给孟山都惹来了麻烦，由于一些承诺与夏皮罗公司的行为不符，公司成了众矢之的。

例如，当孟山都想要将自己的转基因种子兜售到欧洲之际，尽管已经获得了当地政府关于技术安全性的相关证明文件，却面临了来自传统农业耕作者和环保学家的强烈抵制。孟山都的一些管理人员甚至雇佣私家侦探跟踪当地的顾客（农民），以确保他们不会私自违法在来年继续播种属于公司的转基因种子。这些行为和其他一些类似行为引得人们对孟山都公司是否确实致力于可持续发展和环境保护产生疑虑。换言之，公司中其他人的行为与夏皮罗的承诺并非总能保持一致。

另外一些利益相关群体，包括如印度等一些发展中国家中数以百万计的小农户，也在街道上游行示威反对孟山都公司，他们担心这个公司会在一些生活必需的农作物上申请专利保护，这样他们就得为这些农作物的种子支付一笔国际费用。最重要的是，农民们担心孟山都公司通过收购而获得的"终结者"基因（即种子绝育技术）的专利权会颠覆他们历代沿袭的、依赖繁育技术获得种子的权力。

遗憾的是，这些不满之声并没有传到孟山都决策制定者的耳畔。这家公司仅仅征求了美国国内直接接触的顾客（购买量大的农场主）、规则制定者和消费者群体的意见。虽然可持续发展委员会倾尽全力试图聆听不一样的声音，决策者们还是没有将欧洲消费群及发展中国家小农们合法且极具说服力的意见纳入考虑，尽管他们的呼声听上去无比急迫。

一种更加开放、更具创新性的图景并未出现在世人面前，相反，孟山都变得更加自我保护，甚至在此起彼伏的抗议之下不得不公开撤销了几个原来的生物技术项目。事实上，1999年10月，孟山都公司为其行为进行了公开致歉："尽管大家都看到了，并且理解我们对这项技术（基因工程）的信心和满腔热忱，但我们太过以恩人自居，这实际上是一种傲慢。"[27]随着公司外部的支持逐渐消失，到1999年底，公司走上了与法玛西亚制药公司（Pharmacia & Upjohn）商谈合并的道路。这一举动很快为夏皮罗在孟山都公司开展可持续发展战略变革的时代画上了句号。

智慧的乌合之众和精明的全球化

我们该如何评价像孟山都这样的大型企业的迅猛增长——甚至势头更为强劲的公司的突然滑坡呢？事实上，孟山都并未做出任何与社会法律或是管理条例相悖的行为，甚至还成功地进行了商业模式的转型，实现了在增加利润盈余的同时减少对环境的不利影响。[28]我们应该承认，生物科技本身的不确定性是造成孟山都公司出现问题的一部分原因，事实上，技术领域日新月异的变化往往会使得创造性破坏的周期不断缩短。[29]

然而，如果进一步挖掘，就会发现一些更深层次的原因。随着全球化进程的加剧和供应链延伸至全球各大洲的跨国公司的崛起，政府的力量逐渐被削弱。非政府组织和市民社会组织被卷入其中，担负着监察员的职责，在一些情况下，它们成了监督社会标准和环境标准被强制落实的不可或缺的一环。[30]比如说，现在国际性的非政府组织已超过50 000家，而就在十年前，这个数字尚不足20 000家。[31]

同时，互联网的普及和其他信息技术覆盖面的增加既惠及这些组织，也使得数百万人以十年前无法想象的方式进行沟通。[32]事实上，一些非政府组织和个人正是被网络连接在了一起——最终催生了"智慧的乌合之众"（smart mobs）——现在，政府、公司或任何大型机构的一举一动都难逃公众的视线，所有的行动都将通过互联网被公之于众。[33] 来自这些智慧的乌合之众的许多言论使商业环境变得更加复杂，而在这种环境下，企业很难确定到底是哪些知识与正确的管理战略决策相关；去问问壳牌公司、耐克公司、世界贸易组织或世界经济论坛的管理者们吧，他们会告诉你这有多伤脑筋。

正如所预料到的那样，在过去的十年间，孟山都公司也是喜忧参半：2000年，它以子公司的身份与法玛西亚制药公司合并，更名为"孟山都农业公司"，过了一年，在签署了一份拆分协定后，又重新恢复了"孟山都公司"之名，它的各项业务、资产和所有权又由这家制药企业流回子公司。但是，这一系列名称和法律意义上的变更并未使得公众对该公司的声讨有所削弱。纵观世界，对孟山都的不满无处不在，其中有印度（孟山都在许多农民的自杀事件中难辞其咎，因为转基因棉花的种子价格太过昂贵），有南非（授粉变异造成的影响，使当地的玉米产量大幅削减），欧洲地区也未能幸免（为缓解公众对转基因食品潜在风险的紧张情绪，2004年欧盟通过了规范标签管理的法律）。

在美国国内，法庭上的纷争也使得这家公司的形象被越抹越黑：自90年代末期起，孟山都共遭到来自美国农民的起诉140起，农民们认为该公司的专利种子侵犯了他们自身的合法权益。[34] 然而，尽管公众监督的目光从未间断，孟山都凭借自己的生物基因改造技术（GMO），仍然赚得盆满钵溢。2009年，仅凭借基因改造一项业务，公司销售额就达73亿美元（而其一贯的强劲竞争对手杜邦公司在该项业务上的收入仅为40亿美元）。除此之外，在过去五年，孟山都每年的销售额增长率高达18%。2009年，公司成为《福布斯》杂志评选出的年度最佳企业，获此殊荣昭示着公司在经济上取得的丰硕成果。[35] 而问题在于：公司是否真正找到了自己的风向标，还是下一次利益相关者给公司致命一击的时机未到？

令人遗憾的是，孟山都公司的案例恰恰揭示了现状，大多数公司还是将主要精力放在对已知的、实力雄厚的或者显而易见的利益相关者的管理上——这类人群对公司造成的影响更为直接。[36] 即使是目前正上演得如火如荼的"透明化",即将企业的计划和活动完全、真实地公之于众,仍不足以对这个问题釜底抽薪,因为公司只是确保提供已经决定了的方案资料,实际上是那些已经付诸实践的方案。然而,在这样一个充斥着智慧的乌合之众的世界,公司无力控制利益相关者的所作所为。与之相反,他们构成的群体可以通过互联网以一种无章可循的方式自发组织各类活动,谁也无法预见下一幕他们将会上演什么。

在公司的利益相关者中,一些经常被忽视的群体在这种自发组织的活动中可以恣意倾吐自己的心声。为避免激怒这些人,在积蓄的不满爆发之前,聆听这些被边缘化的利益相关者曾经被忽视的呼声变得异常重要。为了能在未来激烈的竞争中赢得一席之地,公司必须关注这些呼声,并从中创造性地挖掘新的商业模式和潜藏的机遇。这些智慧的乌合之众的粗暴行为能滋生一种可以被称作"精明的全球化"(smart globalization)的新形式:这种形式伴随着破坏性商业模式增长,而这种商业模式践行了边缘利益相关者所大力倡导的对社会和环境的关注。[37]

本土化征程

孟山都公司的经验为我们上了宝贵的一课:如果企业在制定可持续发展战略的时候目光短浅,这些战略必将短命。要想终结目前不可持续的发展方式,单单凭借某种革新性的技术远远不够。抵制全球化的呼声清晰地验证了一点:如果公司在开拓其全球市场的过程中,被认定为威胁到了地方自主权,则必将被当地消费者拒之于千里之外。为满足利益相关者的需求,当跨国公司们正为寻求全新的增长战略而焦头烂额之际,它们却不断听到来自各方的不满,其中有关于消费群体亚文化未受重视的,有对劳动者权益保护不力的,也不乏质疑其文化侵略的。但凡跨国公司将自己视作"外人"——不管是文化上的异族还是其业务涉足地的生态环境的局外人——它们都将无法实现自己的商业目标,实现社会效益最大化或是释放自己的全部潜力更是无从谈起。

重新思考自己的全球化战略成了当今企业面临的一大挑战。在过去的战略中，企业采用足够满足全球需求规模的生产设备，通过其覆盖面极广的供应链生产简单化一的产品。即便是所谓的地区区别对待策略，也只是将既定的公司战略在基本套用的前提下简单修改，似乎这样就足以满足一个全新市场的需求：实验室温床中新鲜出炉的技术被不假思索地运用到一个完全陌生的文化和环境中；新兴市场未被满足的需求仅仅是通过一些人口统计学的（二手）数据加以识别。最终的结果只能是公司胎死腹中的产品与日俱增，那些根本无法挖掘真正需求、不合时宜的商业模式不断涌现。正如通用集团CEO杰夫·伊梅尔特所言，大型公司，如果不能彻头彻尾地创新——他将之概括为"颠覆式的创新"（reverse innovation），即使现在还一息尚存，也终将被来自发展中国家的、对当地情况了如指掌的竞争对手攻城略地，驱逐出境。[38]

事实上，为挽救这种忽略保护地方传统文化、大企业置贫困人口的需求于不顾的局面，"社会型企业"（social entrepreneurship）登上了时代的舞台。[39]这种模式不是在现有基础上的创新，这种焕然一新的方式致力于建立一种心系贫困人口利益、加强社会公平性、坚持走可持续发展道路的公司模式。纵观全球，在阿育王组织（Ashoka）和格拉敏银行（Grameen Bank）的带领下，现在在这一领域颇有成就的企业已达数千家，这些公司都在为促进社会变革而积极探索新的企业战略及商业模式。

过去的十年见证了一种全新的财团模式的诞生——我们称之为"耐心的资本家"（patient capitalist）。耐心的资本家不是慈善机构或是大型企业，而是一些投资和中介机构，这些组织专注于支持小型而具备影响力的基层企业。这些新鲜出炉的机构包括：聪明人基金（Acumen Fund）、E+Co、根源资本（Root Capital）、草根商业基金（Grassroots Business Fund）、Intellicap、微投资（Microvest）、新风险投资（New Ventures）和技术服务（Technoserve）。除此之外，值得一提的还有迅速增长的社会投资、洁净技术方面的投资及小额贷款，我们还目睹了一种全新行业的兴起——影响力投资（impact investing）。事实上，早在2009年，为促进这种新兴行业的发展，克林顿全球倡议组织、全球影响力投资网络（Global Impact Investing Network，GIIN）作为一种支持性传播媒介已经应运而生。

显而易见，接下来大公司们即将迎接的挑战，即是探索如何在自己开展业务的领域内变得更加"本土化"（见图1.2）。要想掌握这方面的技巧，公司首先需要集思广益，倾听那些一度被自己忽略的声音。这意味着积极的互动，而非仅仅是彻底的透明化。这也可以解释为，公司需要具备一种"融入性"的能力，在尊重当地文化和自然多样性的前提下，思索出解决具体问题的良策。如果跨国公司同时还拥有技术资源、投资实力和相互学习的意愿，那么这种"融入性"的能力就能帮助企业真正实现"本土化"。在意识到这一点之后，2003年，我以康奈尔大学约翰逊管理学院全球企业可持续发展研究中心塞缪尔·C·约翰逊席位研究员的身份，接受了又一大学术挑战，参与到了他们的研究当中。我们在康奈尔大学酝酿着一个全新的主题——如何服务金字塔底层的人们——为企业更好地实现本土化规划出一条可行的道路。

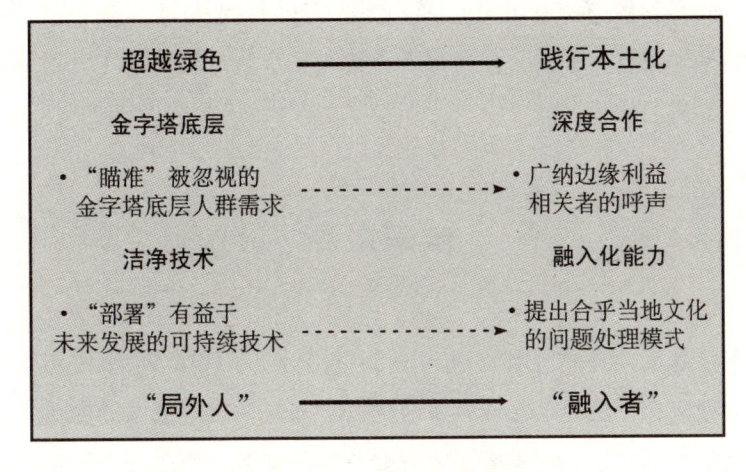

超越绿色	→	践行本土化
金字塔底层		深度合作
• "瞄准"被忽视的金字塔底层人群需求	⇢	• 广纳边缘利益相关者的呼声
洁净技术		融入化能力
• "部署"有益于未来发展的可持续技术	⇢	• 提出合乎当地文化的问题处理模式
"局外人"	→	"融入者"

图1.2　企业本土化：可持续发展的下一个挑战

联合利华印度分公司——印度利华有限公司（Hindustan Lever Limited，HLL）以其开拓农村贫困群体新兴市场的经历，为我们提供了一个有趣的案例。[40]公司要求，凡在印度工作的职员必须有6周的农村生活经历，积极主动地探索当地消费者的观点和偏好，以便在开发新产品和新的原材料，甚至开发区别化产品时有所参考。该公司还在印度农村新建了研发中心，该中心致力于开发各种能够满足贫困群体需要的产品和技术。印度利华有限公司还在当地广泛选取经销商分销自己的产品，同时为这些合伙人在当地提高自己的市场份额提供一切帮助。除此之外，该公司还为当地经销商们提供各种机会，开展培训课程，积极探索新的分销模式，比如在当地举办产品展销会，就连乡间小道的路边摊也不放过，纷纷宣传着清洁要义。

通过提高当地人对公司产品的认知、提高地方市场份额和鼓励具有创造性与灵活性的市场拓展模式，印度利华在低收入市场获得了源源不断的收入和利润。现在，金字塔底层的消费者为印度利华有限公司带来了一半以上的收入。通过复制最先打开印度市场的这种产品开发、市场定位和产品分销模式，联合利华公司在发展中国家的低收入市场收获颇丰，该公司总是能够迅速地占领市场，且次次胜利而归。当然，联合利华公司在争夺金字塔底层市场的过程中也并非总是一路坦途，在接下来的章节中我们还会提及有关它的故事。更为重要的是，在实施战略的过程中，联合利华公司成功地创造了数以万计的就业机会，改善了当地的卫生条件和数百万人的生活质量，也成为了这些贫困地区在自我发展路途中肩并肩的伙伴。

未来之路

概括起来，我们可以看到，在 20 世纪 80 年代末 90 年代初提出的绿色发展概念，虽说存在较多不足之处，却是一次颠覆性的变革：社会和环境保护不再是一件需要企业忍痛割肉的义务，而是一个创造利润的机遇。后来提出的"超越绿色"战略更是意义深远：它主张公司调整自己的投资方向，转向实质性的清洁技术，创造一种惠及面更广的全球化资本主义模式，充分考虑处于金字塔底层的 40 亿人的利益。然而，如果狭隘地应用这种战略，跨国公司就会被推向局外人的位置，在他们的业务所至之地，无论对当地文化还是生态系统而言，他们都只能算是外来者。对这些国际化企业来说，眼前的挑战是要摒弃那些以"外来人士"形象出现的战略,而是要融入目标国,成为一个"本土企业"。要想使这一切顺利实现,跨国公司就需要掌握一身"本土化"的技能,而这需要与目标地区开展更深层次的对话,从而并肩进步。一个包容性更强的企业所需要的并不仅仅是技术创新,良好的商业模式、业务拓展模式和企业形象同样不可或缺。

事实上,在过去的十年间,侧重于"洁净技术"(Clean Technology)和"金字塔底层"(Base of the Pyramid, BoP)的策略层出不穷,社会型企业成了新生的创新产物。每种战略都或多或少地解决了可持续发展进程中的困惑;前者大幅降低了对环境的负面影响,而后者创造性地解答了如何在实现资本主义宏伟蓝图的同时,将全人类的利益系于心间。当然,二者都是有利有弊。所以,接下来我们的重点是研究如何融合这两种战略,从而形成我所谓的"绿色大竞争"(Green Leap)。这样一种整合战略充分认识到了洁净技术与生俱来的"破坏性"(它们会威胁到目前处于金字塔顶部的阶层——也就是目前需求得到满足人群的利益),最终金字塔底层阶层或将成为集中吸引商家注意力的首选目标人群。同时,绿色大竞争的战略充分认识到,成功的战略必须得到当地群众的支持,它的设计也必将是与当地合作伙伴智慧集成的结晶,这样方能确保战略的文化适应性,而非自上而下教条式地套用某种技术。[41]

鉴于这种需求和机遇的紧迫性,康奈尔大学全球企业可持续发展研究中心召开了康奈尔可持续发展企业全球论坛(Cornell Global Forum on Sustainable Enterprise),向全世界呼吁加快这种伟大的战略整合步伐,近百家活跃于"绿色大竞争"战略前线的先驱企业作为代表出席了此次论坛,共同探求企业的发展战略和"融合地带"的风险评级机制。本次论坛于2009年6月1日至3日在纽约举办,旨在将这种倡导行动演变成为覆盖全球并不断扩张的社会网络,并且引领商业模式的变革。

因此,在我们迈入新千年的第二个十年之际,资本主义确实处在了一个十字路口。工业时代的旧的发展战略已经丧失了生命力,当今时代正在酝酿一种全新的、更具包容性的商业模式,一种能够惠及整个人类大家庭而又不破坏自然美丽山河原貌的模式。然而，人类社会的可持续发展之路并不是一条坦途，它注定会是一段荆棘丛生的旅程：总是会有许多公司踌躇不前，或者不去兑现自己的承诺，或者在错误的技术上孤注一掷，或者选错了合作伙伴，并将它们的社会效益与经济效益完全分离。只有同时具备远见卓识、正确的战略、完备的结构、有能力和开拓创新精神的公司，才能在这个很可能成为资本主义发展史上最重要的过渡时期中成功地写下浓墨重彩的一笔。

本书概览

下面我将为诸位读者介绍本书的大体脉络。本书大致可划分为三大部分。第一部分"战略纵览"介绍了写作背景，为接下来几章的内容埋下伏笔；一方面介绍了全球的局势，引入了一种能够解决社会和环境问题良方的企业的案例，同时列出了有待我们解决的挑战和机遇的框架，尤其重点列举了那些新的、可持续技术和满足曾经被我们忽视的金字塔底层40亿人口需求的机遇和挑战。第二部分"超越绿色"详细阐述了"超越绿色"战略的逻辑结构和主要内容。第三部分"本土化进程"为企业提供了一些渠道，指导它们如何通过学习更好地融入本土环境中，以超越以往那些可持续发展战略。我认为，学会做一个本土化企业，是通往建立可持续发展企业道路上的一个战略挑战。

第2章"冲突中的世界"在更大的背景下介绍了与可持续发展相关的全球战略。通过提供一个简单易懂的框架，简化了当前复杂的全球局势，将它解释为三种经济形式——也就是货币经济、传统经济和自然经济相互作用的结果。最终发现，挑战在于建立一个可持续发展的全球经济模式：这种经济模式可以在全球范围内得到多种方式的支撑，同时，对整个人类社会而言，它的运作方式能够保证尊重各地域特有的文化、宗教以及种族差异。这一章试图将当下面临的挑战转变为一种面向未来的方略，并且为企业将在其中扮演什么样的角色给出了一些思路。

第 3 章 "可持续发展价值组合" 通过描述将可持续发展与企业价值融会贯通、相互作用的详尽框架为本书的第一部分内容画上了句号。正如企业必须在许多方面表现优异方可获得企业价值一样,它们同样必须同时应对好经济、社会和环境这三个方面的挑战,才能够真正实现可持续发展。二者并不应该是利益相关者满意度和实现企业价值之间的一个非此即彼的取舍。这一章将非常清晰地告诉我们,虽然实施"超越绿色"的战略能为企业带来最多的机遇,但迄今为止,大多数企业还是只通过采取一些绿色的措施来消极应战,甚至更糟。

本书的第二部分详细阐述了如何设计"超越绿色"的战略。第 4 章 "洁净技术与创造性破坏"清晰地介绍了洁净技术的战略框架,企业可以通过应用这种突破性技术收获新的市场,同时淘汰现有的技术和产品。这一章同样从系统思考的角度,论证了在那些能够提高企业未来竞争力的全新技术和技能上率先投资的重要性。

第 5 章 "自下而上的创新"向我们解释了为什么处于世界经济金字塔底层的 40 亿人口所构成的市场,对于那些最令人兴奋的洁净技术而言是最好的早期市场。因为这些技术中大多数都是颠覆性的,如果将它们率先推向已经发展成熟的市场,必定会遭遇无情的抵制,反而是那些居住在棚户区和乡村地区的、大量需求未被满足的人群成为了引入和发展未来技术的最有潜力的市场。在这个进程中,它们同样为那些有潜力最终在金字塔顶端市场翻云覆雨的企业提供了一个逐步上升的台阶——最终,我们会向着一个可持续发展的世界快步飞奔。

第 6 章 "改善金字塔底层的状况"为我们提供了进军金字塔底层市场最基本的一些原则,并告诉我们:真正有效的战略是在推动企业成长和获取利润的同时,为当地提供更多的工作岗位,改善当地人的生活状况和为解决社会与环境问题提供良方。通过解除穷人生活中遇到的一些障碍、增加他们的收入以及为贫困的社区带来发展潜力,企业可以发现并利用之前自己根本无法识别的机遇。因此,为了在这些新兴市场中取得成功,企业必须致力于通过自己的商业模式,切实提高 BoP 地区的生活水平,同时必须越来越重视利用"三重底线"来衡量并反思自己的行为所带来的影响。

最后，本书的第三部分，批判性地评估了"超越绿色"战略实施过程中的一些案例，为企业如何进一步实现本土化和嵌入性提供了一剂良方。在第 7 章"拓展企业宽度"中，首次批判了现有的"发展"和"现代化"的概念，这些概念都以西方文化为根基，并仅仅以收入水平和人均 GDP 作为衡量标准，势必会成为展望和建设未来社区以及 BoP 市场过程中的拦路虎。因此，要想成功地为整个人类社会提供服务，企业必须拓展其宽度并扩大自身对全球经济的认识，对常规经济形式外的其他经济形式同样给予高度重视。深度合作可以作为一个工具，帮助企业倾听那些被全球化进程边缘化或是忽略了的人们发自内心的呼声。

第 8 章"培养本土化能力"告诉我们如何避免陷入单纯的"把产品卖给穷人"的误区，BoP 市场的开拓模式绝不是发达国家成熟市场中传统商业模式的复制。事实上，这一章的内容告诉我们，要想在这片市场取得成功，就必须开展深度对话、合作探讨解决问题的办法、由小处着眼、建立相互之间的信任并切实致力于为当地合作伙伴发展生态系统。所以，要想收获胜利果实，企业就必须有意识地培养一种"新生代"技巧，这对于在 BoP 市场建立一种互惠互利的关系相当重要。本土化能力使得全球化企业能够超越跨国公司现有的模式，改变现有的全球供应链、全球规模的经营模式、集中开发等特点，并且解决与本土文化格格不入的问题。

第 9 章"嵌入式创新战略"建立在前一章的基础之上，首先阐述了为什么历史发展到今天，将资本主义重新融入社会变得至关重要。许多仅仅在表面上实现了本土化或融入金字塔底层的战略，事实上并未真正达到目的，除非从制定战略的初始阶段就明确地将本土化纳入考虑的范畴。这一章为我们介绍了一种特殊的、将商业模式与目标市场联系得更加紧密的方法——金字塔底层倡议。在过去的五年间，通过对特定的几种途径进行分析，这一部分给出了建立一个可持续发展、扎根本土环境的企业在面临发展壮大时的关键挑战和教训。

最后一章告诉我们如何真正"成为可持续发展的全球性企业"。本书中的大量篇幅都在研究如何帮助企业沿着可持续发展的道路前进——

其中有战略、有实践，同样有所需要的能力，但却没有清晰阐述企业具体应该如何来坚持这条道路，尤其是对于那些大型的、已经在行业中崭露头角的企业。所以，在这一章中，我们将重点放在告知领导者和变革推动者：在一个充斥着预算、上级、季度报表、现值流量分析图和投资界的种种原则的真实世界，如何将这些思想付诸实践。尤其值得一提的是，这一部分专门为如何建立一个可持续发展的机构绘制了框架图。

注释

1. For example, Allen Kneese and Charles Schultze, *Pollution, Prices, and Public Policy* (Washington, D.C.: Brookings, 1975); and Robert Dorfman and Nancy Dorfman, *Economics of the Environment* (New York: W.W. Norton, 1972).

2. Ray Anderson, *Mid-Course Correction* (White River Junction, VT: Chelsea Green, 1998).

3. 在这里，我的本意并非告诉大家企业在经济与社会绩效之间的此消彼长根本不存在。显而易见，在某些情况下，指挥与控制模式是唯一可行之道。然而在其他情形下，通过某种方式内化外部性或是通过提供公共产品促进经济增长也并非天方夜谭。问题在于，我们盲目坚信，双赢的局面断然不可能存在。

4. 在这里，我的目的同样不是要说明指挥与控制模式难以发挥重要作用。对于落后者及违法者而言，我们别无选择，然而对于那些想要在履行义务的基础上有所超越的企业而言，这些法律法规有时会让它们束手束脚，拖延创新的步伐。

5. Milton Friedman, "The Social Responsibility of Business Is to Increase Its Profits," *The New York Times Magazine*, 13 September (1970): 32–33, 122–126.

6. 就这个绝佳的阐释而言，我要特别感谢杜邦公司的Paul Tebo。

7. 事实上，里根执政时期的美国政府锐意改革，或者说消除这些规章的影响。

8. Clyde Prestowitz, *Trading Places* (New York: Basic Books, 1988); Barry Bluestone and Bennett Harrison, *The Deindustrialization of America* (New York: Basic Books, 1982); and Ira Magaziner and Robert Reich, *Minding America's Business* (New York: Vintage Books, 1982).

9. 讽刺的是，最先由美国人发明的质量管理，却在20世纪50年代被一群美国企业弃之门外。这些企业通过大规模、标准化的生产，已经赚得盆满钵溢。而支持者诸如戴明（Deming）和克罗斯比（Crosby）之流，所找到的同意践行这一思想的企业，却只有战后苦苦挣扎的日本企业。

10. See, for example, Masaki Imai, *Kaizen: The Key to Japan's Competitive Success* (New York: Random House, 1986).

11. 几个典型的例子包括Bill Shore, *The Cathedral Within* (New York: Random House, 1999); and Mark Albion, *Making a Life, Making a Living* (New York: Warner Books, 2000).

12. Michael Porter and Claas van der Linde, "Green and Competitive: Ending the Stalemate." *Harvard Business Review* (September/October 1995): 120–134; Stuart Hart and Gautam Ahuja, "Does It Pay to Be Green? An Empirical Examination of the Relationship Between Emission Reduction and Firm Performance," *Business Strategy and the Environment*, 5 (1996): 30–37; Michael Russo and Peter Fouts, "A Resource-Based Perspective on Corporate Environmental Performance and Profitability," *Academy of Management Journal*, 40(3) (1997): 534–559; Petra Christmann, "Effects of 'Best Practices' of Environmental Management on Cost Advantage: The Role of Complementary Assets," *Academy of Management Journal*, 43(4) (1998): 663–680; and Sanjay Sharma and Harrie Vredenburg, "Proactive Corporate Environmental Strategy and the Development of Competitively Valuable Organizational Capabilities." *Strategic Management Journal*, 19 (1998): 729–753.

13. 对于将"绿色"作为一种商机和战略的精彩论述，参见Forest Reinhardt, *Down to Earth* (Cambridge, MA: Harvard Business School Press, 2000)。

14. A. Marcus, D. Geffen, and K. Sexton, *Reinventing Environmental Regulation: Lessons from Project XL* (Washington, D.C.: Resources for the Future/Johns Hopkins University Press, 2002).

15. Andy King and Michael Lenox, "Exploring the Locus of Profitable Pollution Reduction," *Management Science*, 47(2) (2002): 289–299.

16. See Nigel Roome and Michael Hinnells, "Environmental Factors in the Management of New Product Development," *Business Strategy and the Environment*, 2(1) (1993): 12–27; and Ulrich Steger, "Managerial Issues in Closing the Loop," *Business Strategy and the Environment*, 5(4) (1996): 252–268.

17. William McDonough and Michael Braungart, *Cradle to Cradle* (New York: North Point Press, 2002).

18. Fiona Murray and Richard Vietor, *Xerox: Design for Environment*, (Boston: Harvard Business School Publishing, 1993).

19. 私人会谈，与Dave Buzzelli, Dow Chemical Company, 1996。

20. Paul Hawken, Amory Lovins, and Hunter Lovins, *Natural Capitalism* (New York: Little, Brown, and Company, 1999).

21. William McDonough and Michael Braungart, *Cradle to Cradle*.

22. 这常常被称作"三重底线"。参见John Elkington, *Cannibals with Forks* (Gabriola Island, B.C.: New Society Publishing, 1998)。

23. Ron Pernick and Clint Wilder, *The Clean Tech Revolution* (New York: Collins, 2007).

24. Mark Johnson and Josh Suskewicz, "How to Jump-Start the Clean Tech Economy," *Harvard Business Review*, November 2009: 53–60.

25. C.K. Prahalad and Stuart Hart, "The Fortune at the Bottom of the Pyramid," *Strategy+Business*, 26 (2002): 54–67.

26. Erik Simanis and Stuart Hart, *Monsanto Company (A) and (B): Quest for Sustainability* (Washington, D.C.: World Resources Institute, 2000).

27. Robert Shapiro, *Address to Greenpeace's Annual Conference*, 1999.

28. 该部分节选自：Stuart Hart and Sanjay Sharma, "Engaging Fringe Stakeholders for Competitive Imagination," *Academy of Management Executive*, 18(1)(2004): 7–18。

29. Robert Foster and Sarah Kaplan, *Creative Destruction* (New York: Currency Books, 2001).

30. David Korten, *When Corporations Rule the World* (West Hartford, CT: Kumarian Press, 1995).

31. Christopher Gunn, *Third-Sector Development* (Ithaca, NY: Cornell University Press, 2004).

32. Ann Florini, ed., *The Third Force: The Rise of Transnational Civil Society* (Washington, D.C.: Carnegie Endowment for International Peace, 2000).

33. Howard Reingold, *Smart Mobs: The Next Social Revolution* (Cambridge, MA: Perseus Publishing, 2002).

34. www.Monsanto.com.

35. Robert Langreth and Matthew Herper, "The Planet versus Monsanto." *Forbes Magazine*, January 18, 2010.

36. R. K. Mitchell, B. R. Agle, and D. J. Wood, "Toward a Theory of Stakeholder Identification and Salience: Defining the Principle of Who and What Really Counts," *Academy of Management Review*, 22 (1997): 853–886.

37. See, for example, Anil Gupta and Eleanor Westney, eds., *Smart Globalization* (San Francisco: Jossey-Bass, 2003).

38. Jeffrey Immelt, Vijay Govindarajan, and Chris Trimble, "How GE Is Disrupting Itself," *Harvard Business Review*, October 2009.

39. See John Elkington and Pamela Hartigan, *The Power of Unreasonable People*, (Boston, MA: Harvard Business Press, 2008).

40. Brian Ellison, Dasha Moller, and Miguel Angel Rodriguez, *Hindustan Lever: Reinventing the Wheel* (Barcelona, Spain: IESE Business School, 2003).

41. Stuart Hart, "Taking the Green Leap," Cornell University, Working Paper, 2009.

第 2 章

冲突中的世界

大约 30 年前,环保学家们有了一个简单但掷地有声的发现。在地球上,人类活动对环境的影响(impact,I)可以用三个变量组成的函数表示,这三个变量即:人口(population,P);富裕程度(affluence,A),代表消费量水平;还有技术(technology,T),代表创造财富的来源。这样,人类活动对环境的影响可以用以下公式加以概括:$I=P\times A\times T$。[1]

实现可持续发展需要保持长久的稳定,同时大幅降低人类社会对自然环境的影响。为了实现这一目标,我们可以大规模降低全球人口数目,降低人类的富裕程度(即减少消费量),或者干脆釜底抽薪,摒弃曾经帮助人类走向繁荣富强的技术——从而有效地将技术这一变量从公式中剔除。第一种选择,也就是降低世界人口数目,在不采取严酷政治措施的情况下缺乏可行性,除非一场公共健康危机席卷地球,造成大面积的人口死亡(譬如一种新的流行病在世界范围内大肆传播)。事实上,尽管人口增长率在一定程度上有所放缓,但是恐怕直到本世纪中叶,世界人口才有望稳定在 80 亿至 100 亿间。

再来看第二种选择,即降低富裕程度,这样做会使我们与可持续发展的目标背道而驰,因为贫困和人口增长总是如影随形所以同样不可行。人口统计学家早就告诉过我们出生率与生活水平及受教育程度成反比。因此,要想稳步控制世界人口数目,就要改善全世界 40 亿贫困人群,尤其是育龄妇女的受教育条件并提高其经济地位。

有人认为财富的重新分配是解决贫困问题的一剂良方。可如果我们仔细审视,就会发觉这种想法根本是无稽之谈。即使将全世界 700 万名百万富翁（他们共掌握着约 25 万亿美元的资产）的财富分配给全世界最贫穷的 40 亿人，也只能一次性地支付给每人大约 6 000 美元——显而易见，这也不是解决问题的可行之道。[2] 所以，只有创造出更多的新的财富，才能真正提高穷人的地位。的确，要想养活 80 亿到 100 亿人，世界经济恐怕要增长 10 倍才行。

现在，摆在我们面前的只剩下第三种选择了：改变一度为我们创造产品和服务，并最终创造世界财富的功臣——技术。人口问题和消费问题都可纳入社会学的范畴，技术则是最典型的商业问题。如果全球经济必须要在现有基础上增长 10 倍，以供养两倍于现有数量的人口，就必须将技术的影响缩减为原来的 1/20，才能使地球的环境质量保持在现有的水平上。对于那些相信生态灾难会在一定程度上被阻止的人而言，它还清楚地表明了在未来 10 年左右的时间里，可持续发展将成为商业史上最大的商机，而创新将是这场运动的旗帜。

例如，生物纳米技术能够帮助我们在分子水平上开发产品和服务，这项技术在减少污染和废弃物方面具有极大的潜能。[3] 生物技术可以仿效自然孕育万物的过程，创造出新型产品，从而取代从原材料的加工过程中获取产品，进而有效避免污染和废弃物的产生。[4] 无线通信技术和点净水技术自身的优越性允许人们在遥远的地方凭借小巧的设备实现灌溉，而不依靠集中的基础设施和输送管线，从而有效避免了对环境造成破坏。新能源和分布式发电技术则是减少二氧化碳排放与稳定气候变化的一大功臣。未来，这些技术的使用将会极大地减少对环境的负面影响，甚至可以在将其转化为积极影响的同时，满足数十亿农村贫困人口改善自身境况的需要（这些人在商业模式全球化的进程中一度被极大地忽视了）。[5]

三种经济形态

上文的分析清晰地告诉我们，调转车头，踏上全球可持续发展的道路，现在根本预见不到的价值数万亿美元的产品、服务和技术将会诞生。过去的商业模式因其对环境造成的负面影响而逐步为人们所遗忘，现在的商业模式重点在于减少已经造成的负面影响，为环境作出积极的贡献将成为未来商业模式的鲜明特征。企业将会提供越来越多的能够有效解决社会问题和环境问题的产品与服务，并同时尊重生物多样性和文化差异。因此，在展望未来全球商业模式时，我们看到的将是一幅错综复杂、相互依存的画卷。[6] 事实上，全球经济是由三种不尽相同但又相互依存的经济形态构成的集合体，即货币经济、传统经济和自然经济。

货币经济

货币经济是指我们所熟知的一种工商业经济形态，在发达国家和新兴工业化国家都可以发现它的踪影。全球大约有共计 30 亿人活跃在这种经济形态中，其中有大约不到 1/3 的参与者生活在富足的发达国家中，而正是这个群体消耗了全世界 75% 以上的能源和资源，同时也是制造世界上大多数工业垃圾、有毒物质和生活垃圾的罪魁祸首。

尽管工业化为我们带来了巨大的经济利益，但也造成了严重的污染，同时其消耗原材料、资源和化石燃料的步伐也在不断加快。[7] 事实上，在诸如中国及印度等新兴工业化国家，工业行为对全球环境造成的影响已经到了不可挽救的地步，这些影响包括对气候、生物多样性和生态系统功能等诸多方面造成的破坏。[8] 货币经济为全球生态系统留下了不可消除的影响，用大量的土地和资源来满足一些特定消费者的需要是这种经济的主要形式。比如，美国——世界上最大的货币经济体，尽管其人口总数不到世界人口总数的 4%，却消耗了全球 25% 以上的能源和原材料，排放的污染物更是超过全球总排放量的 1/4。[9]

尽管能源和原材料的使用强度如此之高，发达国家传统工业的污染水平在过去 30 年里却呈下降趋势。这种看似矛盾的现象可以归结于三个方面的原因：严格的环境管理约束制度、环保型工业的诞生和污染最严重的产业的易址（诸如日用品行业和重工业）。因此，从某种意义上来说，发达国家的蓝天白云是以牺牲新兴工业化国家的环境为代价的。考虑到新兴工业化国家庞大的人口基数，发达国家在环保上的成效在这些发展中国家迅速工业化的进程中对环境造成的巨大负面影响面前很快相形见绌。譬如中国，现在已经跃居全球温室气体排放名单的榜首。

与新兴工业化国家的工业化如影随形的是城市化进程的加剧——大量的农村人口涌向城市，通过挣得薪水谋求一条生路。目前，全世界大约有1/2的人口居住于城市之中。按现有的城市化进程趋势估计，到2025年，城市人口将超过全球人口的2/3。[10]人口统计学家预言，到2025年，全世界将会出现30多座人口超过800万的特大城市，以及500多座人口超过100万的大城市。如此迅速的城市化进程将使城市的基础设施面临严峻的挑战，因为这些城市中新增加的人口主要生活在贫民窟、棚户区和环境脏乱的社区。按照目前的进度，在未来的10年里，仅中国就会有3亿人口从农村迁移到城市，这个数字相当于现有的全美人口全部涌向城市。[11]事实上，在未来10年，支撑超过1亿人口的大型城市的供水、卫生、能源和交通问题的基础设施如何完善的问题，将成为人类社会所面临过的最为艰巨的挑战。

自从工业化序幕拉开，日用品和重工业的生产就从未停息，新兴工业化国家为此遭遇了严重的污染。尤其是在一些未对燃煤使用进行规范的地方，酸雨的问题日趋严重。世界银行估计到2010年底，全世界汽车数量将超过10亿辆。由于城市是汽车的集中地，其能源消耗量、尾气排放量和温室气体的排放量都将达到现在的两倍。结果就是，尽管发达国家的环境条件在某些方面得以改善，但新兴工业化国家会因为工业化进程过快而积压下大量的问题，与之相伴的是发展中国家贫民窟和棚户区人口的迅速膨胀。发达国家为了保护本国环境，加剧了产品生产战略外包的进程，这又会造成本国制造业工人的失业和社会的动荡。真实情况是，美国仅有1/5的最富有的人群在过去20年间收入得到了绝对增长，但对于大多数美国人民来说，他们的绝对收益额在这段期间是下降的。[12]

传统经济

第二种经济形态是传统经济，即在大多数发展中国家的落后地区，以农村生活方式为基础的经济形态。参与到这种经济形态中的人口接近40亿，超过全球总人口的一半——这类人群主要集中在印度、中国和非洲，他们直接从自然界截取资源以满足其基本需要，维持其生存发展，他们对货币经济形态鲜有涉足。人口统计学家普遍认为，世界人口现在正以每年1亿的速度增长，这个增速将持续到21世纪中叶，届时世界人口将达到80亿～100亿。增长的人口中，发展中国家占90%，而且绝大多数新增人口都将诞生于传统经济地区。[13]

货币经济的快速扩张在一定程度上使得传统经济变得越来越不稳定。土著文化一度以群居、节俭和自给自足作为其主要特征，随着货币交换和薪酬制度的引入，这种文化受到了极大冲击。[14]在过去20年间，产业结构调整、私有化和自由贸易更加剧了这种冲击的态势。货币经济的发展使原有的社会经济生活被瓦解，传统文化受到剧烈冲击，贫困大量滋生。化学工业和一些基础设施的建设也在某种程度上破坏了传统经济所赖以生存的生态系统。

农村人口争夺着由于货币经济的扩张而日渐稀少的自然资源，这让他们的生活更加贫困。农村妇女和儿童的绝大部分时间被用来寻找薪柴（作为原料）和运水。具有讽刺意味的是，这导致了农村生育率的增加。尽管如此，从短期来看，孩子们确实帮助解决了生活所需；但从长远来看，传统经济区人口的快速增长却加剧了自然资源消耗和贫困的恶性循环。事实上，生存压力是农村人口迅速增长的罪魁祸首，而人口的增长又减少了森林覆盖率、降低了土壤和水源质量。当林木变得稀有时，人们就开始用家畜的粪便做燃料，这造成了当今世界上最重大而又鲜为人知的环境公害。饮用水源的污染是另一个致命的问题。世界卫生组织评估，燃烧家畜粪便和饮用水源的污染每年造成800万人死亡。

当靠山吃山的生活变得越来越举步维艰之际，数百万农民不顾一切地涌入早已不堪重负的城市，谋求一份薪水，这造成了许多家庭的解体，同时也使农村社会分崩离析。年轻人则开始陆续移民到国外谋职。事实上，已有数据统计，每年在美国工作的墨西哥移民的收入金额已高达300亿美元。[15]

尽管部分人在正规的部门找到了工作，但还是有一些人落入了犯罪团伙的手中，过着朝不保夕的生活，被迫卖淫、贩毒，以及充当童工。他们中的大多数无法找到全职和收入稳定的工作，只得转投一些非正规的或非法的企业，在数以百万计的未经许可的小黑作坊里谋生。事实上，久负盛名的秘鲁经济学家赫尔南多·德·索托（Hernando de Soto）曾推断，这些非正规的企业对发展中国家经济的贡献率多达40%～70%。在许多发展中国家，由于政府机构贪污腐败，加之繁冗的行政体系，穷人注册小企业的昂贵费用往往使他们望而生畏。于是，在大多数发展中国家，这种非正规的企业成为增势最为迅猛的部分。[16]

传统经济中有越来越多的人沦为永久性难民。例如，在中国，约有1.2亿人游走于各大城市之间，他们没有土地，也没有工作。由于森林被砍伐、土地沙漠化、干旱和洪灾，他们被迫背井离乡。纵观全球，这种来自传统经济区的生态难民预计多达5亿人，并且这个数字仍在持续增长。[17]

结果就是，尽管从总体上，人们的生活水平貌似比100多年前有了显著的改善（即便是穷人当中最为贫困的那部分人，他们的受教育水平、医疗保健的条件和饮食状况也比100年前要好），但不公平还在加剧，迎接穷人们的（尤其是一度生活在传统经济区中的那些人），将是无比惨淡的未来。他们或者背井离乡到城市里去谋一份薪水，或者待在家里面对日益恶化的生态环境，继续过着举家贫困的日子。各种因素交织在一起，在一定程度上催生了宗教极端主义。正如我们已经看到的，在伊斯兰国家，当羞耻感随着大面积的失业和对生活的绝望交织在一起并不断加剧的时候，恐怖主义就会大行其道。

自然经济

第三种经济形态是自然经济，自然体系和资源是其重要的组成部分，而这二者正是货币经济和传统经济的主要支撑力量。事实上，货币经济和传统经济是根植于自然经济的，因为如果没有后者，前两者根本就是空中楼阁。不可再生的资源（如石油、金属和其他矿物质）是有限的，而可再生的资源（如土壤、鱼类和森林）是会自行修复的——只要对它们的使用未超越极限。

借助技术创新的力量，非可再生资源的替代品应运而生，以光纤替代铜线就是一个例证。在发达国家，未来十年，由于重复使用和循环利用，对一些不可再生的原材料的需求将会大大降低。极具讽刺意味的是，当今世界可持续发展道路上的一个重大阻碍是可再生资源的损耗。

其实，当我们开始迈入新千年的第二个十年之际，货币经济和传统经济正在慢慢地破坏着它们自己的支撑系统。[18] 对这两种经济形态的需要已经超过了支撑它们的生态系统能够保证可持续运行的极限。例如，全世界有 1/3 的农田遭遇土壤流失，而这将会危及其长期生产能力；过度放牧使得全球至少一半以上的牧场退化为沙漠；自有农业以来，全球森林面积已经缩减了一半之多，并且缩减的步伐还未停止。

在三个粮食生产大国——中国、印度和美国，地下水位大幅度降低。譬如，在中国，为了满足人们迅速增长的粮食需求，森林砍伐、过度开垦和过度放牧有增无减，美国 20 世纪 30 年代肆虐的沙尘暴也在中国频频登陆，而且程度更为严重。在未来十年，随着农业、商业和居民生活用水的不断增加，水资源供应不足将会成为一个最令人挠头的问题。[19]

现有各种粮食作物的产量也不再因为更多地使用杀虫剂和化肥而有显著的提高。事实上，世界粮食产量和肉制品产量早已经于 20 世纪 80 年代达到峰值并从此走下坡路。[20] 同时，世界上 18 种主要海洋鱼类生存条件的恶劣程度已经达到或超过了它们能够继续繁衍生息的最大极限。甚至有人认为，在接下来的十年之内，久负盛名的北大西洋鳕鱼业将走上灭顶之路。

此外，国际上相关科学界已经达成共识，人类活动，主要是化石燃料的使用所排放出的大量含碳物质，已经对全球气候体系造成了直接影响。[21] 全球温度已经上升了 0.5 摄氏度。在过去 20 年间，因为气候变化引发的自然灾害不断增加，在全球造成的财产损失总额每年以 10% 的速度迅猛增长。难怪 2000 年北极极地液态水的发现使无数科学家兴奋不已。[22]

即使是按现在人类二氧化碳的排放速度计算，到 2050 年，大气中温室气体的水平还是会达到工业化前的两倍——二氧化碳的浓度届时将达到约 550ppm。不幸的是，这个排放速度还在持续加快，在诸如中国和印度这些国家，化石能源的需求持续走高。地球会对此作出可怕的反应，全球平均气温将上升 2~3 摄氏度，而这将会导致发展中国家农作物产量的下降，由此引发的海平面上升将会吞没世界上许多大城市，并对珊瑚礁和热带雨林造成不可逆转的破坏，暴风雨将会更加频发，气候系统突发大规模变迁的风险也会增加。

部分人认为，人类现在已经利用了地球生产能力净值的 40%，而地球生产能力净值取决于被绿色植物吸收并储存的太阳能。所以，生物多样性的破坏已经是一个极其严峻的问题，尤其是在生物种类繁多的热带地区，这种破坏的后果更是难以估量。[23]生物种类减少是源于其栖息地的破坏、污染、气候变迁和过度捕猎。如果人口数量按预计水平增长，在未来 30 年，全球人口总数将从 67 亿增加到 80 亿~90 亿，现存的绝大多数物种将从地球上永久消失，从而带来灾难性的后果。简而言之，全球范围内的自然经济正面临危机四伏的局面。

冲突过程

毋庸置疑，这三种经济形态是相互依存的。然而，它们之间的冲突已经在世界范围内展开，为我们这个星球的社会与环境带来了种种挑战，但同时也将巨大的商机铺陈开来（见图 2.1）。现在，美国的人均消费水平是它的邻国墨西哥的 17 倍，是埃塞俄比亚的数百倍。[24]在美国，能源和材料的消耗需要大量的原材料与商品，而这些东西越来越多地依靠传统经济和新兴工业化国家来提供。

在传统经济国家中，大量基础设施项目（水坝工程、灌溉工程、矿山的开采、高速公路建设和发电站的建立）常常由发达国家的一些机构、银行和公司提供援助，这样它们就能获得原材料。遗憾的是，这种开发常常给自然经济带来毁灭性的灾难，使当地的腐败势力更加猖獗，政治、经济强势群体获利更多，而依靠传统经济为生的人们却受益甚少。与此同时，这些开发项目使全球的原材料市场呈现供过于求的现象，进而造成商品价格下降。

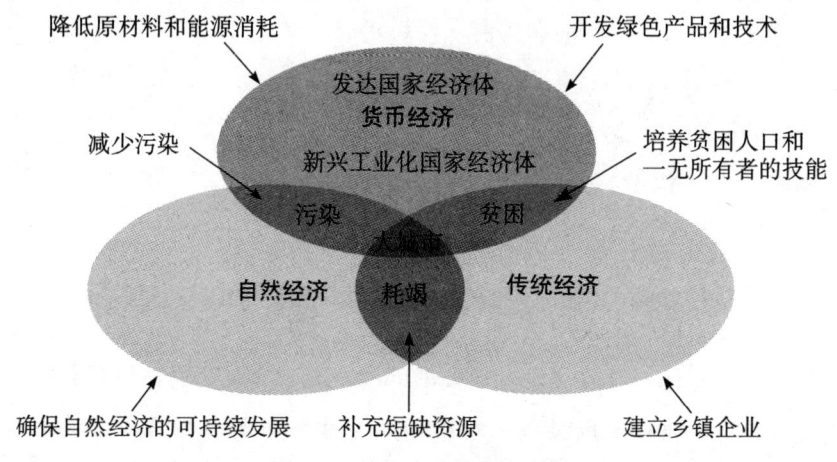

```
                降低原材料和能源消耗            开发绿色产品和技术

                         发达国家经济体
                            货币经济
          减少污染                              培养贫困人口和
                         新兴工业化国家经济体      一无所有者的技能

                         污染          贫困

                  自然经济      耗竭      传统经济

          确保自然经济的可持续发展  补充短缺资源    建立乡镇企业
```

图 2.1 冲突中的世界：商机

资料来源：改编自 Hart, S. 1997. "Beyond greening: Strategies for a sustainable world." *Harvard Business Review*, January-February: 66–76.

当商品的价格随着半成品的增加而走高时，发展中国家的通货开始趋弱，贸易条件对他们来说变得更加不利。他们的购买力持续下降，原本已经背负极高债务负担的他们更加债台高筑。这种变化带来的最根本结果是大量的财富从发展中国家流向发达国家（据估计，自1985年以来，每年从发展中国家流向发达国家的财富数额约为400亿美元），这就造成了一个资源被剥削、环境被破坏与偿付不断堆积的巨额债务之间的恶性循环。[25] 然而对于石油这类商品，由于诸如中国和印度一类异军突起的经济体的能源需求飞涨，加之美国源源不断的石油需求，石油短缺局面日益严峻。不幸的是，石油价格长期看涨的趋势，再加上2008年的油价飙升带来的负面影响，不仅为世界上最邪恶的独裁势力煽风点火，更使得一些孕育宗教极端势力和褊狭之风的国度因此赚得盆满钵溢。[26]

过去，在传统经济国家和新兴工业化国家，无知和闭关锁国使绝大多数人对自身的处境知之甚少。现在，在世界范围内，数字革命正将信息和思想传递给越来越多的穷人。我们即将看到，这些知识中蕴藏的巨大力量将促使一些腐败现象得以扼制，环境问题得到解决并推动更多公平的发展模式问世。[27] 然而，信息经济全球化也存在阴暗的一面：它导致了虚无主义、无政府主义、恐怖主义和其他企图使全球文明发展进程背离其发展轨道的行为的盛行。

第 2 章
冲突中的世界

透视全球市场

三种经济形态之间越来越互相依赖，这决定了我们这个时代所要迎接的社会环境挑战的主要内容。但正如图 2.1 所示，对那些能够正确理解并应对这种挑战的企业而言，冲突的世界也为他们创造出了新的机遇。事实上，这三种经济形态本身，包括其交叉部分都潜藏着商机。在货币经济中，明显存在着对低原材料消耗和低能耗的巨大需求，对"绿色产品"和"绿色技术"的需求也极为迫切。在传统经济中，以农村为根据地，开展商业活动以便理解和服务于生活在金字塔底层的人们的需要是重中之重。在自然经济中，确保自然资源的可持续利用，是为未来创造无限商机的根本。在这三种经济形态的相互冲突中同样也可以挖掘商机。比如，减少废弃物和污染，补充将要耗竭的资源，培养穷人和一无所有者的生存技能，都是良机所在。对于整个世界而言，这些方法对可持续发展事业都显得至关重要，同时，无限的商机也蕴藏其中。

我的同事马克·米尔斯泰因曾经和我争辩说，那些经理们，以跨国公司的经理尤甚，更倾向于将整个世界看做一个集成电路板那样的整体。[28]唯有货币经济和达到一定消费水平的顾客才会成为他们关注的焦点。只有当消费者的购买力能和美国、西欧和日本消费者相媲美时，他们才将其认作有价值的目标市场。可是，翻开历史，但凡有人的地方就会有市场。市场无所不在，绝非富人的专享。[29]无论是在哪个国家或地区，即使是在美国，也存在着三种市场：发达市场、新兴市场和传统市场。发达市场和新兴市场是货币经济的主要组成部分，传统市场则对应于传统经济，而这三种市场又都依存于自然经济。毋庸置疑，如果将可持续发展战略面临的挑战与商机结合在一起，我们的前景就会是"柳暗花明又一村"（见图 2.2）。

在成熟市场，或是说企业既定的目标市场，有 10 亿具备十分强大购买力的顾客，但凡他们想要的，都有能力收入囊中。如果能够获得全球供应链系统和良好基础设施的支撑，产品和服务可以迅速被分销到世

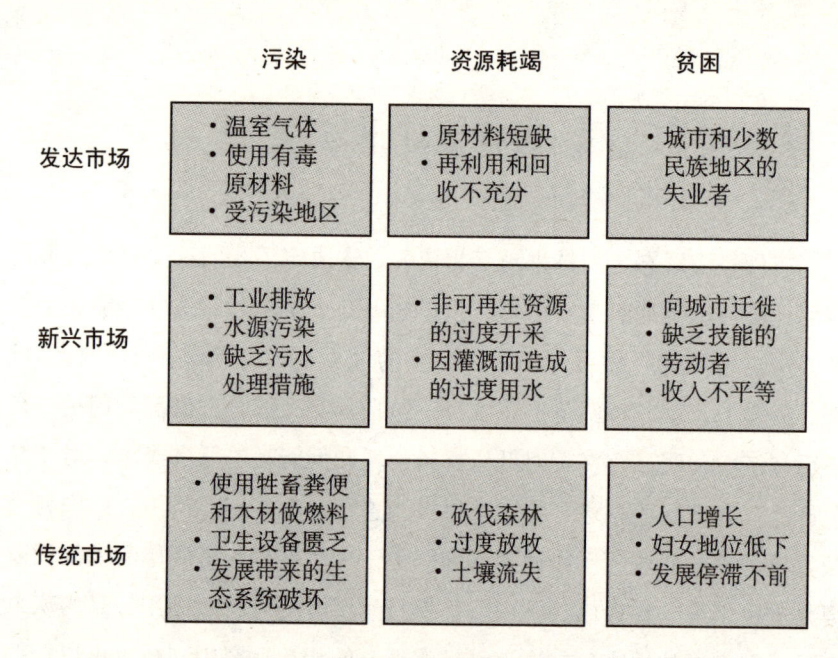

	污染	资源耗竭	贫困
发达市场	·温室气体 ·使用有毒原材料 ·受污染地区	·原材料短缺 ·再利用和回收不充分	·城市和少数民族地区的失业者
新兴市场	·工业排放 ·水源污染 ·缺乏污水处理措施	·非可再生资源的过度开采 ·因灌溉而造成的过度用水	·向城市迁徙 ·缺乏技能的劳动者 ·收入不平等
传统市场	·使用牲畜粪便和木材做燃料 ·卫生设备匮乏 ·发展带来的生态系统破坏	·砍伐森林 ·过度放牧 ·土壤流失	·人口增长 ·妇女地位低下 ·发展停滞不前

图 2.2 可持续发展面临的主要挑战

资料来源：改编自 Hart, S. 1997. "Beyond greening: Strategies for a sustainable world." *Harvard Business Review*, January-February: 66-76.

界的每一个角落，然后被抢购一空。在新兴工业化国家（人口数量约为20亿），工业化和城市化的快速进程增加了其对基础产品和服务的需求。然而，由于基础设施不完备以及分销渠道不畅，这些国家城市快速增长的市场需求难以得到及时有效的满足。在传统经济中，40多亿人口遭遇了来自全球化的负面冲击，既没有得到来自全球商业的关注目光，还一直扮演着政府腐败行为受害者的角色。在大多数农村地区，基础设施几乎无从谈起，信贷服务及与之相关的配套设施也相当匮乏，法律保护更是一纸空文。因此，几乎没有公司敢于在这些有风险和潜在危险的项目上放长线。

由于每个市场都具有独特性，所以针对不同的市场需要采取不同的战略，方可更好地实现可持续发展。要想在成熟市场获得成功，经理们必须致力于减少公司对生态环境的破坏，对产品和生产工艺流程进行重新设计不失为一计良策。在满足新兴市场的长期需要方面，经理们的任务在于协调该市场对产品快速增长的需求和现有基础或废弃物治理之间的矛盾。最后，在传统市场，经理们要善于挖掘由真正需求尚未得到满足的消费者所构成的，那块硕大的市场蛋糕。在后面的各章里，我将对以上这三个市场的各个方面进行详细的论述。

成熟市场：减少企业对环境的破坏

在成熟市场，许多资源和能源密集型产业——如化工、汽车制造、能源和采矿业等——给环境造成了极其严重的负面影响。然而，这些对环境造成很大负面影响的产品体系通常有成熟的技术支撑。随着技术越来越成熟，当它们达到一个峰值之后，即使再增加技术开发投入，企业的收益也只会略有提高。当某个产品市场同时具备成熟的技术和给环境带来很大负面影响这两个特征时，技术革新的时间点就来临了。因此，在成熟市场中，要识别出与可持续发展相关的商机，企业的经理人应该思考如下问题：

● 我们大多数的技术是在原有的基础上逐渐改进，还是有所突破？

● 我们的核心技术是否对我们更有效地减少公司对环境的负面影响构成阻碍？

● 我们的产品在生产过程中，有哪些材料是可以不必使用的？

● 我们的服务水平怎样才能得到显著的提高？

● 我们的废弃物是否可以在其他的生产过程中变废为宝？

杜邦公司的前任 CEO 恰德·霍利德曾经指出，整个产业的共同目标应该是可持续增长。在 21 世纪，寻求既能创造价值又能降低对环境负面影响的模式是我们不可推卸的责任。[30] 20 世纪 90 年代末，本书作者与杜邦公司副总裁保罗·泰伯，还有其他一行人一起创造了一种分析工具，这种分析工具通过计算各业务领域消耗的原材料数量每增加一磅所带来的股东价值的增量（SVA），来分析公司在创造利润的同时给环境带来的负面影响。通过这种分析工具，我们将杜邦公司的业务分为三个类型（见图 2.3）。

第一类业务我们称之为环保型业务，这类业务耗用原材料极少，并且每消耗一磅原材料所创造的股东价值比较高，我们将此类业务视为

```
                投资与增长
        ┌─────────────────────┐
        │ 农产品               │
        │ 电子产品原材料       │
        │ 汽车罩面漆           │
        │ Corian™              │
        │ Lycra™               │
        │ Tyvek™               │
        └─────────────────────┘
                        改进和重新定位
                    ┌─────────────┐
                    │ 尼龙         │
                    │ 多元酯纤维   │       剥离
                    └─────────────┘    ┌────────┐
                                       │ 康诺克 │
                                       │ 石油公司│
                                       └────────┘
        原材料使用量
```

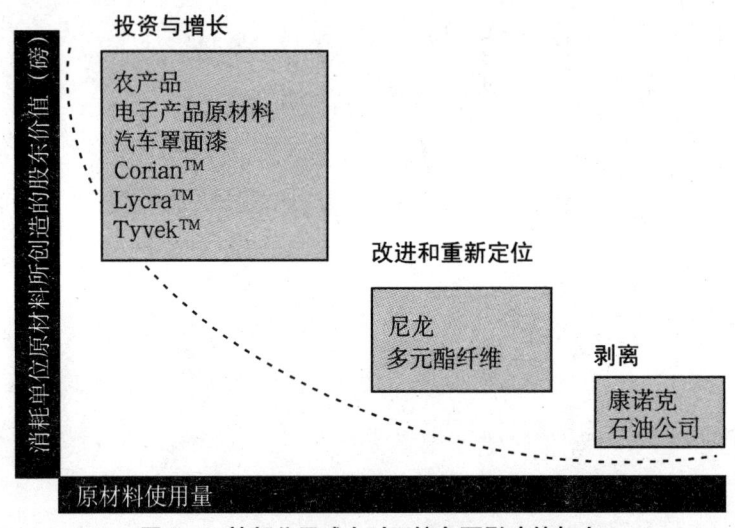

图 2.3　杜邦公司减少对环境负面影响的努力

资料来源：Hart, S. and Milstein, M. 1999. " Global sustainability and the creative destruction of industries." *Sloan Management Review*, 41 (1): 23-33.

"差异型业务"，光敏聚合物、电子材料、农业生物科技、Lycra™（即合成弹力纤维）、Tyvek™（即高密度聚乙烯合成纸）、Corian™（可丽耐材料，即一种人造大理石）和汽车罩面漆等业务可被划入其中。第二类业务对环境造成的负面影响居中，消耗单位原材料所创造的股东价值数额同样居中，如尼龙和多元酯纤维的生产，这类业务被看做基础性业务，因为它们代表着杜邦公司传统业务的核心。第三类业务是对环境造成极大破坏，而消耗单位原材料所创造的股东价值数额又很低的业务，如子公司康诺克石油公司（Conoco）就代表着这种最不被看好的业务。杜邦公司紧紧盯住差异型业务给公司带来的高额回报、现金流和在研发和资本两方面的知识密集程度，并将这种业务作为未来的商业模式加以发展。因此，在过去的几年间，杜邦公司将对环境产生巨大负面影响的康诺克公司，甚至生产尼龙和多元酯纤维这样的基础（核心）业务都做了剥离或重组，以加快差异型业务的增长，减少对环境的破坏。

Collins & Aikman Floorcovering 公司（现成为 Tandus 集团的子公司）是另一家率先提出减少公司对环境负面影响完整竞争战略的公司。在 20 世纪 90 年代中期，该公司是一家商用地毯制造商，也是首家用废旧地毯和工厂剩余的 PVC 废料来生产新地毯的企业。[31] 公司将这些废料投入到一条名为"ER3"［代表基于环保理念重新设计（Redesigned）、重新构建（Reconstructed）和重复利用（Reused）］的生产线，该产品有极好的性能（它的材料性能比用新原料制成的地毯更稳定，使用起来也更为舒适），而且生产成本低廉（至少在一定程度上是如此，因为它原本只是消费者手中的废物）。凭借成本低廉和性能优越的双重优势，公司的收入和利润均以每年两位数的速度增长，而该行业在20世纪90年代末期到21世纪初的年平均增速仅为4%。现在，该公司已经摈弃了直接用新原料生产地毯的方式，它的信条是："居民楼就是我们的原料库。"

最后再来看一个例子。Raid™，Glade™和Windex™几种品牌产品的制造商正是位于威斯康星州的美国庄臣公司。对环境超低的负面影响——以及在生产过程中实现基于可持续发展的节约——使其在众多家用品牌中脱颖而出。[32] 作为该公司减少化石燃料使用和温室气体排放战略的一个组成部分，它与附近的一家垃圾处理企业取得合作，以获取甲烷。庄臣公司出资购买了一个汽轮机，利用附近垃圾掩埋场产生的甲烷气体来驱动其Waxdale厂房（该企业主要的厂房之一）。垃圾产生出的甲烷气体，成了驱动3 200千瓦汽轮机的燃料（即利用垃圾这种原本要废弃的资源生产动力），从而使化石燃料的使用量减少了一半，每年为公司节省下200多万美元的费用。随后，庄臣公司又建起了第二台汽轮机，与第一台共同使用，完全满足了Waxdale每天的正常用电所需。在全球范围内，庄臣公司曾提出一个减少温室气体排放量的目标，结果在2005年，该公司不仅实现而且超过了这一宏伟目标——每年减少了总计达5万吨的二氧化碳排放，这全要仰仗这两项从垃圾中获取甲烷的工程。

新兴工业化国家：避免冲突

随着城市化和工业化的快速推进与对产品和服务需求的激增，以新兴工业为主要经济形式的发展中国家的生态系统和社会系统面临着巨大压力。如果自然不增加其自净能力，仅凭目前成熟市场中应用到的技术

（来实现可持续发展的宏伟目标）是远远不够的。因此，如何避免快速增长的需求和资源供给减少的震荡所产生的冲突，将是新兴工业化国家面临的最大的挑战。为了鉴别出新兴工业化国家中与可持续发展相关的商机，经理人们需要将以下问题纳入考虑范畴：

- 如果现有工业扩张至目前的三至四倍，环境能否负担？
- 我们的工业实现这种可持续增长的制约因素有哪些？
- 在不耗竭我们所赖以生存的自然生态资源的前提下，我们能否满足日益增长的消费需求？
- 我们能否针对新兴工业化国家的市场研发出"跨越式"的技术？
- 我们如何满足不断增长的需求，同时兼顾城市中出现的问题？

在过去30年间，新兴工业化国家的人口总数已超过20亿——这在一定程度上暗合了汤姆·弗里德曼在他的著作《世界是平的》中所提到的"扁平的世界"这个概念。目前的情况似乎是，这种快速发展导致了城市中棚户区、垃圾山、臭水沟、有害气体和各种废化池的出现。这些问题的出现严重危害着许多发展中国家的公共卫生、未来经济的增长与社会的繁荣。即便如此，对产品和服务的需求仍然不断增长。

为满足人们日益增长的需求，公司继续照搬他们在发达国家已经成熟的市场战略、产品和方法。然而，考虑到新兴工业化国家消费市场发展的范围和速度，如果只是照搬这些曾经适用于发达国家消费市场的模式，必然会使整个环境体系和社会体系崩溃。例如，如果从现在开始，中国以美国的速度消耗石油，那么仅该国每天就需要8 000万桶以上的石油——几乎相当于目前整个世界的耗用量。[33]因此，在新兴工业化国家，要想坚持可持续发展道路，需要的是公司自身具备满足消费市场日益增长的需求的能力，而不是沿袭那些在发达国家中早已被淘汰、退出历史舞台的做法。

由于新兴工业化国家制造业的高速增长，资本市场上与之相关的股票后浪推前浪。比如，在亚洲，制造业厂家的设备类股票每六年就会翻一番。[34]这样，相对发达国家而言，洁净技术（自给自足，零排放）在新兴工业化国家的生产企业间就具备了更高的可普及性，它们可以迅速跨越到这一阶段，而发达国家市场对清洁生产技术的需求增长则要慢得多。如果希望经济的发展速度足以使人们摆脱贫困,技术的跨越式发展是不可或缺的。事实上,高瞻远瞩的汤姆·弗里德曼早就预言:有充分的理由可以相信,曾经的"红色"中国不日将脱胎换骨为"绿色"中国。[35]

在新兴工业化国家中实现可持续发展,对于资源循环利用的行业而言尤其具有挑战性。例如,在未来几十年间,预计全球范围内对林业产品的需求将会以每年1%~2%的速度增长,而与之相对的却是目前木材供应量的不断下降。因此,目前与木材结合紧密、仰仗森林获利的企业必须找出可替代的方法。意识到自己正处于这种矛盾之中,一些公司已经着手加强林木生产的工作,以满足不断增加的木材需求。木材的高产量依赖于选择性育种、无性繁殖和出色的现场管理,像Aracruz Celulose这样的公司已经实现了获得高回报的同时,将对环境的影响和破坏降至最低的目标,使用更好的土地生产更高质量的木材及纤维是达成此目标的主要途径。

中国的一家纺织公司江苏紫荆花纺织科技股份有限公司,已经开发出了一种在生产源头避免这种冲突的方略。[36]该企业摈弃了原来生产纺织品及其他加工产品的主要原材料——棉花,因为它的生长需要大量的杀虫剂和灌溉消耗。一条新的生产线应运而生,公司开始将黄麻纤维用于纺织品等高附加值产品领域。黄麻在低质量的土壤中就可以生根发芽,它的生长过程需要消耗的水资源显著减少并且几乎不需施用农药。公司与贫困的农民合作,农民们负责开垦荒废的土地种植各种黄麻,而公司在向他们收货后将其用于纺织类产品的生产。在种植黄麻几年后,这些一度荒废的土地被重新开垦,农民们甚至可以在土地上种出大米类的农作物,他们的收入水平也因此得到了显著提高,食品的供应更加充沛,公司自然也因此收获了源源不断的原材料。

即使水资源变得越来越少、可耕地面积不断减少、气候变化反复无常、农作物因为免疫力下降而变得在各种灾害面前易受伤害,农业产业仍然必须要为全球增长迅速的人口提供粮食。现有的农业经营模式过分依靠大量灌溉、化学杀虫剂和化肥,而获得的收益却在递减。生物工程技术的应用尽管仍然饱受争议,但它可以用来培育能够抵御虫害、节约水资源和减少化肥施用的农作物,而且这种农作物所含的营养成分更高,这种技术可能就是新兴工业化国家发展可持续农业的良策。[37]

Fingerlakes 水产品公司是在纽约北部刚刚成立的一家公司,避免冲突成了它的战略核心。[38]过度捕捞,加之经济发展带来的一系列压力以及污染已经造成了野生渔业资源的匮乏,导致了非正常供给、高昂售价和品质低劣的现象。当畜牧业和渔业所能提供的产品供不应求时,提高全球的蛋白质供应只有三种选择:提高农作物转换为动物蛋白质的效率;摒弃转换率较低的方式——比如牛肉或猪肉,转而养殖鱼类这种转换率高的产品;或者依靠反刍动物更多地实现粗饲料到肉或奶的转换。[39]

前两个选择已经被 Fingerlakes 水产品公司直接融合至其发展战略中。它对自己拥有的水过滤装置和再循环技术的改良几乎达到了极致,在室内低成本养殖鱼类成为可能,这样可以有效避免池塘养鱼带来的污染。罗非鱼的养殖吸引了公司的注意,这是一种热带鱼类,肉质紧密,口感绵柔,是一种白肉产品,可以媲美鳕鱼、黑线鳕、比目鱼和其他种类严重稀缺的野生鱼类。罗非鱼以杂食为生,用便宜的饲料即可养殖。罗非鱼还是从谷物到肉类的高效率转换者,仅 1.2 磅饲料就可以转换成 1 磅鱼肉(与之对比鲜明的是,消耗 6 磅饲料方可获得 1 磅牛肉)。而且,该公司目前正在着手启动商业化的大规模养殖,相信美国中南部的生产者可以借助其低廉的单位生产成本脱颖而出,突破重围。如果能够获得成功,这种方法将会引领这个产业发生翻天覆地的变革——而且会有助于彻底改变整个蛋白质生产行业。

传统市场:满足其真正的需求

与发达国家市场和新兴工业化国家市场截然不同,在发展中国家的农村地区,传统市场长期受制于贫困和对外隔绝,当地的资源被掠夺,本土文化遭受冲击,人口急剧膨胀。正如我们已经看到的,在金字塔底层有超过 40 亿的人从自然中截取生产资料,过着"靠山吃山"的拮据生活，极少参与货币经济或规范经济活动。人口统计学家普遍认为，在未来几十年里，当全球人口数量增至80亿～100亿的时候，传统市场将成为经济增长的主要领域，流动人口的激增及与之相伴随的社会、政治和环境的压力，都将使农村社会不断发生变化。因此，对于那些高瞻远瞩的公司而言，传统市场是解决可持续发展问题的关键所在，对那些喜欢设想未来的公司而言，这里也蕴藏着前所未有的商机。经理人们可以通过对传统市场提出以下问题，挖掘可持续发展战略带来的商机：

- 我们能否通过改进现有的产品和服务来满足穷人们的需要？
- 我们能否应用可持续发展技术来满足金字塔底层人们的需要？
- 我们是否忽略了一些大量需求尚未得到满足的市场？
- 我们是否局限于现有的商业模式？
- 我们的顾客忠诚度是否随着时间推移而提高？

那些正处于发展中的、主要针对满足传统市场需求的相关的技术、产品和服务应该成为企业关注的焦点。经理们必须对这四项因素进行正确的解读：

- 要想使产品和服务满足真正的需求并提高人们的生活水平，深层次的沟通和耐心聆听必不可少。
- 通过满足穷人和那些被剥削者的需要，公司可以获得大量的利润。传统观念认为穷人不会成为很好的消费者，因为他们没有钱且受教育水平低。
- 在用彻底创新的可持续发展技术来满足金字塔底层40亿人口的需要的时候，我们会获得难得的商机；而试图将发达国家市场或是新兴市场的成功经验简单复制的做法必将以失败告终。
- 在传统市场中开展的商业模式必须充分利用当地的智力资源，创造就业机会，同时要为当地的自主繁荣发展做出贡献。

能够认清传统市场这种商机的企业必然已经清楚地理解并开始设法满足穷人的真正需要。例如，全世界尚有10多亿人无法获得安全的饮用水。另外还有24亿人无法获得应有的卫生设施。结果，每年大约有40亿人因为饮用水污染而感染痢疾，有300万人因此死亡，其中绝大多数都是五岁以下的贫困儿童。[40]每天有20架满载的巨型喷气式飞机坠毁所带来的危害也不过如此——这确实称得上是空前的人间惨剧。对于传统市场而言，提供洁净的饮水与改善卫生设施是发展和消除贫困的重中之重。这一点毋庸置疑，问题是要切实提高洁净水的普及性。

集中提供饮水处理设施和输送系统不仅昂贵，而且不是一朝一夕之功。加之农村贫困人口的增长最为迅速，通过基础设施为大量人口供水变得举步维艰。所幸还有一些其他的办法。比如，居民可以在家中通过专门的设备净化处理水资源以满足自己饮用水的需求——居家水处理（终端净水器）。这个令人兴奋（也是迫切需要）的商机已经触动了几家公司的神经。如宝洁公司率先开发了一种叫做"PuR"的联合化学处理技术。该技术的核心是一种化学药粉包，居民可以借此来净化水源，而且药粉售价低廉，美国疾病控制中心已经在尼加拉瓜和菲律宾进行了实地检测。这种产品专为低收入人群设计，在降低痢疾的发病率上功不可没，而现在公司正竭力为产品进行商业包装——这正是将创收与服务金字塔底层人群完美结合的最佳范例。在几次不幸以失败告终的尝试之后，公司迅速穿上了慈善的外衣，将PuR打造成了一种非营利性产品，这个项目被冠名为"儿童安全饮用水工程"，PuR的大范围使用拯救了大量原来深受其苦的人。

环球健康饮用水公司（WaterHealth International，WHI）是另外一家开发出净化技术的公司，并为其设计了一种极具可行性的商业分销模式。[41]通过其专有的紫外线消毒装置来为饮用水除菌净化，WHI将这项技术销售给印度的小型乡村（人口数量在3 000至5 000之间），这些乡村不具备集中供水设施，每套生水系统可以为7 000人净化饮用水，每人每天只需支付3卢比（约合0.06美元）即可获得多达20升的安全饮用水。ICICI银行为这些乡村提供购买生水系统费用的贷款，WHI和纳安迪基金会（Naandi Foundation）以及其他非营利组织在一切都安排妥当之后，将运营工作交给当地的企业。使用者们每天支付的费用日积月累，由村政府和WHI分红，直到8年之后，贷款得以清偿，此时，这些地方企业取得了生水系统的全部所有权。

考虑到WHI的巨大潜力，陶氏风险投资为其提供了另外700万美元投资，这使得公司在全球范围内迅速扩张，确保了这种商业模式的繁衍壮大。截至2009年，WHI已经在全球范围内安装了250座生水系统，每年有超过38万消费者因此而受益。当WHI扩张的脚步越走越远之际，新的问题却迎面袭来：由于WHI提供的是全村集中型的供水系统，将水运送到家的途中及家中水的储存增加了二次污染的风险。解决这"最后一英里"的问题又为创新思维和新的商业模式提供了一片活跃的疆土［参见第9章，其中有一个The Water Initiative（一家生产终端净水器的公司）的案例］。

传统市场正是这样挑战着我们，激发我们对应用于解决贫困问题的商业模式的各种设想。那些将发展中国家视为倾倒淘汰技术和非环保型设备的垃圾场的企业是无法收获市场"蓝海"的，其竞争力更是微乎其微。譬如，雨后春笋般的电信公司，意识到昂贵的通信线路所带来的制约性，便避免使用这些有形的线路。通过卫星、移动通信技术和无线电广播设备，通过与城市无异的无线通信技术，他们将信息传送到之前服务范围之外的乡村地区。通过这个无线系统，不同地区和国家之间的差距被缩小了，促进了小规模经济体的顺利运行，从而减少了人口向城市迁徙造成的压力。

企业在传统市场获得成功是因为管理者们充分认识到了发展中国家市场的重要性，并且为未来的客户服务打下了基础。比如，在认识到在人口众多、技术密集型市场中与美国、日本和欧洲公司赤裸裸的竞争对其很不利后，大宇公司将大量的生产基地转移到缅甸、伊朗、乌兹别克斯坦、俄罗斯、中国、越南和巴西等国，在这些地区，公司可以从长远发展的战略角度考虑进行一些设施的投资。大宇公司以一个长期合作伙伴的身份扎根于这些地区，为其提供基础设施规划、环境管理和生产制造方面的技术。当对方无力以硬通货支付时，大宇公司也欣然接受实物支付的形式。譬如，在与乌兹别克斯坦共同筹资兴建工厂时，乌方用棉花充当了自己的那一半资金，大宇公司后来在国际市场上售出了这些棉花，从而获得所需资金。通过率先与这些国家建立关系，大宇公司所实施的战略正是以一种"放长线钓大鱼"的方式满足着世界贫困地区不断发展的需求。

价值主张

全球可持续发展对于新兴商业模式的发展起到了催化剂的作用，认识到这一点对于 21 世纪公司的生死存亡而言至关重要。理解本章所描述的三种经济形态对全球可持续发展的影响是识别潜在的创新战略的第一步。要真正把握可持续发展带来的商机，经理人们就必须重新斟酌目前盛行的关于战略、技术和市场的主导理念。对发达国家市场、新兴工业化国家市场和传统市场的仔细审视，将有助于企业更好地理清思路。

然而，仅仅有这样的意识和远见还远远不够，理解基于可持续发展理念的商业战略对企业创造财富和提高竞争优势有何益处至关重要。事实上，除非经理人们确实看到了这些基于可持续发展的商业模式能够为他们带来切实的利益，否则他们是断然不会为其奉献不可或缺的资源的。在下一章，我将用一个框架图来表明在迎接与全球可持续发展相关的挑战时，如何开发新的发展战略，在实现股东价值的同时为世界的可持续发展作出贡献。

注释

1. See, for example, Paul Ehrlich, *The Population Bomb* (New York: Ballantine, 1968).

2. 本案例源自：John McMillan, *Reinventing the Bazaar* (New York: W.W. Norton, 2002).

3. Erik Drexler, *Engines of Creation* (Garden City, NY: Anchor Press, 1986).

4. See Janine Benyus, *Biomimicry: Innovation Inspired by Nature* (New York: Morrow, 1997).

5. Diane Coyle, *Paradoxes of Prosperity* (New York: Texere Publishing, 2001).

6. 本部分引自：Stuart Hart, "Beyond Greening: Strategies for a Sustainable World," *Harvard Business Review*, 75(1) (1997): 66–76.

7. See Paul Hawken, Amory Lovins, and Hunter Lovins, *Natural Capitalism: Creating the Next Industrial Revolution* (Boston: Little Brown & Company, 1999).

8. G. Daily, *Nature's Services* (Washington, D.C.: Island Press, 1997); Millennium

Ecosystem Assessment, *Ecosystems and Human Wellbeing* (Washington, D.C.: World Resources Institute, 2005).

9. Mathis Wackernagel and William Rees, *Our Ecological Footprint* (Gabriola Island, B.C.: New Society Publishers, 1996).

10. Allen Hammond, *Which World?* (Washington, D.C.: Island Press, 1998).

11. Robert Neuwirth, *Shadow Cities: A Billion Squatters, A New Urban World* (New York: Routledge, 2005).

12. Ibid.

13. Donella Meadows, Dennis Meadows, and Jorgen Randers, *Beyond the Limits* (Post Mills, VT: Chelsea Green Publishing, 1992).

14. See Helena Norberg-Hodge, *Ancient Futures* (San Francisco: Sierra Club Books, 1991), for a compelling description of how an ancient culture in the Himalayas (Ladakh) was disrupted fundamentally by the forces of "development."

15. 私人会谈，与墨西哥蒙特雷技术大学EGADE商学院的 Nicholas Guttierez 教授。

16. Hernando De Soto, *The Mystery of Capital* (New York: Basic Books, 2000).

17. Allen Hammond, *Which World?*

18. 本部分引自：Lester Brown, *Eco-Economy* (New York: W.W. Norton, 2001)。还可参见 the Millenium Ecosystem Assessment, *Ecosystems and Human Wellbeing*。

19. Jennifer Reck and Stuart Hart, *Water for the Masses* (Chapel Hill, NC: Center for Sustainable Enterprise, 2004).

20. Erik Simanis and Stuart Hart, *Monsanto Company (A): Quest for Sustainability* (Washington, D.C.: World Resources Institute, 2000).

21. Stern Report, *The Economics of Climate Change* (Cambridge: Cambridge University Press, 2006); National Research Council, *Our Common Journey* (Washington, D.C.: National Academy Press, 1999).

22. Lester Brown, *Eco-Economy*.

23. National Research Council, *Our Common Journey*.

24. Peter Menzel, *Material World: A Global Family Portrait* (San Francisco: Sierra Club Books, 1999).

25. Wouter Van Dieren, *Taking Nature into Account* (New York: Springer-Verlag, 1995).

26. Tom Friedman, *Hot, Flat, and Crowded* (New York: Farrar, Straus, and Giroux, 2008).

27. Diane Coyle, *Paradoxes of Prosperity*.

28. 本部分节选自：Stuart Hart and Mark Milstein, "Global Sustainability and the Creative Destruction of Industries," *Sloan Management Review*, 41(1) (1999): 23–33。

29. John McMillan, *Reinventing the Bazaar*.

30. 评论出自恰德·霍利德于1998年11月9日在华盛顿召开的化学工业会议上的讲话。
31. Mark Milstein, Stuart Hart, and John Buffington, *Tandus 2010: Race to Sustainability (A)*, William Davidson Institute, www.globalens.com, 2009.
32. 这些表述源自美国庄臣公司的斯科特·约翰逊于2004年4月在康奈尔大学工程学协会会议上的讲话。
33. Lester Brown, *Eco-Economy*.
34. U.S. Asia Environmental Partnership, personal communication, April 1998.
35. Tom Friedman, *Hot, Flat and Crowded*.
36. 私人会谈，与 Frank Liu, CEO of Redbud, December 2009。
37. Erik Simanis and Stuart Hart, *Monsanto Company (A): Quest for Sustainability*.
38. 私人会谈，与 Paul Sellow, CEO of Fingerlakes Aquaculture, May 2004。
39. Lester Brown, *Eco-Economy*.
40. Jennifer Reck and Stuart Hart, *Water for the Masses*.
41. 感谢 Tralance Addy 和 Mark Edwards 所提供的关于环球健康饮用水公司的信息。

第3章
可持续发展价值组合

几年前，EPA公司前任主管、Browning Ferris公司前CEO威廉·拉克尔肖斯（William Ruckelshaus）曾如是说："资本主义社会的经理人们对于可持续发展的概念就像苏联的管理者们对利润这个词一样知之甚少。"虽然威廉的话多少有几分玩笑的意味，但在我看来，他的这番话是颇有见地的。毋庸置疑，在我们身处的这个时代，"可持续发展"绝对是使用频率最高，但很少有人真正理解的一个词汇；当并未理解其真正含义的人们滥用这个词的时候，它总是被与战略一词视为等同概念（作为企业战略研究和可持续发展这两个领域的教授，我很清楚，它们是截然不同的两个概念）。总是会有这样的情况出现，当我和一个人谈话没超过几分钟，我们就开始唇枪舌剑，这时候我们谈论的话题必然是可持续发展，而她所言和我的理解完全是两个毫无瓜葛的概念。

对这个概念缺乏一个准确的定义，使得这个词汇常常被商人们剔除了考虑的范畴。经常会听到经理们这样说："除非你能就可持续发展问题给出一个明确的概念，不然我可不会在我的业务中为这个问题伤脑筋"，要是每听到一次这种话便会有一枚5美分硬币落入我的口袋的话，恐怕我早就富得流油了。的确，可持续发展概念本身的模棱两可和多维性常常使人不明所以，然而，如果企业家拥有足够的战略眼光的话，他们就会发现这个辞藻绝对极具吸引力。一个聪明的战略家总是对定义不清或模棱两可的商机情有独钟，这是因为一旦什么事情被冠以准确的定义，同时被简化成了标准化的操作过程之后，也就无利可图了。

然而，要想设计一个条理清晰的战略，断然离不开详细的诠释、概念分类，并建立起一个与之相关的框架。要是在谈及某个概念时我们之间达不成任何共识，恐怕我们也只能就此分道扬镳。基于这样的思考，本章将提供一条从商业角度研究可持续发展问题的思路，将若干随处可见的与之相关的概念、讨论和实践经验进行一个理性的分析与规范。更重要的是，本章力图将可持续发展的方方面面与股东价值创造和财务绩效结合在一起分析。为此，我与同事马克·米尔斯泰因共同研讨出了可持续发展的基本框架，该框架直接将全球可持续发展所面临的社会挑战与股东价值的创造进行了有机结合，诠释了全球化挑战是怎样与可持续发展产生联系的。[1] 我们将通过独到的商业视角，探索出不仅有利于世界的可持续发展，同时还能为股东创造价值的战略和活动。我们将这种双赢的方式定义为企业创造出的可持续发展价值。

与"可持续发展"相关的概念

正如前两章所述，一提及"可持续发展"或"可持续发展企业"，与之相关的意义、问题、概念和实践令人目不暇接。经过一番绞尽脑汁的努力，马克·米尔斯泰因和我终于制作出了一份冗长的涉及可持续发展领域的概念列表（见图3.1），但我不能保证收录齐全，其中的排序是任意的。在图3.1中你会发现很多熟悉的名词（如企业社会责任），也有一些令人费解的、只取首字母的名词或标识（如B24B）。这是因为可持续发展的概念里充斥着各种不同的、有时又互相竞争的倡导者、从业者和理论研究者。对图中所列的各项内容仔细审视后你会觉得有点泄气，你可能会问自己：从商业角度来看，我怎样知道在这样多的材料里，哪一份才是有用的或有意义的呢？

幸运的是，我们将引入一个战略研究领域重要的分析工具——2×2矩阵，来帮助我们理清这些杂乱无章而又令人费解的概念。但凡商学院的毕业生，对用来定义战略的2×2矩阵是再清楚不过了。从严格意义上讲，矩阵中的两个维度有助于我们更清楚地对概念进行区分，并能使人们更好地依据各个区间划分出属于该类的概念和实践。重要的是，框架对企业业绩和股东价值创造方式的范畴进行了严格界定（见图3.2）。

• 环境管理	• 洁净技术
• 企业社会责任	• 生态效率
• 绿色化	• 生态效益
• 工业生态学	• 生物仿生学
• 利益相关者管理	• 三重底线
• 产品生命周期管理	• 包容发展
• 污染防治（P²）	• 金字塔底层
• 可持续发展	• 扶贫商业
• 环境设计（DfE）	• 企业公民
• 绿色设计	• 自愿规则
• 城市再投资	• 社会型企业
• 工业废弃物再利用	• 完全成本账户
• ISO 14001	• 环境治理系统
• 减少废弃物	• 风险管理
• 自给自足	• 跨越式发展技术
• 资源生产力	• 从源头到源头
• 可持续发展技术	• 恢复技术
• 深度合作	• B24B
• 全局思考	• 回收
• 公司治理	• 透明度

图 3.1　可持续发展术语

与创造股东价值相关的元素

如图 3.2 所示，纵轴表示企业在管理当前业务时，同时要为创造未来的技术和市场而努力。该维度体现了兼顾短期效益与长期效益的重要性。横轴表示企业一方面需要培育和保护其内部的组织管理技巧、技术和各项能力，同时又要考虑来自外部利益相关者的观点和认知。该维度表明，公司现有核心技术的创新需要逐步展开，以确保其不受干扰地推行，同时，还要对利益相关者新的观点、跨越式的商业模式和技术敞开怀抱。

将横轴和纵轴并置，我们就得到了一个由四个区间构成的矩阵，这四个区间对于创造股东价值的方式探索及理解与商业有关的"可持续发展"概念至关重要。左下象限代表的内容主要集中在企业内部，关乎一些实质的问题，即降低成本和风险。其中包括季度收益的增长和负债

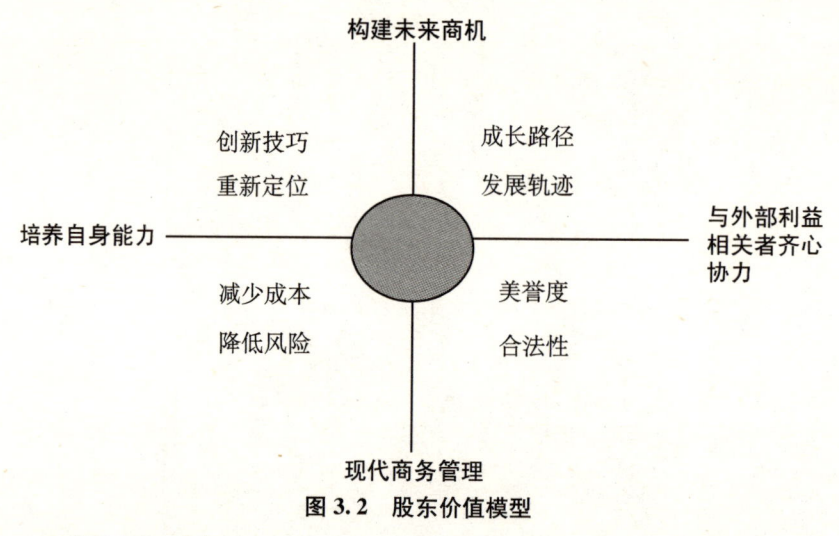

```
                    构建未来商机

    创新技巧           成长路径
    重新定位           发展轨迹
培养自身能力  ———— ●  ————  与外部利益
                                  相关者齐心
                                  协力
    减少成本           美誉度
    降低风险           合法性

                    现代商务管理
```

图 3.2　股东价值模型

资料来源：改编自 Hart, S. and Milstein, M. 2003. "Creating sustainable value." *Academy of Management Executive*, 17 (2): 56-69.

的减少，以及可能存在的潜在财产损失，这些都是企业财富创造的核心方面。显而易见，如果企业不能有效经营，降低风险，同时获得相应的收益，股东价值就无法让渡。

右下象限内涉及的企业行为所关注的同样是企业当下的收益，同时将企业外部利益相关者作为重点纳入考虑，其中包括在价值链上与之直接相连的供应商、消费者，还有规则制定者、社区、非政府组织和媒体。如果企业拒绝将他们的兴趣和利益考虑进去，公司的正常经营运作就难以维系。但如果企业家足够聪明，将这方方面面的利益都灵活兼顾，企业就能使自己脱颖而出，获得美誉度，并确保其经营活动的合法性，从而维护和增加股东价值。

再来看左上象限中，企业不仅要在当前的业务中创造佳绩，还要时刻留意未来的产品和服务。这就意味着要开发或获得这些技巧、能力和技术，以提升企业在未来竞争中的地位。忽视创新，企业要想源源不断地创造出确保自身未来的新产品和新服务就无异于痴人说梦。因此，股东价值的创造也依赖于企业对其现有技术重新定位，创造出更先进的技术，为未来发展埋下伏笔。

最后，让我们看看右上象限，关注识别这些需求有助于迅速锁定未来有发展潜力的市场。这就要求企业或者为现有客户提供新产品，或者去探寻市场中的蓝海。企业未来发展方式和路径对于股东价值的创造是至关重要的，企业所规划的发展轨迹将为新技术和新产品的研发提供指导性的方向。

如果想要源源不断地为股东创造价值，企业必须将以上四个象限所涉及的内容做到面面俱到。[2] 如果仅在一两个象限中表现突出，则表明企业未达到最佳业绩状态，甚至可能意味着失败。柯达公司和施乐公司就是这样的例子，它们都没有在数码技术上投资的远见。这些案例告诉我们，如果企业被当前的业务一叶障目（忽视未来的技术和市场），则只能获取一时的盈利，一旦竞争者以更先进的产品和服务进入市场，股东价值就会丧失殆尽。近年来，许多网络公司的经验反映了如果一味强调未来的商机而对当务之急置之不理的话，尽管令人兴奋和极具挑战性，却注定了公司昙花一现的命运。[3] 比如像孟山都这样的公司，由于未能有效处理外部利益相关者对转基因食品的种种疑虑，而是埋头专注于处理企业内部的事务，尽管公司收获了短期利益，但最终还是痛失大批顾客对项目的忠诚度与信赖。而这些对于维护企业合法性和产生新的、有想象力的战略以及确保企业未来竞争力等方面的重要性都是不言而喻的。最后，在我们列举了这么一长串案例之后，恐怕还是要以距离我们最近的次贷危机收尾，同样的，这也是因为只专注于一两个区间中的内容（仅仅关注短期利益）而酿成的惨剧，以致长远利益最终无从谈起。

可持续发展概念分类

正如企业创造可持续发展价值需要在多个方面表现出众一样，与可持续发展相关联的社会挑战也是多维度的。相应地，我们可以借助前面分析中多次用到的股东价值模型来对这些相关术语进行分类（见图 3.3）。[4] 这样就产生了代表四个不相关概念的坐标轴和四个象限组成的一个矩阵。每一象限都清楚地表明了可持续发展定义某一方面的内容，并且以一种清晰的方式与企业业绩和股东价值相联系。区别这些概念的含义，是对可持续发展的概念形成一个鞭辟入里的认知的不二法门，也是摆脱目前各种盛行的不规范术语困扰的关键。

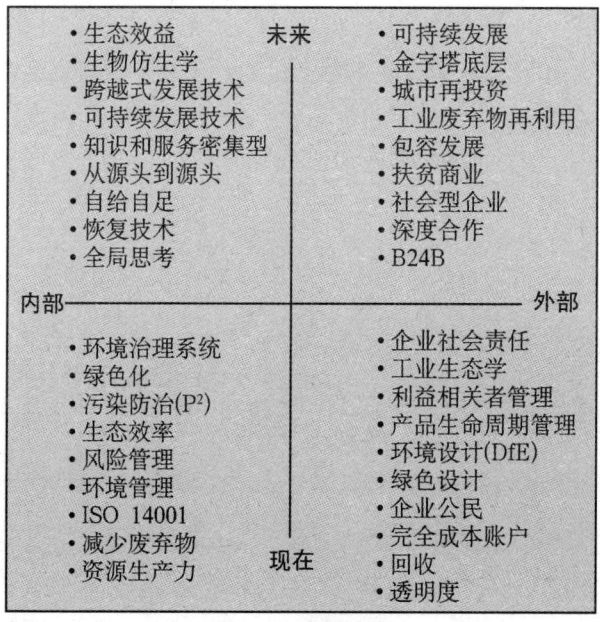

内部	未来	外部
• 生态效益 • 生物仿生学 • 跨越式发展技术 • 可持续发展技术 • 知识和服务密集型 • 从源头到源头 • 自给自足 • 恢复技术 • 全局思考		• 可持续发展 • 金字塔底层 • 城市再投资 • 工业废弃物再利用 • 包容发展 • 扶贫商业 • 社会型企业 • 深度合作 • B24B
• 环境治理系统 • 绿色化 • 污染防治(P^2) • 生态效率 • 风险管理 • 环境管理 • ISO 14001 • 减少废弃物 • 资源生产力	现在	• 企业社会责任 • 工业生态学 • 利益相关者管理 • 产品生命周期管理 • 环境设计(DfE) • 绿色设计 • 企业公民 • 完全成本账户 • 回收 • 透明度

图 3.3 术语分类

左下象限内是有关提高资源利用效率和污染防治方面的术语——换句话说，就是企业如何达到事半功倍的效果。这些术语旨在引导公司能够在既定的材料数量的基础上生产出更多适销对路的产品。我们应该明确，这些随着工业化进程不断加剧所导致的原材料的大量消耗和污染、废弃物堆积正是可持续发展所要解决的核心问题，左下象限中的术语都与降低企业目前经营活动中的污染排放和减少废弃物相关。

右下象限中的术语主要是有关利益相关者参与、透明度和产品生命周期管理等方面的内容。将这些似乎并非同类的术语集中在一起，是因为企业正面临各种不满之声所构成的挑战，而这些术语正暗藏着应对此类挑战的良方。我们已经看到，通过互联网联系起来的各个非政府组织正在使政府、企业或大型机构的暗箱操作变得越发困难。[5] 随着社会上形形色色的利益相关者的数量不断增多和联络上的不断增强，该象限内的术语将教会企业从整个产品的生命周期角度来思考问题，从而平息这些声讨；这就意味着企业需要拥有更加有效的、涉及利益相关者的管理方式，从而更加积极主动地履行与其相关的社会责任。右下象限中的这些术语给企业提出要求，要求他们以一种透明、负责的方式来完成企业的各项活动，因为有一群耳听八方而又随时蓄势待发的利益相关者在密切关注着他们的行为。

左上象限主要是一些有关全新的、基于环保理念设计的洁净技术和能力（通过内部研发或是收购）的术语。尤其值得一提的是，该象限网罗了一些新兴的技术（基因技术、生物仿生学、纳米技术、信息技术和再生能源技术），这些技术会使现在的许多能源和原材料密集型的行业成为历史。洁净技术能力新的发展变迁构成了图 3.3 左上象限的主要内容。

最后，右上象限包含的术语主要与全球化的深入所带来的大量人口增长、贫困和不平等问题相关。我们是否设法收回了在城市中心得不偿失的投资，是否进行了污染土地的开发？是否关注过生活在金字塔底层的 40 亿穷人（B24B：business to four billion，即面向 40 亿贫困人口的商机）？这个象限包含的内容面向那些至今处于资本主义服务范围之外的，甚至深受其剥削的人群所在的市场。在世界上最贫穷的人群当中，如何促进社会发展和迅速挖掘其中的财富，正是右上象限的术语所要反映的核心内容。

总而言之，全球可持续发展是一个错综复杂的多维概念，它不能用任何单一的企业行为来诠释。创造可持续发展价值要求企业在每一个象限表现出众——并且要对与各个象限相关联的战略如何帮助企业创造股东价值理解透彻。首先，随着工业化的不断推进，企业能通过减少原材料的消耗和降低污染来创造价值。其次，企业可以以更高的透明度和更强的责任感作为企业行为的指导，从而创造出价值。再者，企业可以通过开发新的、具有划时代意义的技术来创造价值，并通过此类技术来实现大幅减少人类对地球的破坏的目的。最后，企业可以通过满足生活在金字塔底层的人们的需求来创造价值，这种方式可以在更广泛的范围内实现财富的创造和分配。

可持续发展价值组合串联[6]

如图 3.4 所示，在上文的股东价值模型中，从合理的商业视角出发，在可持续发展的框架内，我们分析了如何结合四个象限内的内容采取相应的商业活动。对这些与可持续发展相关联的全部机遇和挑战进行一个系统的梳理，是经理人创造可持续发展价值重要的第一步。我们需要对框架图中每一个象限中的内容都进行深度发掘。

```
                              未来
  驱动力量    战略：洁净技术      战略：金字塔底层     驱动力量
  ·破坏性创新  培育未来可持续      创造满足未开发市场    ·人口
  ·洁净技术    发展的竞争优势      需求的共享路径图     ·贫困
  ·对环境的                                        ·不平等
   破坏       企业获得的回报：    企业获得的回报：
              创新和重新定位       成长和发展轨迹
                         可持续
  内部                   发展价值                    外部
  
  驱动力量    战略：污染防治      战略：产品管理        驱动力量
  ·污染       在生产过程中使      在商业过程中整       ·公民社会
  ·消耗量     污染物和废弃物      合利益相关者的       ·透明度
  ·废弃物     排放最小化           意见                ·广泛联系
              企业获得的回报：    企业获得的回报：
              减少成本和降低风险  美誉度和合法性
                              现在
```

图 3.4 可持续发展价值框架

资料来源：改编自 Hart, S. and Milstein, M. 2003. "Creating sustainable value." Academy of Management Executive, 17 (2): 56 - 69.

通过污染防治来创造利润和减少风险

要想提高污染防治能力和生态效率，企业可以从原材料消耗、废弃物处理和污染排放等方面挖掘降低成本与风险的机会。[7] 污染防治的关键是在现有的生产过程中减少废弃物和各种污染物的排放。废弃物越少，意味着原材料的使用效率越高，相应地就节约了原材料和处理废弃物的成本。有效的污染防治还要求全员参与，不断改进，以及较高的质量管理能力。

在过去十年间，企业通过提升生态效率来减少废弃物和污染物排放的做法屡见不鲜，其中不乏一些久负盛名的案例，如陶氏化学公司的"减少废弃物排放终有回报"（Waste Reduction Always Pays，WRAP），和雪佛龙公司的"费用节省与有毒物的减少"（Save Money and Reduce Toxics，SMART）就名列其中。工业中的污染防治活动逐渐上升至产业的高度，这引起了美国和欧洲管理部门的广泛关注，并被其认作"指挥与控制"规章颇具潜力的替代方案。[8] 如 3M 公司的"污染防治可吸金"（Pollution Prevention Pays，3P）之类的防治措施就受到广泛好评，该办法描述了污染防治所带来的最直接的利益。的确，1975—1990 年间，3M 公司的污染物排放量共计减少了 53 万吨（较之前的全部排放量降低了 50%）。该公司的资料表明，原先需要承担的用于原材料消耗、支付罚款、处理废弃物和承担相关责任的资金因此大幅减少，节约的金额共计 5 亿美元以上。1990 年，3P+方案被 3M 公司纳入议程，该方案力图减少废弃物和 90% 的污染物排放，终极目标是实现零污染。[9]

20 世纪 90 年代，杜邦公司价值 10 亿美元的合成弹力纤维项目进一步凸显了开展污染防治工作中所蕴藏着的巨大经济回报。[10] 1991—1995 年间，该公司全球九家工厂共计减少了超过 5 000 万磅的废弃物。原本应用于支付罚款、承担相关责任和处理废弃物的约 500 万美元资金得到了有效的节约。然而，一份覆盖面更广的账目显示，污染防治项目提升了生产过程中的效率并节省了 4 500 万美元的原材料成本，这更使得公司获益斐然。更有甚者，该项目的副产品（在过去，这些只能被当做废物处理）带来的收益甚至达到 1 亿美元。而且，原先处理废弃物所需要的重新投资建厂和增加设备也成为历史，这使企业在保有现有产能的同时节约了大量时间并缩短了产品生产周期，据该企业估计，仅这一项内容的价值就高达 1 亿美元。由于更健康的工作环境和更加高涨的热情，工人们的生产能力也得到了提高，即便我们不将此项内容纳入考虑，该项目的实施也已经节省了 2.5 亿美元，为公司的账面画上了漂亮的一笔。

上文的种种证据清晰地表明，实施污染防治和减少废弃物的战略能够为企业降低成本和增加利润这一点已经毋庸置疑。[11] 污染防治为经理人提供了一条最为清晰也最为快捷的创造股东价值之路，这种方法可以通过减少成本和种种不利因素来增加现有业务的收益。

通过产品管理来提高美誉度和合法性

污染防治主要是对企业内部经营的一种改进，与之相对的，产品管理则跨越了传统意义上的边界，而拓展至产品生命周期的各个环节，从原材料的投入到产品的生产过程，再到产品的使用，最后到废旧产品的处理。[12]产品管理通过与外部的参与者，如供应商、消费者、管理机构、社区、非政府组织和媒体等利益相关者进行沟通，在自己的商业过程中对他们的呼声作出反馈。这既在整个价值链中减少了对环境的破坏，同时也通过在产品生产过程中引入利益相关者管理机制而提高了企业的美誉度和合法性。产品管理提高了外部参与各方对企业意图和行为的信心，企业会因此声名远播，继而引发其他企业争相效仿。

基于产品管理的理论，企业可以有多种措施来提高股东价值。公益事业营销会唤起消费者的购买欲望，他们会更愿意为这些带来积极社会效益和环境效益的产品埋单。[13]生命周期管理将价值链延伸到传统界限之外，具体来讲，也就是将企业的成本和收益扩大到了产品从原材料到生产再到最终被消费者丢弃的整个过程中。[14]例如，美国庄臣公司在其产品开发过程中研发出了一种被称为绿色级别（Greenlist™）的评估方法，这是一种已经获得专利的原材料评级办法。这种方法从产品对环境的影响的角度，对其进行测评、追踪和改进，根据原材料对环境及人类健康的影响程度对其进行评分，每种原材料的得分在0～3分之间，影响最小的产品得3分，得0分的产品则是那种勉强能被接受的底线型材料。庄臣公司不断提高自己所使用原材料的得分，并将自己的成果公之于众。实施了绿色级别管理之后，在对其产品性能、美观度和价格不造成任何影响的情况下，庄臣公司在其环保事业上写下了浓墨重彩的一笔。[15]

Dofasco公司是北美洲为数不多的营利型钢铁公司之一，该公司将产品管理融入了其发展战略的方方面面。通过为汽车行业生产专门的超轻型车身钢材，其产品的购买者（汽车制造公司）也因此得以生产出轻便而成本低廉的车辆，真正实现了每加仑汽油可行驶更远路程的目标。

第 3 章
可持续发展价值组合

Dofasco 公司的许多产品是利用边角余料制造的，通过产品管理，该公司因此誉满全球且销售业绩也实现了飞跃。[16] 2006 年，全球钢铁行业老大安赛乐-米塔尔集团（Arcelor-Mittal）将其收入麾下，这与其极佳的声誉和居高不下的销售额不无联系。

事实上，日趋活跃的非政府组织已经使得企业不得不将合作纳入自己商业管理的主题。例如，几乎与行业一道，欧洲各国的政府率先制定了电子产品回收法，这种做法对进一步完善产品生命周期循环功不可没。[17] 像壳牌这样的公司已经通过邀请更多的利益相关者来参与其市政厅风格的会议，提供更加简单快捷的对话沟通渠道，推出网上评论和其他有助于利益相关者对公司评头论足的工具，来更好地倾听他们对公司业务的见解。

在首席执行官彭明盛（Sam Palmisano）的领导下，IBM 公司成了技术突破的领军企业，诸如网格计算、社交网络和虚拟世界，这些技术在解决医疗、交通、环境保护和全球大城市遭遇的贫民窟困境等问题上功不可没。事实上，早在 2006 年，IBM 公司在产品管理上就达到了其他公司未曾企及过的高度：该公司邀请了各行各业的数千名人士来到"虚拟"会议室，与另外数千名公司员工一起讨论关于新产品及服务的研发方案。这个基于网络平台的首次"创新大讨论"（InnovationJam）最终收获了数百条有关革新的意见。随后，IBM 公司出资 1 亿美元为其中最棒的创意埋单。[18]

后起之秀耐克公司在产品价值管理方面又是一个典型。20 世纪 90 年代末期，随着该公司在劳工和环境方面各种不利因素的堆积，公司开始转向产品管理战略，以恢复其声誉并保住自己的饭碗。耐克公司同时动用内部审计和普华永道公司这样的第三方审计对其全球范围内的合同厂商进行监控。该公司是公平劳工协会（Fair Labor Association, FLA）的创始成员之一。公平劳工协会是一个非营利组织，最初由工会、人权组织和商界共同组成的抵制血汗工厂联盟（anti-sweatshop coalition of unions）演变而来。耐克还同时与国际青年基金会（International Youth Foundation）、麦克阿瑟基金会（MacArthur Foundation）和世界银行等机构合作，共同致力于改善新兴经济体中工人们的生活条件。[19]

75

除了在劳工（社会）方面采取行动之外，耐克公司在环境保护方面同样未曾疏忽。产品管理的概念被引入其鞋类产品的设计之中，以生命周期分析方法作为指导，对照计分卡评估新鞋型。耐克公司还开展了"鞋的二次利用工程"（Reuse a Shoe Project）来回收破旧的、没人愿意再穿的鞋。公司的零售商成了这些鞋的搬运工，他们收集了这类鞋子并装船运回公司，鞋底的橡胶和鞋底夹层的泡沫成了运动场地面的原材料。这项业务的收入部分用作耐克基金会的资金来源，剩余部分则用作再生材料制作运动场地面事业的基金。

耐克公司的案例清楚地告诉我们，企业能够运用产品管理方法来践行利益相关者的呼声和意见，这已经得到了公司的响应，且公司已经将其内化到了生产行为之中。和污染防治相同，产品管理也是致力于对公司已有的产品和服务进行改善。因此，企业可以迅速做出这类改善，同时，通过改善了的社会关系、合法性和品牌声誉而获得的价值也能迅速得到让渡。

加速创新和通过洁净技术重新定位

洁净技术并非指与污染防治相关联的逐步改进，而是对人们司空见惯的事物和认知进行跨越式的革新。这种迅速出现、具有划时代意义的技术，包括基因工程、仿生技术、信息技术、纳米技术和可再生能源等，为企业——尤其是那些严重依赖化石燃料、自然资源和有毒材料的企业——带来了无限的机遇，使其可以围绕着更加可持续发展的技术重新定位其内在竞争优势。于是，企业不再简单地思索如何消除生产经营过程中的负面影响，而是可以通过自我研发或获得新能力来顺应可持续发展要求的全新竞争优势，以努力解决社会问题和环境问题。[20]

越来越多的公司开始将研发下一代洁净技术纳入议程，以此为其未来的发展埋下伏笔。英国石油公司和壳牌公司都将投资的目光转向了太阳能、风能和其他可再生能源，这些技术终将取代其现在的核心业务——石油。再看看汽车行业，丰田公司和本田公司也率先将混合动力汽车引入了市场，这些都极大地提高了其燃料的效率。就在不久之前，许多汽车制造商还在纷纷认为电动汽车或使用其他能源汽车取代传统汽车至少需要二三十年的时间,而今天,在这场大萧条的刺激下,通用公司、丰田公司和本田公司现在已经致力于在 10 年之内实现这个商业梦想。

诸如嘉吉(Cargill)和陶氏化学之类的公司,目前正在研发一种生物聚合物,试图在塑料的生产工业中,用像玉米这类的可重复利用的原料来取代原先的石油化学原料。最终,通用公司提出的"绿色创想"(Ecomagination)——旨在通过技术手段解决极具压力的环境问题——可能是该公司在洁净技术上所提出的意义最为深远也最具远见的设想(见第 4 章)。以上每一个著名的案例都反映了公司革新自己目前所依赖核心技术的雄心壮志。

在一些更为大型、早已立稳脚跟的公司里,与污染防治或开展产品管理相比,在洁净技术方面大胆创新的战略仍然是少之又少,企业心态上的墨守成规和早已标准化的生产经营过程抑制了能够刺激创新的结构性变革。与先前讨论过的通过污染防治来降低风险的努力形成鲜明对比,在洁净技术方面的革新就是悬崖边的舞蹈。然而,在未来的经济世界,真正翻云覆雨的正是那些能够满足社会所需要的技术的公司。今天,那些在新技术研发并将其商业化的过程中落后的企业,在未来的经济体系中必将难寻容身之所。[21]

在金字塔底层具体化企业发展的路径和轨迹

许多企业的洁净技术创新之路荆棘丛生,较差的市场适应性成了他们前进道路上最大的拦路虎——20 世纪 90 年代通用汽车公司研制电动车,最后以失败告终的案例见证了这一点。因此,要想成功,企业必须认识到,不仅要努力找到与可持续发展相关联的方法,能够找到适销对路的市场更为重要。金字塔底层的这片未被满足的市场正是企业最好的商机所在,也是企业未来取得增长必须把握的良机。要实现更具包容性的资本主义形式,企业需要与曾经被忽视或没注意到的社会各相关方面(如激进的环保主义者、居住在棚户区的居民或者发展中国家农村贫困人群)通力合作,在原来未开发的市场里,打开新的成长通道。

孟加拉国格拉敏银行(Grameen Bank)的案例反映了如何将目光转向曾经被金融系统忽视的人群,从而为商业发展另辟蹊径。[22]大约在30年前,当时还是孟加拉国吉大港大学(Chittagong University)经济学教授的穆罕默德·尤努斯(Muhammad Yunus)提出了一种新的银行模式的构想,即向穷人当中最贫穷的人提供小额信贷,与生活在农村地区和棚户区居民的直接沟通是这个商业理念诞生的源泉。在大多数银行家看来,懒惰和缺乏技能是这些人一贫如洗的根源,因此,只有更富有的客户才能吸引他们关注的目光。但尤努斯认为这些穷人对美好的生活同样满怀憧憬。通过走访村庄及与更广范围内的人群交流,他有了一个惊喜的发现,因为其中大多数人有着充沛的精力和积极向上的心态,同时对如何改善自己的生活有明确的计划。几乎在每一次交流过程中,尤努斯都会听到这些人希望通过获得小额贷款来开办或扩大小型企业的想法。为了满足这些需要,格拉敏银行应运而生。

为了取得成功,格拉敏银行必须对现行的银行体系进行翻天覆地的变革(需要变动的内容包括贷款规模、抵押品和合同规则)。传统银行奉行"锦上添花"(the more you have, the more you get)的原则,而格拉敏银行则将信用权上升到了基本人权的高度,并以此作为其开展业务的信条。该银行专门确立了一种"对等借贷"的贷款制度,该制度的核心要求为拥有最少财产的人提供最优先获得贷款的权利,并且专门为贫困妇女提供小额贷款。部分贷款人还组成了监督小组,以确保每个债务人的行为都以一种负责任的方式进行,从而杜绝无力偿还的现象发生。银行的销售和服务人员经常走访乡间,对这些获得贷款的妇女的情况和她们拟投资项目的情况深入了解。贷款尽职调查一改传统银行资料和法律文件堆积如山的模式,而是依靠敞开心扉的交流和了解,搭建起信任的桥梁。事实上,个人贷款的数额往往比大多数金融机构处理文件的费用还少。

到2009年,格拉敏银行向800多万名穷困客户提供的贷款规模已超过年均80亿美元,贷款范围几乎覆盖孟加拉国全部乡野。更令人惊叹的是,该银行的还款率超过了98%,这个数字在整个南亚次大陆银行中是最高的，甚至高于北美和欧洲银行在美国的那些分行。[23]尤努斯和格拉敏银行极具竞争力的构想引发了过去十年中全球金融机构在小额贷款方面的大爆炸，包括新近跨入此行列的金融巨头花旗集团。2006年，为表彰其先锋带头作用，相关部门授予了穆罕默德·尤努斯诺贝尔和平奖。同年，他又于几个月后成立了美国格拉敏银行（Grameen America），坐落于纽约，是一家拥有501（c）（3）* 资格的小额信贷机构。2008年，这家非营利机构在纽约的杰克逊高地（Jackson Heights）开始发放贷款，同样还是用"对等贷款"模型（并且提供其他金融服务），为那些低收入企业和创收活动提供财力支持。现在，该银行的第二家分支机构也已在内布拉斯加州的奥马哈市得以设立，同时该银行还承诺，任何城市或地区只需提供200万美元的启动资金，就可以前往此地开设分支机构。[24]

跨国公司也逐步意识到穷人们和被剥削的人们的呼声可以成为其创意和革新源泉。例如，当认识到信息匮乏可能是可持续发展道路上的拦路虎时，在原CEO卡莉·菲奥莉娜（Carly Fiorina）的领导下，惠普公司开始将注意力集中到满足偏远地区和电子商务网络未曾覆盖到的地区的需求上来。惠普创造出了一种"电子社区"，这是一个逼真的虚拟实验室，通过该实验室来了解印度农村人口的特殊需要是这种工具创立之初的目的。该公司很快就意识到这片领域早已并非无人涉足：一些当地公司如N-Logue和Tarahaat（现更名为Drishtee）也瞄准了这块巨大的蛋糕，并已经在研发相关通信技术和探索商业模式。通过共享渠道[例如上网亭（Internet Kiosk）]、无线网络基础设施的建设和旨在节省成本的技术研发，这些公司大幅降低了接入网络的成本。

虽然我们已经看到了诸如格拉敏银行和惠普公司这类机构的努力，但是，大多数公司仍旧错误地轻视由穷人构成的市场中蕴含的价值，依然没有试图去了解在这些曾经被它们忽视的市场中开展服务的可能性。事实上，企业要想真正在金字塔底层掘金，就必须摒弃这种"企业抗体"，每当企业迸发出与自身的惯性思维格格不入的创意火花时，这种

---

* 501（c）（3）是美国税法的一个条款，该条款给予宗教、慈善、教育等组织以免税待遇。——译者注

抗体就会将其包围并扼杀在萌芽状态。高级管理人员尤其要注意保护好这样的火花不让其熄灭，比如惠普的卡莉·菲奥莉娜率领部门对金字塔底层进行的探索。企业总是觉得金字塔底层的人群缺乏吸引力、穷困潦倒，在他们身上根本没有什么闪光点，因此也对其不抱希望。其实，许多企业都拥有敲开这个规模巨大的未来市场大门的潜力。

绘制可持续发展价值组合评估图

到目前为止，可持续发展的核心及其与公司行为及价值创造之间的联系已经一目了然：在现行的经营活动中，企业面临的挑战是不断减少废弃物的排放（以及污染防治），与之并重的，是收购或自主研发更符合可持续发展要求的工艺设备（洁净技术）。同时，企业面临的挑战在于要与外部利益相关者沟通对话，既要作出短期的改变（产品管理），也要对未来社会和环境问题提出蕴含商机的解决办法（关注金字塔底层人群）。

这些战略和实践的有机结合在帮助企业降低成本和风险、提高美誉度和合法性、加速创新和重新定位、明确发展路径等方面都极具潜力，而这一切都对创造股东价值至关重要。企业所面临的挑战在于，决定采取何种措施以获得股东价值以及怎样更好地应用这些措施。企业可以采用我称之为可持续发展价值组合的各个元素进行自我评估（见图3.5）。这个简单的诊断工具可以帮助任何一家企业判断其战略是否真正具有创造可持续发展价值的潜力。

首先，通过回答图3.5中的问题，来评估贵公司（或某项业务）在四个象限中分别具有怎样的能力。接下来，根据每一个象限中提出的问题，在以下选项中找出最符合贵公司情况的选项：1）不存在；2）新出现；3）已经建立；4）已经制度化了的。不均衡的组合可能使企业错失商机或是存在风险；下半部较密集的组合表明企业虽然现在居于市场前列，但前景堪忧。上半部较密集的组合表明企业虽然在可持续发展方面目光远大，但缺乏将其付诸实践的运作能力或分析技能。左侧比较密集的组合表明企业只关注自身发展，可能会导致被眼前利益蒙蔽而忽视外

第 3 章
可持续发展价值组合

	内部	外部
未来	**洁净技术** 我们的产品是否受到现有竞争基础的限制？ 通过颠覆性创新技术是否还有实现进一步改进的潜力？	**金字塔底层** 公司的愿景是否能帮助我们解决社会和环境问题？ 我们的愿景是否注重满足金字塔底层未被满足的需求？
现在	**污染防治** 我们目前的生产活动中哪些环节最容易出现污染和排放问题？ 我们能否从源头上减少废弃物或将其当作有益的投入加以利用，从而达到减少成本和降低风险的目的？	**产品管理** 假设企业责任贯穿于产品生命周期始末，产品的设计和研发有何内在要求？ 我们能否通过在更大范围内开展与利益相关者的合作来提高公司的美誉度和行为的合法性？

图 3.5　可持续发展价值组合

资料来源：改编自 Hart, S. 1997. "Beyond greening: Strategies for a sustainable world." *Harvard Business Review*, January-February: 66–76.

部呼声的重要性。最后是右侧比较密集的组合，这表明尽管有很高的透明度和公开性，企业仍会被认为只披着绿色的外衣，因为工厂的业务和核心技术仍然会对环境造成很大的破坏。

在大多数跨国公司，污染防治和产品管理都已经成功上升到了制度的层面，从而在过去十年中节省了数亿美元。美国的公司尤其关注通过减少污染，带来效率提高和成本节省。孟山都公司和耐克公司之所以曾遭到无数次的批判，都是源于它们未能成功地与利益相关者配合，而它们的教训也引发了越来越多的企业对产品管理战略进行探索。欧洲的企业在与更多的利益相关者展开对话方面表现得尤为积极，它们不断延伸生产者对产品的责任，并采取了更具包容性的公司治理结构。然而，我的研究和咨询经验却表明，很少有公司认识到除了剥削以外，可持续发展里也存有商机。[25] 矩阵的下半部分仍然是绝大多数公司投入时间和注意力的焦点：仅考虑现存产品和利益相关者的短期解决方案。

可持续发展之路

再来看看汽车行业的例子。20世纪70年代,美国政府的管制和尾气排放控制迫使该行业不得不将污染控制纳入议程。80年代,该行业开始污染防治。一些倡议要求(诸如"公司平均燃料效率"和"有毒物质排放清单")引导汽车制造商们对其产品设计和制造过程进行重新审视,以提高燃料效率和降低污染排放。20世纪90年代,产品管理腾空出世。德国在1990年颁布的《回收法》中,要求汽车制造商在产品即将报废时将后期处理责任也挑上肩头。宝马汽车公司开拓创新,用"将解体处理提前到设计阶段"的方法来指导新车的设计。业内首屈一指的"合作研发新一代汽车计划"(Partnership for a New Generation of Vehicles),在很大程度上也是以产品管理的理论作为指导原则,是以降低汽车在整个生命周期中对环境的影响作为核心理念而制定的。

诸如《加利福尼亚车辆零排放法》(California's Zero-Emission Vehicle Law)和《联合国气候变化公约》(UN Climate Change Convention)推动了业内洁净技术的早期尝试,这些约定致力于在全球范围内限制温室气体的排放。但推行伊始,企业责任人要么是做些表面的努力,如以天然气为燃料的车辆的研发,要么是从内心抵制。例如,电动汽车这个项目本来是用来应付《加利福尼亚车辆零排放法》的,而非渴望引领整个行业从根本上采用清洁能源。通用汽车公司的 Impact 系列电动汽车激发不了人们的购买欲其实不足为奇,试想,谁会去买一辆带着1 000磅重的电池,最远行驶里程还不足100英里,而价格却是类似款型两倍的车?类似的,我们知道,气候变迁恐怕是对内燃机行业最大的一个威胁,而目前的解决之道也仅仅限于和利益相关者开展对话和制定持续降低温室气体排放目标。尽管做出这些为人称道的创举,在企业的产品由那些变得越来越大、油耗越来越高的运动型多功能车和超大尺寸的铲车所构成时,企业恐怕主要还是从维护其经营合法性和权力的愿望出发的。

第 3 章
可持续发展价值组合

21 世纪初,一种使用可替代能源的新车问世了。其中包括丰田汽车公司的 Prius 和本田公司的 Civic 这两个系列的混合动力车,这两种车与传统车型相比虽然燃料效率要高出 50%,价格却是异常昂贵。尽管这两款车传递的绿色信号让消费者兴趣斐然,然而,厂家的生产能力却远远落后于需求。到 2006 年,这两款车仍在市场中苦苦挣扎,而传统轿车的燃油效率已经后来居上。几年之后,这些公司又推出了混合动力型的大型车、微型面包车、运动型多功能车和铲车,而到目前为止,对环境污染最大和能耗最高的也正是这些类型的车。随着 2006 年和 2008 年石油价格的两次上涨,丰田和本田公司同时引入混合动力和提高燃料效率的战略远见使其傲然于福特、通用和克莱斯勒公司。2009 年,通用和克莱斯勒只得请求政府救市,以避免被彻底击垮,继而对社会和环境造成难以挽回的影响。

随着新千年钟声的敲响,汽车公司争相制定了氢燃料电池车的研发规划。一些汽车制造商(如福特汽车公司)与现有的燃料电池公司开展了合作;其他公司(如通用汽车公司)则独立承担整个技术的改进计划。大多数厂商都选择在美国市场打响这场革命性新技术的第一枪。遗憾的是,因为这种车型无法使用其他替代燃料,氢燃料电池车的未来恐怕还要仰仗安装昂贵的汽油转换装置。而将汽油转化成氢仍需依赖化石燃料和排放温室气体。

事实上,令人惊讶的是,尚没有一家大型汽车制造商将洁净技术包括在新兴市场(如中国和印度,这两个国家在未来几十年里对交通工具的需求不可小视)的开发战略之中。让我们来看看在中国,汽车对环境的影响吧。20 世纪 90 年代中期,中国公路上的小轿车还不到 100 万辆,然而,在这样一个拥有十多亿人口的国度,只要有不到 30% 的人能够拥有汽车,其汽车市场容量就会与现在的美国相当(每年 1 200 万~1 500 万辆汽车)。如果条件放开,中国每年需要 5 000 万辆以上的汽车。由于能源和交通基础设施尚未定型,直接跨入洁净技术时代对中国来说几率颇大,而这也将对环境、公共和企业的竞争优势作出重要贡献。

来自发展中国家的新面孔诸如印度的塔塔集团(Tata)以及中国的比亚迪汽车公司(BYD)似乎已经开始将目光转向了这种战略逻辑。例如在2008年，沃伦·巴菲特在比亚迪投资2.3亿美元，主要用于生产人们可支付的电动汽车，当年他所持有的10%的股权现在摇身一变，已经成为价值20亿美元的巨资。同年，塔塔汽车公司推出了Nano系列——这类车售价2 000美元，车内设有四个座位，并已通过了欧洲的安全和排放标准，油耗为55英里/加仑。让我们再来对比一下一直自命不凡的丰田普锐斯（Toyota Prius），二者拥有类似的型钢，油耗为45英里/加仑，但其售价却高达2.5万美元！[26] 为了实现自己的高目标，行动伊始，塔塔汽车公司便列出了一张设计清单，其中零部件的数量少得令人咋舌，并要求重建上游供应链。这种简化后的设计使得零售商以及分销商自己实现装配成为了可能，从而减少了昂贵的组装车间的需求，这也为小型城市以及乡间地区孕育了一些工作岗位，在这些地区，小企业家们对汽车直接进行组装、销售以及服务。

在接下来的两年间，塔塔汽车公司进一步决定推出Nano电动汽车系列，并开始致力于开发一种使用压缩气体作为燃料的新型汽车。[27] 我们能否想象福特、通用（就此而言，抑或是丰田、本田）通过一种将提高燃料效率、彻底简化以及提高购买力这三方面有机结合的方式来实现创新目标？通过"打破平衡"，塔塔汽车以及其他与之类似的对手已然将目光投注在未来，对于行业中现在的佼佼者们而言，其带来的结果可能是致命一击。

试想，如果汽车制造公司成功地制造出兼具可行性和商业价值的新一代使用可再生能源的车辆（人们也可以负担），并且将这种技术在新兴市场投入使用。想象一下要承载着那么多车辆的交通基础设施。恐怕用不了多久，交通堵塞和交通拥挤又会成为使汽车工业停滞不前的一大元凶了。可持续发展要求有新的办法来满足拥有超多人口的新兴经济国家的市场需要。这可能意味着要凭借全新的产品和服务，来满足小城市和农村的经济需要，大量人口向人口超过百万的大城市迁移的场景将成为过去，这实在没有必要，也不应该。

天际线航空公司（Skylite Aeronautics）是一家致力于在下一代飞艇技术中寻一杯羹的新兴企业——GeoShip正是其主打产品。[28] 我们现在讨论的可不是兴登堡号的现在版！事实上，GeoShip在部分技术和设计上都有所创新,这使得它与软式小型飞船截然不同。其设计采用球型四面体桁架结构为基础,从而拥有了极高的强度。飞艇并未使用垂直尾翼(这意味着阻力更小,而且机身更加轻便),同时采用安静高效的电动引擎(而非喷气式发动机)。这样的飞艇能够装载超大量的货物,而所耗用的能源却仅为喷气式飞机的10%。通过使用太阳能和生物能源,GeoShip排放的二氧化碳量简直可以忽略不计。

因为它可以垂直升降,不需任何起落装置或是地面设施,GeoShip可以将偏远的社区、国度与国际市场紧密相连,正如手机带领人们飞跃了对于昂贵的地面线路铺设需求阶段一般,这种飞艇同样将带领我们跨越对价格高昂而又破坏环境的传统交通工具——诸如公路、铁路、桥梁、船舶以及飞机运输的需求。[29] 也许我们中的许多人已经淡忘了福特曾经试图将业务向飞机领域拓展的岁月(现在的SAAB公司仍是如此)。汽车公司能否开拓对于可持续交通(sustainable mobility)的畅想,并将诸如GeoShip一类的技术发展领域纳入考虑呢?汽车行业的巨头们对于这样的颠覆性剧变是该有所准备,还是高姿态地将这一领域留给过去在竞争中默默无闻的小弟弟呢?

总而言之,纵观汽车行业,尽管前进的步伐已经迈开,但大多数企业在创造真正的可持续发展价值方面做得仍远远不够。尽管各种各样的污染防治和产品管理已屡见不鲜,但极少有公司愿意冲破现有技术和商业模式的温床而去开辟全新的天地。在洁净技术和服务于金字塔底层人群方面的创新屈指可数,至多不过是为未来留出了大量的潜在机会。对行业中目前的佼佼者们而言,不幸的是,真正能够摆正位置、抓住机遇的却是一些新鲜的面孔和发展中国家最新崛起的一批企业。

追寻洁净空间

以上几个汽车行业的案例表明,真正开始认真探索可持续发展价值组合上半部矩阵中存在商机的企业目前还是相对较少。这部分象限要求企业要建立起新的生产能力并开拓新兴市场。现在大多数的洁净技术事实上都是一些资金有限的小公司投资开发的，资金雄厚、实力非凡的跨国公司却未能担此重任。同样，面向金字塔底层的大多数人群开展商业实践的，也多是非政府组织或当地的小公司。而跨国公司即便是开发的新兴市场，也主要是针对发展中国家的上流阶层或新兴的中产阶级。如果我们认清了对洁净技术和金字塔底层市场的追寻在本质上是一种颠覆性的创新，也许对大公司不热衷此道的原因就会恍然大悟了。正如我们所看到的，"企业抗体"正扮演着将一些打破常规的创意扼杀在萌芽状态的角色。

可是，情况本不应该如此，正如一些特殊的竞争优势（如质量管理、持续改进、部门间通力合作）使一些公司在进行污染防治和产品管理的效率上胜过别的公司一样，为生活在金字塔底层的人们开发新技术和开拓新市场同样会帮助跨国公司们赢得竞争优势。而这些跨国公司有能力获得新技术，寻找新的合作伙伴，研发革新性的技术，摒弃与时代格格不入的商业模式并对现有产品组合进行创造性的更新。

创造可持续发展价值的机遇——在创造股东财富的同时，引领人类走向一个更加可持续发展的世界——是一个尚未被开发的巨大金矿。本章所讲的可持续发展价值组合揭示了这种商机的性质及其巨大的发展空间，而这种商机又是与可持续的商业发展和企业价值创造相关的。与四个象限相关的战略还有助于增加可持续发展的竞争优势，因为这些优势不容易被其他竞争者模仿。然而，这个框架过于简单，在执行的过程中出现错误在所难免。理解这种关系与在战略和实践上取得成功是泾渭分明的两码事，这项任务具有很大的挑战性和复杂性。只有屈指可数的企业能够同时成功地在四个象限内开展活动，而那些侧重在图 3.5 中上半部分的企业则需要有独到的战略眼光、创新思维和足够的耐心。

未来几年，金字塔顶层的市场利润增长的停滞不前和商业模式的陈旧将成为企业面临的巨大挑战。对现有产品和业务模式进行逐步改进自然应该一马当先，但如果被此一叶障目，却会忽视与洁净技术和金字塔底层中蕴藏的巨大商机。事实上，以"超越绿色"的方式来迎接可持续发展的挑战是未来创造股东价值最有利的武器，并且代表了未来能带来利润增长但又远未被人们正确评价的方法。为了详细地探讨这一概念，让我们将目光的焦点转向本书的下一部分。

注释

1. 本章中有关可持续价值框架的讨论摘自：Stuart Hart and Mark Milstein, "Creating Sustainable Value," *Academy of Management Executive* 17(2) (2003): 56–69。

2. 这种想法类似于"平衡计分卡"方式［参见 Robert Kaplan and David Norton, "The Balanced Scorcard–Measures That Drive Performance," *Harvard Business Review* 72(1) (1992): 71–79］，以及其他强调平衡行为组合对于实现公司价值重要性的分析工具。

3. 安然事件以及科技股崩盘中那些为数众多的昙花一现的网络公司为我们提供了最新的例证，那就是，尽管处在商业世界的风口浪尖看似风光无限，但一旦破产，获得未来发展就成了痴人说梦了。

4. 应该承认，对这些术语的分类反映的是我们对其属性的理解。其他人或许会对我们的分类方式有所争议。

5. Howard Rheingold, *Smart Mobs: The Next Social Revolution* (Cambridge, MA: Perseus Publishing, 2002).

6. 此部分所描述的四种战略最早见于：Stuart Hart, "Beyond Greening: Strategies for a Sustainable World," *Harvard Business Review* 75(1) (1997): 66–76。我还要感谢可持续性企业学院的同事们，尤其是Brian Kelly, David Wheeler, Bryan Smith, John Ehrenfeld, Chris Galea, Art Hanson, David Bell, Nigel Roome, Jim Leslie 和 Pat Delbridge，感谢他们透过合理的商业视角，为我阐明了可持续发展作为驱动力量将如何影响股东价值。

7. 关于生态效率方面最全面的阐述，详见世界可持续发展工商理事会的Livio DeSimone和Frank Popoff 的著作：*Eco-efficiency: The Business Link to Sustainable Development* (Cambridge: MIT Press, 1997)。

8. See Alfred Marcus, *Reinventing Environmental Regulation* (Washington, D.C.: Resources for the Future Press, 2002).

9. 3M Company, Pollution Prevention Pays, 1992 videotape.

10. 私人会谈，与Paul Tebo, Executive VP, DuPont, April 1998。

11. See, for example, Petra Christmann, "Effects of 'Best Practices' of Environmental Management on Cost Advantage: The Role of Complementary Assets," *Academy of Management Journal* 43(4) (1998): 663–680; and Sanjay Sharma, and Harrie Vredenburg, "Proactive Corporate Environmental Strategy and the Development of Competitively Valuable Organizational Capabilities," *Strategic Management Journal* 19(8) (1998): 729–753.

12. See, for example, Ulrich Steger, "Managerial Issues in Closing the Loop," *Business Strategy and the Environment* 5(4) (1996): 252–268.

13. Steve Hoeffler and Ken Keller, "Building Brand Equity Through Corporate Societal Marketing," *Journal of Public Policy and Marketing* 21(1) (2002): 78–89.

14. Joseph Fiksel, *Design for Environment: A Guide to Sustainable Product Development* (New York: McGraw-Hill, 2009).

15. Stuart Hart and May Matthews, *SC Johnson and the GreenList Opportunity*, www.globalens.com, 2009.

16. 私人会谈，与Don Pether, CEO of Dofasco, Inc., November 2003。

17. See Proposal for a Directive of the European Parliament and of the Council on Waste Electrical and Electronic Equipment and on the Restriction of the Use of Certain Hazardous Substances in Electrical and Electronic Equipment, COM #(2000)347, available at http://europa.eu.int/comm/environment/docum/00347_en.htm.

18. 更多内容，参见：Bradley Googins, Philip Mirvis, and Steven Rochlin, *Beyond Good Company* (New York: Palmgrave-MacMillan, 2007)。

19. 耐克公司的案例引自：Heather McDonald, Ted London, and Stuart Hart, *Expanding the Playing Field: Nike's World Shoe Project*, www.globalens.com, 2009。

20. William McDonough and Michael Braungart, *Cradle to Cradle* (New York: North Point Press, 2002).

21. Gary Hamel, *Leading the Revolution* (Boston: Harvard Business School Press, 2000); Clay Christensen, Thomas Craig, and Stuart Hart, "The Great Disruption," *Foreign Affairs* 80(2) (2001): 80–95; and Robert Foster and Sarah Kaplan, *Creative Destruction* (New York: Currency Books, 2001).

22. Alex Counts, *Give Us Credit* (New York: Times Books, 1996).

23. 格拉敏美国公司总裁Steven Vogel, 于2009年11月在麦吉尔大学的讲活。

24. www.grameenamerica.com.

25. Stuart Hart and Mark Milstein, "Global Sustainability and the Creative Destruction of Industries," *Sloan Management Review* 41(1) (1999): 23–33; Stuart Hart and Clay Christensen, "The Great Leap: Driving Innovation from the Base of the Pyramid," *Sloan Management Review* 44(1) (2002): 51–56; and C. K. Prahalad and Stuart Hart, "The Fortune at the Bottom of the Pyramid," *Strategy+Business* 26 (2002): 54–67.

26. R. Chandrasekar and Oana Branzei, *Nano Tata-logy: The People's Car*. The University of Western Ontario, Case #9B08M074, 2008.

27. 与Ratan Tata 2009年的私人会谈。

28. Mike Voorhees, "The Sustainable Transportation Revolution," *Skylite Aeronautics*, 2009.

29. 感谢 Skylite Aeronautics 公司创始人兼 CEO Mike Voorhees 的这一比喻。

第二部分

超越绿色

第 4 章
洁净技术与创造性破坏

50多年前，经济学家约瑟夫·熊彼特（Joseph Schumpeter）曾经描述了这样一种动态均衡，即一些创新型的新兴企业不断取代雄踞市场多年的老牌企业，熊彼特将其称之为"创造性破坏"[1]。大多数20世纪的经济学家都在静态均衡的条件下研究竞争，而熊彼特坚持认为不断打破均衡才是资本主义发展的驱动力。熊彼特曾断言，那些勇于开创"新的生产体系"的公司将成为整个经济的弄潮儿，现在各大企业对此已经深信不疑：煤炭时代的技术曾被石油时代新的技术逐出历史舞台，在信息时代的技术面前，后者又只能被淘汰出局。每发生一次变化，技术格局和社会经济基础结构都要经历翻天覆地的巨变，新的机构、企业和地理格局应运而生。

创造性破坏使很多经理人闻之色变，这不足为奇。通常，拥有一定市场地位的公司要么对投资新技术的意义半信半疑，要么反过来对现有产品和市场不愿割舍。在创造性破坏的进程中，那些还能站稳脚跟的公司表现出了比它们的同行更强的前瞻力，它们通过投资或是寻求合作伙伴来储备新的竞争力，它们在全新的、未曾涉足过的市场中敢当始作俑者[2]，而没有被现有的技术和市场地位羁绊、束手束脚。[3]

马克·米尔斯泰因曾经和我一起讨论过。我们认为，全球可持续发展所带来的挑战将成为新一轮创造性破坏的催化剂，而这种创造性破坏中蕴藏了前所未有的商机。[4] 现在的企业要想从可持续发展中挖掘商机，就必须超越如今仅仅局限于污染防治和产品管理的扬汤止沸之举。企业真正应该做的，是对目前所依赖的技术和产品体系大胆地忍痛割爱。[5]

持续改进与创造性破坏

创造性破坏常常借科技发明的东风或是在社会政治变革如火如荼之际应运而生。我们眼前这样一场变革正初现端倪——向可持续发展的世界过渡。现存的大公司所处的是一个原材料充裕、能源廉价而且废弃物分解池随处可见的年代。然而，过去几十年间，开发出来的许多技术却并不符合可持续发展的要求，这一点已经越来越明晰。的确，有毒物品污染、森林资源和渔业资源耗竭、土地沙漠化、生物多样性丧失、全球气候变化、人口不断增加，以及贫富差距的不断增大等迹象都清楚地表明，企业必须将技术和业务对社会与环境的影响问题提升到一个举足轻重的高度。

实际上，唯有通过洁净并且可再生的无毒技术取代目前非可持续发展的技术，我们才能向着更加可持续发展的世界阔步迈进。正如物竞天择、适者生存一样，实施更加可持续发展战略的企业将在竞争中如日中天，并且最终淘汰那些在战略制定上墨守成规和对环境造成破坏的企业。在未来数十年间，创造性破坏的风暴必将发生，"绿色革命"的步伐无论怎样深入，都无法成为企业的救命稻草。简言之，大多数可持续发展的技术都可能会是颠覆性的——但绝非所有颠覆性的技术都是可持续性的。了解了这层区别，企业就掌握了屹立不倒的金钥匙。

绿色＝逐步改进

"绿色"战略通常是对现有产品和生产过程的持续改进（见图4.1）。一些污染防治和产品管理方面的主动措施之所以能帮助企业提高竞争优势，是因为这些措施给了企业随心所欲制定游戏规则的机会。采取"绿色"战略在很长时间内对现有的产业结构不会有丝毫撼动，它所提倡的是一种持续改进的做法，而非重新发明或从根本上创新。然而，用长远的眼光来看，如果企业仅仅在持续改进上做文章而不去改变它们的产品、服务和生产过程所依赖的根本方法，则最终将会在创造性破坏的浪潮中被迫淘汰出局。

绿色战略	超越绿色战略
致力于现有的： 产品 生产过程 供应商 消费者 股东	致力于新兴的： 技术 市场 合作伙伴 需求 利益相关者
特征： 逐渐增加 持续改进 使现有产业更加合理	特征： 非持续性 创造性破坏 重构现有产业
例如：责任关怀	例如：生物技术革命

图 4.1 持续改进与创造性破坏

资料来源：改编自 Hart, S. and Milstein, M. 1999. "Global sustainability and the creative destruction of industries." *Sloan Management Review*, 41 (1): 23-33.

一个持续改进的案例是美国化学品制造商协会（Chemical Manufacturers Association, CMA）的"责任关怀"工程。该项目虽然挽救了那些处于崩溃边缘的会员企业，却没有带领其走向颠覆性创新的探索旅程。继1984年印度博帕尔化学品泄漏灾难之后〔在这场事故中，有3 000名印度博帕尔地区的居民死于联合碳化物公司（Union Carbide Plant）的有毒化学品爆炸〕，化工品制造业的几个巨头——陶氏化学公司、杜邦公司和孟山都公司——面对一片声讨之声，被迫开始实施自我控制，倡导关乎产业存亡的、更加严格的管理措施。1988年，美国化学品制造商协会推行了"责任关怀"项目，制定了一份环境保护原则和管理操作编码的声明文件，包括污染防治、产品管理和建立社区咨询委员会三个方面的实施细则。为了加大该措施的执行力度，协会的会员企业——涵盖了美国90%的化工产品生产企业——被要求强制执行该声明所确立的环境保护原则和管理操作编码的规定。不遵守该声明文件的会员企业将会被美国化学品制造商协会除名。1988年以来，"责任关怀"工程使得化工行业在环境保护上一改前貌，并且帮助改变了这个行业的公众形象——从无耻的环境污染者，一跃成为负责任的环保参与者。

尽管这些措施成功地重塑了这个行业的声誉，顶住了来自公众的巨大压力，但"责任关怀"工程还是没有对化工行业中存在的问题起到釜底抽薪的作用。该行业的许多产品和生产流程具有极高毒性，属于资源密集型，并且从根本上来说是有悖可持续发展原则的。依赖全行业的通力合作，"责任关怀"工程成功地迫使数以百计的小型化工产品公司模仿行业内的领军企业，投身环境管理及社会参与方面的逐步改进，从而使行业取得了一定进步。这些举措赢得了公众的支持，使得一些领军企业的竞争地位得到了进一步加强。具有讽刺意味的是，这种做法也减少了化学品制造公司当权者从根本上创新的可能性。的确，目前的研究表明，通过环境保护获益最多的并非这些参与"责任关怀"工程的企业，而是那些下定决心不步人后尘者。[6]

超越绿色＝创造性破坏

如果我重提已经被广泛认可的"可持续发展"的定义——满足当代人的需要，同时不损害后代满足其需要的能力，我们就能发现现有的产品和工艺流程其实还有很多尚未达到这个标准。[7]越来越多的数据表明，当前的榨取型以及材料密集型行业（如矿业、能源行业、化工产业、林业、农业和交通行业）都不符合可持续发展的要求。如果将北美洲的材料使用强度在全球复制，恐怕要有相当于地球资源总量三倍的原材料才能满足当今世界人口对原材料的需求。[8]因此，我们应该将全球可持续发展视作一种强大的变革武器，这种武器可以从根本上改变许多产业结构。

高瞻远瞩的企业有机会对自身所处的行业进行重新定义和重新设计。材料和能源密集型行业将会发现全球可持续发展其实对自己来说意味着釜底抽薪的挑战，它要求产业进行彻底的重新配置并建立起新的发展能力。而信息和服务密集型产业则会发现全球可持续发展所带来的挑战要求自己大幅提高自身能力，这种挑战为现有技术的更替和向着可持

第4章
洁净技术与创造性破坏

续发展的跨越提供了无限可能。

"绿色"战略立足现有的供应链，指导目前商业体系持续改进。与之截然相反，"超越绿色"战略偏重于研发新兴技术、开拓新兴市场和重新寻求全新的合作伙伴以及利益相关者。该战略将打破现有的产业结构，它提高了企业重新确立其竞争地位的可能性，使得新的经营者有可能在创造性破坏的过程中后来居上。

让我们来看看化工行业早期的创造性破坏。洁净技术革命使得原先的产业链被打破，新的竞争格局应运而生。援引杜邦公司的案例，19世纪末，该公司由原先的黑色火药和炸药生产商改头换面，转变成为一家专门用石油生产合成材料等化工产品的制造企业。该战略使杜邦公司依靠一些拳头产品，如尼龙、合成弹力纤维、特富龙、可丽耐和凯夫拉尔纤维，在长达一个世纪的时间内赚得盆满钵溢。

20世纪90年代末，杜邦公司又开始着手它的第二次转型——从一家能源密集型的石油化工产品制造企业转变成为可再生资源密集型企业，来创造可持续发展价值。[9] 为了实现这个转变，该公司采取了一系列战略，其中包括收购、剥离和公司内部的技术开发。例如，在1995—2005年，杜邦公司在生物技术方面投资高达150多亿美元，其中包括收购Pioneer Hi-Bred公司——生态农业公司中的佼佼者。杜邦公司还在20世纪90年代逐步剥离了一些能源密集型和资源密集型业务，例如旗下的康诺克石油子公司，2004年甚至割舍了尼龙和合成弹力纤维这样的核心业务。

1999年年末，该公司在保护环境上规划了2010年的宏伟蓝图：确保其能源使用总量维持在1990年水平的同时，将可再生能源增加到其能源需求量的10%。这样一来，即使是相对能获得的最为经济实惠的化石原料，也具有了更高的成本优势。在确保业绩持续增长的同时，为了实现这样雄心勃勃的目标，杜邦公司开始调整自己的技术方向，将目光投向生态技术（如基因技术和生物仿生学）、可再生能源（如燃料电池）和信息技术（如以知识密集型产品取代资源密集型产品）。为了加快这一进程，杜邦公司开始投下种子资金建立子公司，专门致力于可持续发展技术的研发，以及在发展中国家寻求能为其创造财富的创意。[10]

2008年，在其《可持续发展进程报告》（Sustainability Progress Report）中，杜邦公司宣称，2005—2006年间，通过在47个生产厂房开展"大节能"（Energy Breakout Initiatives）运动，能源耗用总量下降了7%，因此节省的金额高达6 000万美元。不仅如此，可再生能源比例高达能源耗用总量的6%，垃圾填埋区沼气就是其中之一。现在，公司正向着2015年要实现的环境保护宏伟目标迈进。[11]

在过去的十年间，通过对剥离战略、让售易股、收购和现有技术的重大革新，化工行业脱胎换骨。孟山都公司、Hoechst公司和Rhone-Poulenc公司已经不再将化工产品业务作为其主营业务，生命科学、食品、药品和生物仿生学转而成为这些公司新的关注点。而ICI公司、Sandoz公司和Ciba-Geigy公司则恰恰相反，重拾化工产品而摒弃了生命科学和生物工程方面的投资。陶氏化学公司的重要投资也向生物科技方面大幅倾斜。其他公司，如Novo Nordisk公司——一家蓬勃发展的丹麦制药与生物科技公司，以及Empresas La Moderna公司——一家新兴的生命科学发电厂，都在探索一种"绿色化工"，并且已经找到了合成化工产品的生物替代品。事实上，这些公司正在研发的许多新技术将使现存的以石油化工为基础的产品和应用技术退出历史舞台。

几乎每一个能源密集型和原材料密集型行业（从能源和汽车到食品和林业产品）都经历着类似的变迁。每一家公司都必须在与"绿色"相关的细微变化中持续改进，在与"超越绿色"相关的颠覆式创新及创造性破坏之间寻求平衡。过去，竞争优势在很大程度上是建立在低成本或者在现有的行业和商业中占据领先优势的基础上的。然而，在未来，在勾勒出具备竞争力的蓝图后，对现有技术颠覆性的创新能力和创造性破坏将成为提升竞争优势的不二法门。约瑟夫·熊彼特半个世纪前的预言得到了越来越多研究工作的证实：我们总是在讨论资本主义如何管理其现行的产业结构，而真正的核心问题则是资本主义如何摒弃这种产业结构并创造出新的产业结构。[12]在这个时代，破坏与创新对于企业的成功而言同样举足轻重。[13]

福斯特和卡普兰在他们的著作《创造性破坏》（*Creative Destruction*）中如是说，经验告诉我们，在过去的80年间，尽管经济的基础增长率不断升高，但各产业的优胜劣汰却是异常残酷：标准普尔 500 的流动率从 20 世纪 20 年代的每年 1.5% 提高到 2000 年的接近 10%。这意味着企业股票的标准普尔指数从 20 世纪二三十年代的平均 65 年（S&P90）下降到了 90 年代的 10 年（S&P500）。我认为，到 2020 年，标准普尔 500 股票指数样本股中将有 3/4 的企业是我们今天一无所知的——新鲜血液的注入会极大地推动经济的发展，它们的作用我们现在还远远无法估量。[14]

遗憾的是，时至今日，将主要的努力和活动集中在"绿色"领域，即对现有产品和生产方式进行持续改进仍是公司的主流。考虑到技术领域的瞬息万变和可持续发展的日趋重要，这种战略似乎随时可能被淘汰出局。事实上，在过去的十年间，洁净技术上的投资犹如雨后春笋。自 2005 年后，世界各地的风险投资家们已经向采用洁净技术的企业投下超过 200 亿美元的巨资。洁净技术已然一跃成为全美最炙手可热的风险投资门类。[15]创造性破坏似乎不仅是产业未来发展的关键所在，其对企业自身的生死存亡也有着越来越无与伦比的重要意义。

从纺织品染料到生物材料

伯灵顿化学公司的案例帮助我们在创造性破坏和持续改进之间进行了一次生动的对比。[16]成立于 20 世纪 50 年代初的伯灵顿公司坐落于北卡罗来纳州纺织品生产带的中心，为该地区的纺织品公司提供化工产品和染料成了该公司的核心业务。在 20 世纪六七十年代，该公司的发展一帆风顺，直至 80 年代初期北卡罗来纳州一项严厉的新法案的出台打破了这层宁静，法案要求从纺织品厂排出的工业污水能保证鱼类的繁衍生息，这一要求对于该州的纺织品生产商来说确实是一项令人不安的挑战。意识到客户的问题就是其自身的问题之后，伯灵顿公司抓住了这个机遇，开始生产更加环保的化工产品和染料。

1983 年，在该公司创建者的孙子萨姆·穆尔（Sam Moore）的带领下，伯灵顿公司的管理团队将产品管理和生态工业的想法纳入议程。这次变革使公司步入了一个生产低毒性、可降解和更节能的纺织化工产品的崭新时代。尽管整个纺织行业一片委靡，但到20世纪90年代初期，伯灵顿公司还是成长为一家年销售额超过5 000万美元，并拥有150多名员工的公司。产品管理和环保设计已经将该公司从原本可能进入的依靠压低成本竞争的商海中解救出来。1995年，北美自由贸易协定（North American Free Trade Agreement，NAFTA）的认可又为公司开了一盏绿灯。

北美自由贸易协定生效后，随着北卡罗来纳州纺织行业整体效益逐步下滑并跌至谷底，纺织企业纷纷关闭，转而迁往劳动力成本低廉的墨西哥。1995—2000年间，伯灵顿公司的收入下滑过半，客户流失超过60%。更为糟糕的是，其产品的平均售价不足原来的一半。无奈之下，伯灵顿公司只得解雇了100多名雇员。所幸由于该公司一直关注员工培训，因此员工们在高级技术方面拥有较强的竞争力，被解雇的员工在很短的时间里都找了报酬相当乃至更高的工作。显而易见，如果这家公司意图继续生存发展，在纺织品行业之外开发新业务势在必行。就这样，公司的经理们将创造性破坏的战略摆上了桌面。

20世纪80年代，伯灵顿公司对产品管理和生态工业方面的投资获得了回报。在试图出售其纺织化工业务和染料业务二次失利之后（一家收购者要求关闭该公司，并解雇所有的员工），2003年，伯灵顿公司成功地将其出售给了一家德国公司。按照协议的规定，伯灵顿公司保留了生产权，并且收购者同意雇用伯灵顿公司的所有原销售人员。而这家德国公司则可以在其遍布亚洲的纺织公司中推广伯灵顿公司的清洁纺织染料技术——无论是从财务角度还是从环境保护的角度看，都实现了双赢。

与此同时，伯灵顿公司又开始大兴土木，购置了新的设备，专门开发一些新的、以生物技术为基础的润滑剂、催化剂和添加剂。2000年，伯灵顿公司开设了一家新的专门生产润滑剂的子公司——Luberos公司。而纺织化工业务出售换来的资金被部分用于扩展新的业务，这些新业务致力于以生物学为基础的可持续发展化学产品的制造，主要为生产企业和服务性行业提供产品。新产品包括用废弃植物油制成的润滑剂，从大豆中提取的织物柔软剂和为交通行业提供的新的清洁系列产品。

2004年，公司已经走出低谷，六年来第一次扭转了亏损的局面，资产负债表也一改前状。公司意欲开拓新兴市场的高瞻远瞩，必将使其收获大量的机会，可持续发展价值组合矩阵上方无限宽广的舞台将任凭公司尽情施展拳脚。伯灵顿公司早先在生态工业发展上的不懈努力又为公司赢得了足够的智力资本和有形资本，公司进而得以跨入一片技术与业务的新天地。简言之，早年在洁净技术方面的孜孜不倦是这家公司的救命稻草。[17]

利用二氧化碳改变世界

20世纪90年代中期，在北卡罗来纳大学教堂山分校，一场新的创新冒险蓄势待发，带头人正是化学系的乔·德西蒙教授（Joe DeSimone）与米塞尔技术中心（Micell Technologies）及其研究部门——制造业二氧化碳利用凯南研究中心（Kenan Center for the Utilization of Carbon Dioxide in Manufacturing），这次创意的主要出发点是为了满足对环保型生产方式日益增长的需求。创造性破坏技术是这家机构的利润之源。米塞尔技术中心有一个远大的梦想，即利用液态（超临界）二氧化碳减少污水的排放并且以之取代每年使用和排放的300亿磅有机卤化溶剂。杜邦公司正是这项工作的直接获益者，其特富龙产品的生产原先需要消耗大量的水和溶剂，而现在，二氧化碳的使用使得这个问题迎刃而解。

半导体行业是米塞尔技术中心企图革新的另一个重点。目前的芯片生产过程中需要使用大量的水和有毒溶剂。借助这项创意，该公司已经开发出了一种新的应用技术，在原先化学试剂和水的使用量最高的一道工序中应用了液态二氧化碳技术，水和溶剂因此被完全淘汰——这道工序的生产成本也因此得以降低。最终，该公司通过二氧化碳技术的应用彻底革新了芯片的制作工艺，使整个生产过程实质上在一个全封闭的系统内进行，避免了昂贵的室内清洁工序。

米塞尔技术中心最有意思的一项技术应用非干洗莫属。目前的干洗技术广泛使用一种具有极高毒性的化学制品——全氯乙烯——作为清洁剂，这种化学制品不仅对使用场所构成了污染（事实上，每一家干洗店都因此成为了堆放危险废弃物的垃圾场），而且对织物本身会构成危害，缩短衣物的使用寿命。德西蒙和米塞尔技术中心为此研究出了一系列肥皂和表面活性剂，它们在液态二氧化碳环境下对清洁衣物尤其奏效。在一种专门设计的洗衣机中，二氧化碳在巨大的压力下转化成一种超临界的液体，专门设计的表面活性剂开始清洗衣物，整个清洗过程结束后，压力解除，二氧化碳重新恢复气态，表面活性剂被从污物中分离出来并被收集起来以备下次使用，这样衣物就被洗得干干净净，甚至不需要任何形式的烘干。整个过程是在一个全封闭的系统中完成的，从而将一切形式的废弃物、污染物和排放物拒之门外。

米塞尔技术中心的特许经营伙伴——连锁经营的汉格尔洗衣店（Hanger's Cleaners）的分支机构已经在整个北美洲遍地开花。汉格尔洗衣店的工作环境洁净而安全，通过采用独特的利用二氧化碳清洗衣服的技术，这家洗衣店为社会提供了大量高技术含量和高薪水的工作岗位。如今市场上应用二氧化碳技术的干洗店已经不在少数。现在仍然苟延残喘着的一些像血汗工厂一般的有毒干洗店，不日将被历史的滚滚车轮碾为尘埃。

开启绿色畅想

事实上，在美国，像米塞尔技术中心这样刚刚问世的小型机构凭借其创意使得整个干洗行业甘拜下风绝非天方夜谭，因为这个行业本身存有一些漏洞，也因为现存的这些企业造就了一个巨大的堆放有毒物质的垃圾场！现在，这个原本的家族行业已经彻底脱胎换骨，干洗店曾经难以撼动的市场地位已经成为历史。然而，在很多其他行业，你却会看到截然不同的景象，因为破坏性创新对许多大型公司而言意味着将自己的核心业务送上断头台。通用公司在破坏性创新上一马当先的故事正是因

第 4 章
洁净技术与创造性破坏

为这个事实而更加令人兴趣盎然,也更具有重大意义。

事实上,2005 年对于通用公司这家已经拥有 127 年历史、令人闻之肃然起敬的龙头企业来说是个重要的转折关口。当时的 CEO 杰夫·伊梅尔特向世界宣布折价市值 1 500 亿美元的企业将在洁净技术上孤注一掷,赌注便是自己的未来。伊梅尔特在整个公司内部推行了一项增长计划——该计划被称作"绿色畅想"——致力于积极主动地利用诸如风能、太阳能、燃料电池、高效汽轮机、混合动力技术、低排量飞机引擎,轻型高能材料、节能照明技术和水资源净化技术的商业化来解决日益严峻的环境问题。[18]

作为绿色畅想的组成部分之一,通用公司承诺,1) 在洁净技术上的投资翻一番,从 2004 年的 7 亿美元增长到 2010 年的 15 亿美元;2) 将通过洁净技术开发的产品和服务的年收益额翻一番,从现在的每年 100 亿美元增长到 2010 年的 200 亿美元;3) 到 2012 年,使其温室气体浓度下降 40%(如果不做任何改进,届时该指标将是上升 40%而非下降哪怕 1 个百分点);4) 向公众披露自己在所制定的目标上取得的成效。到了 2009 年,公司已经全部实现甚至超过了原先的计划。

虽然绿色畅想 2005 年才得以公之于世,然而这个构想的基础却是公司在洁净技术和产品上已经长达数十年的投资。事实上,通用公司积极主动、身先士卒的精神和技术创新文化使得该公司当仁不让,在取得社会绩效的同时也拥有了一份漂亮的财务报表。2005 年 5 月,伊梅尔特的致辞言简意赅:"绿色畅想之所以能够诞生,是因为通用公司坚信,解决好环境问题就是在商场打好漂亮的一仗,这是公司增长战略的一个重要组成部分。"其中传达的意思显而易见:实现环境保护与赚取利润绝非鱼和熊掌不可兼得。凭借足够的创意和想象力,通过解决世界上最棘手的环境问题赚得盆满钵溢也绝非痴人说梦。

通过与一些维护绿色秩序的非政府组织及其他第三方环保组织开展通力合作,通用公司为产品和技术的评估建立了一个评分体系。要想达到绿色畅想理念的要求,产品不仅要对环境有益,还需符合经济性的要求。在这套评分系统下,那些基于"绿色产品"理念设计出来的,低质高价却打着环保旗号的产品将永不见天日。只有那些脱离了非此即彼思想的产品和技术才能通过绿色畅想的考验。

行业呼唤响应绿色畅想的产品。评估过程由第三方参与审查,有时候这个过程甚至长达一个半月。有趣的是,有潜力的产品不止局限于该公司的制造业,项目还延伸至金融业务领域中的产品和服务。到2008年,通用公司一共拥有80项符合绿色畅想的产品,而2005年的时候,这个数字仅为17。通过此类商品获得的收益额已经超过170亿美元,更有近1 000亿美元将迎面扑来。

绿色畅想对公司来说是否是一着险棋呢?其实不然,通用大多数的绿色畅想产品只是对现有产品进行的一种"环保"包装。然而,绿色畅想同样包括一些鲜为人知的故事,公司在一些破坏性创新技术——包括仿生工程、纳米技术、可再生资源,终端水处理技术和其他新兴的洁净技术——上加大了投资力度。当其他公司因为不能立马得到市场回应而大幅削减这些技术的研发经费时,绿色畅想引领公司另辟蹊径。在绿色畅想的指引下,公司或许会耗费更多的时间研发那些与时代格格不入的技术,但随着时间的推移,产品逐步改进,巨额的回报也会接踵而至。事实上,2008年公司在洁净技术的研发上又投入了14亿美元。

系统思考

伯灵顿公司和米塞尔技术中心的案例清楚地告诉我们,仅仅立足于现有产业和业务,凭借成本优势与其他方面的过人之处来确保公司的生产效率和经久不衰已经远远不够。在将来,研究探索能力、颠覆性革新能力、创造性破坏能力和公司的"蓝海战略"将成为新的竞争优势所在。[19]这种转变势必超越传统的商业分析,即目前在商学院和企业中盛行一时的、只对既定的几套方案进行比较后择优而行的分析模式。

按照边际分析的原理——通过在投入资金所得到的利润与损失之间不断权衡——我们会发现存在一个最佳点,在这个最佳点之外追逐更多的业绩将失去意义,也就是说,在企业的投入产出临界点之外,要想再提高产品品质或是减少污染物排放量就会得不偿失。这种分析方法预先

第 4 章
洁净技术与创造性破坏

设定了可替代物并进行了增量调整，虽然这种方法本身无懈可击，但如果这种方法的研究对象是一种彻底的革新，就很难自圆其说了。要想在颠覆式创新这个领域同样适用，就需要一种新的逻辑，一种基于系统思考的逻辑。

在保罗·霍肯、艾默里·洛文斯（Amory Lovins）和亨特·洛文斯（Hunter Lovins）共同完成的巨著《天生的资本主义》（*Natural Capitalism*）中，他们以一种系统思考的方式研究可持续发展，并进行了具有高度逻辑性的阐述。[20] 他们认为，对现有技术的不断改进会使我们一叶障目，从而对跨越式创新的潜力置若罔闻。以我们司空见惯的住宅建设为例，看看在指导建筑物设计时，边际分析为什么未能帮助我们设计出最优秀的房屋结构。建筑物的能效通常决定于基础结构和设备安装过程中采用了多少隔热措施、安装的窗户级别、购买的器具类型等。使用边际分析的方法，需要对其中的每一项决策都进行单独考虑。例如，新增的隔热材料的使用量在超过某一临界值之后就变得不再经济，因为能源节约永远不能填补最初的额外投入。通过这种分析方法，我们会相信建造出更高能效的房屋别无他法，我们必须把多出来的钱投入到更加节能的技术上面。增加的单位收益必定要超过增加的单位成本。

但如果我们摒弃这种对各个项目单独进行边际分析的思维方式，情况又会如何？要做这种尝试，我们首先必须对现有的住宅设计习惯说不（这意味着我们不得不将现有建筑模式、习惯和行业中所谓的最优范例置于一旁）。我们另辟蹊径，开始全局构思。在将新的方法付诸实践之际，我们会发现鱼与熊掌兼得绝非天方夜谭。也就是说，在对房屋甚至汽车进行某种改进之后，我们既能提高它们的性能，又能有效地降低成本。

怎样才能达到这样的目的呢？边际分析最致命的缺陷是对现有设计和给定产品的默认。在保持给定的条件不变的情况下，只有持续改进一条路可走。这样，在追求更高效能的房屋时，在房间里安装取暖系统、管道系统、通风机、空气压缩机在我们看来都是必需的而且天经地义（事实上，在美国绝大多数的地方都是如此），目的仅仅是通过在这些节能设施上加大投资来降低能源消耗（显而易见，这只不过是管道端口解决问题的一种华丽变身）。

103

但如果我们对这些昂贵的、华而不实的设备存在的必要性提出质疑，会得到什么样的结论呢？让我们想想，如果把钱投入到这样一种结构的房屋上——这种房屋通过太阳能制冷或制热，从而良好地调节室温，而摒弃了传统的制热和冷却系统——行不行呢？难道以这种方式不能建成功能齐全、高效节能而又经济实惠的房屋吗？有充分的证据表明，这种设计理念能够做到而且已经奏效了。阻碍这种理念的元凶并非技术，而是严格的规章、法律和建筑规程，以及当前建筑业的发展惯性，尤其是材料供应商和承包商更有着不可推卸的责任，只有一种建筑房屋的方法能入他们的法眼，而这种方法却是非可持续的。

新奥尔良复兴计划（Make it Right，MIR）为我们证明了在设计中引入系统思考方式的巨大潜力。[21] 新奥尔良市在 2005 年遭遇卡特里娜飓风袭击后变成了一片废墟。布拉德·皮特（Brad Pitt）邀请了威廉·麦克唐纳、切诺基·格维斯·巴克（Cherokee Gives Back）和著名的建筑公司 Graft，要求他们基于安全、环保和可支付的理念设计一种房屋，以重建九区下游地区（Lower 9th Ward）——飓风已将其夷为平地。受"从源头到源头"理念的感召，MIR 走出了非此即彼的误区，设计出了一种高效节能（并且可以有效抵御暴风雨的侵袭）而每平方米的售价又比传统房屋要低上一大截的新型房屋。因为新房子的构造成本非常低，对于那些重返家园的当地人来说，相比现有的建筑和传统意义上的新建筑而言，这种房屋要容易负担得多。

尽管在诸如居民楼建筑这样相对分散的行业中实现系统思考可以说是举步维艰，但对于那些有能力讨价还价、从而更改游戏规则的垄断行业厂商们而言，却要简单得多。沃尔玛就是其中一例，当沃尔玛也开始将可持续发展作为核心战略时，它向我们昭示了这个零售业巨头对自己的下游供应商有着多么巨大的控制力和影响力。2005 年，沃尔玛作为世界第二大企业，宣布了自己在环保方面的几个宏伟目标：1) 百分之百使用可再生能源；2) 污染物零排放；3) 销售资源、环境友好型产品。同时，该公司还一如既往地兑现自己关于天天低价的承诺。

显而易见，要想完全实现这些目标，单凭一些绿色战略远远不够。要求供应商和售货商不再将一些"超越绿色"的破坏性创新手段视为非此即彼的选择才是重中之重。没有简单地压榨现有的供货商，沃尔玛决定采用系统思考的方法，重建整个价值链。公司的有机棉花战略就是一个极具代表性的案例：沃尔玛和农民展开合作，要求他们开展有机农业的实践。然而，从短期来看，这种方法会提高棉花的价格，因为农民们要想获得有机认证（organic certification）需要花费长达数年的时间。为了抵消这方面造成的成本增长，公司取缔了中间人，从而简化了供应链。最终的结果是，公司得以坚守了自己"天天低价"的承诺，并且实现了将市场转向有机棉花的目标。这一举措有着无与伦比的重大意义，因为全球 1/4 的灭虫剂都是消耗在传统棉花种植业上的。[22]

像颠覆性变革者那样，采取一种系统性的思考方式，我们就可能抓住目前那些增长缓慢、在市场竞争中头破血流的企业在未来获得利润增长的金钥匙，这同时也是 21 世纪我们沿着更加可持续发展道路前进的力量之源。所以请考虑这种思维方式的可行性。

再创驱动力

在第 3 章"可持续发展价值组合"中，我们从可持续发展价值组合的角度分析了过去 50 年间汽车行业的演变历程。追溯了汽车行业从大量采用"指挥与控制"规章，到 20 世纪八九十年代污染防治和产品管理措施大行其道，再到 21 世纪初所有主要的汽车制造商都开始将洁净技术（燃料电池或者其他替代方式）引入车辆制造的各个阶段。令人遗憾的是，几乎所有的汽车制造商在进行洁净技术的探索时，都是采用边际分析的方法对各项决策进行单独考虑的，但其中有一个例外：通用汽车公司。

公司对大多数汽车燃料电池工程——诸如混合动力汽车——所谓的创新只是换汤不换药，依然沿用传统思路设计产品：一块金属底盘和数以千计的零部件。令人遗憾的是，在 21 世纪初，燃料电池的价格仍然比内燃发动机要高出数倍。所以，如果简单地以燃料电池（带有发电机）取代汽车发动机，必然会导致产品价格令人诟病，令意欲购买者望而却步（超绿主义者除外）。20世纪90年代，通用公司已经走过了这条道路，其价格高昂却表现不佳的Impact电动车系列就是一例。这款车带有1 000磅重的燃料电池，在严格执行相关管理规则的加利福尼亚州市场上，虽然法律已经为这种零排放的车开了绿灯，但它的销售仍不幸败北，正如艾默里·洛文斯的口头禅："单独看某一部分颇为欣赏，视之全部却让人不敢苟同"。

2002年，通用汽车公司开始启动AUTOnomy概念车工程，大胆注入了10亿美元的启动资金，试图在氢燃料电池技术的指导下研制一种全新的车型。与其竞争者大相径庭的是，通用汽车公司不仅在车辆设计源头阶段就采用了洁净技术，而且将其范围延伸至整个生产体系。通用公司试图独辟蹊径，而不是仅仅考虑将引擎更换为燃料电池。谁说燃料电池必须要设计成箱子的形状，以至看起来像个电池或是引擎？为什么在设计之初不能将燃料电池以一种多功能的安装方式融入车辆的整体设计中去呢？基于这样的思路，设计组人员选择让燃料电池"兼任"汽车底盘一职——底盘酷似滑板，配备四轮驱动装置（见图4.2）。这种设计不仅提供了超级能量和扭矩，还使轮子可以被独立控制，以便车辆可以在停车时横向进入车位。

无线方向盘，酷似滑板的燃料电池意味着更加灵便的车身设计
图4.2 通用汽车公司自主研发的汽车

该产品滑板式的底盘设计概念使其几乎可以满足各种功能的需要。车身和座椅都被以一种最灵活的方式布置在底盘上。想要一辆SUV？租个SUV车体和车内设备就可以搞定。想要一辆小轿车？换个车身，这一切都不是问题。尤其值得一提的是，通用汽车公司还在很大程度上

第 4 章
洁净技术与创造性破坏

简化了汽车的设计过程。除了电动机和轮子之外,再没有其他可以移动的部件;方向盘和所有的功能都可以通过无线技术进行操控。这就是所谓的线传操控(Hy-wire)方法。通用汽车公司的工程师凭借这种方法使车辆的构成零部件从几千个减少到几百个,在极大程度上简化了产品供应链和缩短了产品生产周期。这样,通用汽车公司通过以概念燃料电池设计为核心——底盘具备双重功能——使得其他各个方面都因此得到了简化,更少的原料消耗和更低的生产成本填补了购买燃料电池的高昂花销。[23] 这就是将系统思考发挥到极致的例子。

然而,形成设计概念并制造出颠覆性的产品还远远不够,商业化战略的实现在整个过程中占有举足轻重的作用。现在谁都无法预测通用汽车公司——这家通过创新使人印象深刻的公司——会不会在市场上不幸败北,能否继续吸引关注的目光、引领潮流。通用汽车公司的计划是在竞争极其激烈的美国市场上推出 AUTOnomy。可惜因为在美国廉价的汽油无处不在,氢电池要想飞速发展几乎是天方夜谭,除非联邦政府的想法发生巨大的改变。因为氢电池依靠氢作为燃料,唯有通过增设价格高昂的设备,将汽油转变成能为氢电池所用的氢,方能将其产品推向美国市场。如果氢电池转成为车辆的驱动力,但它所需要的氢还是通过化石燃料转化而来的,那么这项颠覆性技术就丧失了意义。碳燃料在很大程度上依赖中东地区的石油,而在这样一个碳燃料驱动的世界中,这种战略似乎并不怎么符合可持续发展的要求。

令人遗憾的是,在将市场拓展至发展中国家时,绝大多数汽车生产商还是坚持将目光集中在那些处于金字塔顶部的富人身上。看看通用汽车公司的中国战略,很大一部分内容是通过生产别克系列汽车,来与一些驰名品牌如梅赛德斯、宝马和雷克萨斯一决高下,以期赢得中国最富有的上流社会汽车消费者的青睐。但是,如果通用汽车公司将在美国实施的耗资 10 亿美元的燃料电池车的战略应用于其最近宣布的与中国合资生产的"微型汽车"上,结果又会如何呢?有没有可能早已经发明出一种全新的产品,同时在中国建立起一系列提供可再生燃料的基础设施了呢?正如我们在第 3 章中所提及的一样,来自发展中国家的弄潮儿,诸如塔塔汽车公司之流恐怕早就开始实施这一切了。创造性破坏蓄势待发，而它的起点似乎是在东方。

技术解放

　　工业革命伊始，从发展中国家以非可持续发展的方式获取原材料和能源一直是西方经济的繁荣之源：来自南美洲的木材、来自中东的石油和来自非洲的矿产品就是佐证。规模经济主宰着这个世界，通过对发电厂、输送管道、工厂、水坝和公路的巨额投资，那些处于金字塔顶部的人们不断膨胀的需求得到了更有效的满足。工业时代的技术（如电力、石油化工和汽车）与大规模生产、流水线、中央集权的官僚组织生产紧密相关，这些都促成了有组织劳动的兴起，工人们相互隔离作业，社会满意度也有所增加。正如黛安娜·科伊尔（Diane Coyle）在其著作《似是而非的繁荣》（*Paradoxes of Prosperity*）中指出的那样，社会限制了技术的发展，也被技术所限制。[24]

　　走进21世纪，工业革命时代"黑暗的邪恶工厂"已经退出历史舞台，新的技术时代注定将重新谱写社会、经济和环境的篇章。微芯片主导的信息经济已经通过信息民主化、员工赋权和不断增长的生产力使整个社会脱胎换骨。在未来，通过应用生物科技、纳米技术、新材料、无线信息技术、太阳能、燃料电池和其他形式的能源，人类对全球环境的负面影响将会进一步减少。

　　事实上，现在有两种存在本质区别的洁净技术——一种是大规模集中的方式，另一种则是小规模、分散式的途径。[25]第一种，我将其称作"绿巨人"（Green Giant），这种方式的主要特征是需要政策支持、政府投资，还需要一个集中处理的实施战略。因为规模的限制，绿巨人技术通常的开发者都是那些大型行业中的佼佼者，它们获得了大部分的政府补贴或是直接由政府采购；想想大型风电项目，集中水处理系统，还有大批的太阳能、风力农场。这种"把事情搞大"的方式也带来了政治上的优势，因为它披着大手笔解决大问题的外衣。问题的关键在于，这种方式根本没有给可能的错误留下回旋的余地。在为数不多的一些"大手笔"上孤注一掷其实是在悬崖边上跳舞，结果几乎总是令人尴尬。还记得 20 世纪六七十年代对核能的推广吗？三英里岛（Three Mile Island）和切尔诺贝利核泄漏造成的损失难以估量，最后的结果总是弄巧成拙，我们真的没有那么聪明。

第二种洁净技术恰恰与之相反，我称其为"小绿芽"（Green Sprout），这种技术具有分布式的特征，对现存的企业和机构来说是一种颠覆性的变革。因为现在处于能源、交通、食品和材料等行业中的经营者有着太多难以割舍的财产，要想让这些企业去设计小风力分散型太阳能、终端水处理系统和其他具有分散性的技术，并在新兴市场中觅食简直难如登天。然而，由于具有规模小和分布式的特征，这种洁净技术拥有了对现有社会层次进行创造性破坏的潜质，它可以在面对腐败的政府和政权制度时绕道而行，它可以将资本主义引入一个全新的时代，在这个时代，全人类社会可以广泛分配其创造的利益。与依靠政府或家长式作风的社会工程师们兴致勃勃地为公众设计未来的做法不同，资本主义制度对于这些引领颠覆性变革的新技术可能更具优势——不是工业革命时代那种通过牺牲多数人利益来为少数人赢得财富的资本主义，而是一种全新的、朝气蓬勃的全球化资本主义，这种资本主义将以一种之前难以想象的规模在金字塔底层挖掘出广阔的市场，彻底抛弃行业曾经的佼佼者和巨头们。

履行自己的义务

约瑟夫·熊彼特对那些如今正活跃在时代舞台上的大公司在推动创造性破坏方面的能力和动机提出质疑，但他并没有将这些企业彻底否定。他认为，因为这些企业惯于在基础设施上投入大笔投资，加之管理模式已经固定，即使发现企业战略与可持续发展相悖，这些仍然活跃在行业中的大企业对其现有的业务也将很难割舍。然而他又提到，与之矛盾的是，大公司有小公司所望尘莫及的财力、技术和组织方面的资源优势；如果有哪家公司能够结合二者，它所主导的全新的生产或商业模式将掀开崭新的一页。[26]

显然，活跃在这些行业中的企业从结构上讲比其他企业更具有探索创造性破坏的路径的可能性。以资本高度密集和资产生命周期较长的行业为例（例如公用事业、采矿业、石油行业、石化行业和汽车行业），你可能会发现参与到本章所描述的彻底革新中对其而言最具挑战性。"绿色运动"在这些行业的实施最为艰难，因为它们对现有的这些实实在在的资产有着太强的依赖性，已经折旧的资产在经营中尚有利可图，过早地淘汰这些设备将会在短期内致使公司业绩大幅下滑。

另一个极端则是诸如服务业、零售业和建立在新兴"技术解放"（前文提到过这个概念）基础上的行业，如果要集中其战略资源为可持续发展进行创造性破坏，这些行业中的经营者必将一呼百应。因为这些公司很少轻易投资购进使用周期较长的设备，这些行业中的企业能够目标明确地越过"绿色运动"中的持续改进的阶段。例如，沃尔玛最近向可持续发展抛出橄榄枝就是佐证。考虑到它的规模和购买力，该公司对自己供应链的革新绝不仅仅停留在"绿色"的范畴，而是会越来越多地探索能够使企业在未来屹立不倒的洁净技术和产品。

处于这两个极端中间的，是那些资产使用周期和密集度居中的产业，其中包括电子行业、计算机行业、信息技术行业和消费品行业，因为活跃在行业中的企业技术生命周期较短而资产更新的速度更快，持续改进和创造性破坏二者结合的混合战略将是它们最可能的选择。

产业结构就是这样，或者说至少在某种程度上决定了活跃在行业中的这些企业对"超越绿色"战略的热衷程度。尽管资产密集型行业中的企业们并不太乐意去追寻这种发展道路，但如果它们对这种挑战置若罔闻，巨大威胁可能很快就会接踵而至：对这些公司而言，一味地墨守成规，固守过去的技术，将注定会是自掘坟墓，而不是仅仅失去一次机会这么简单。因此，对于所有的公司，尤其是那些活跃在污染严重和资产密集型行业中的企业而言，面向可持续发展，不断加快创造性破坏的进程，是重中之重。

为了在创造性破坏中大获全胜，创意的提出者——可能是大的企业，也可能是快速成长的企业——需要为未来寻找可以令其可持续发展

第 4 章
洁净技术与创造性破坏

技术派上用场的早期市场。我们所看到的通用汽车公司的燃料电池、奋力跻身富人市场的洁净技术等，或许都不是最好的选择。要为具有创造性破坏潜力的洁净技术寻找早期市场，需要做出截然不同的尝试。我们已经看到，金字塔底层有 40 亿人口的需求尚未得到满足，而这里将会是孕育未来新技术最好的土壤。

注释

1. Joseph Schumpeter, *The Theory of Economic Development* (Cambridge, MA: Harvard University Press, 1934).
2. Clayton Christensen, *The Innovator's Dilemma: When New Technologies Cause Great Firms to Fail* (Boston: Harvard Business School Press, 1997).
3. Ibid.
4. 下一部分的一些内容节选自：Stuart Hart and Mark Milstein, "Global Sustainability and the Creative Destruction of Industries," *Sloan Management Review* 41(1) (1999): 23–33.
5. Stuart Hart and Clayton Christensen, "The Great Leap: Driving Innovation from the Base of the Pyramid," *Sloan Management Review* 44(1) (2002): 51–56.
6. Andy King and Michael Lenox, "Exploring the Locus of Profitable Pollution Reduction," *Management Science* 47(2) (2002): 289–299.
7. World Commission on Environment and Development, *Our Common Future* (Oxford: Oxford University Press, 1987).
8. Mathis Wackernagel and William Rees, *Our Ecological Footprint* (Gabriola Island, B.C.: New Society Publishers, 1996).
9. Chad Holliday, "Sustainable Growth, the DuPont Way," *Harvard Business Review* 79(8) (2001): 129–132.
10. 关于杜邦公司的信息来自于与公司几个重要高管的谈话，其中包括负责安全、健康及环境保护的副总裁 Paul Tebo，以及拉丁美洲事业部的主管 Eduardo Wanick。
11. "2008 Sustainability Progress Report," DuPont, 2008.
12. Joseph Schumpeter, *Theory of Economic Development*.
13. See, for example, Richard Foster and Sarah Kaplan, *Creative Destruction* (New York: Doubleday, 2001); Gary Hamel and C.K. Prahalad, *Competing for the Future* (Boston: Harvard Business School Press, 1994); and Clayton Christensen, *The Innovator's Dilemma*.
14. Richard Foster and Sarah Kaplan, *Creative Destruction*.
15. See www.cleantech.com. See also Mark Johnson and Josh Suskewicz, "How to Jump Start the Clean Tech Economy," *Harvard Business Review*, November (2009).

16. 非常感谢伯灵顿化学公司的首席技术专家Sam Moore，是他为我提供了此案例中的相关资料。

17. 不幸的是，这家公司无法迅速完成从纺织品到特种润滑添加剂和绿色表面活性剂的转变。在事后的分析中我们发现，尽管取得了短期的进步，长期发展所需要的在现有市场采用洁净技术的重要性却没有得到重视。如果该公司能够意识到"创造性破坏"的重要意义，及时放弃与纺织品有关的业务，从而腾出资金与在组织上消耗的精力，这项战略恐怕早就成功了。不幸的是，2007年，经济周期以及迟迟拒绝绿色润滑剂与表面添加剂的选择为公司开出了一张罚单，它不得不以剥离资产收尾。

18. 本部分内容概括自：Stuart Hart and Mark Milstein, "In Search of Sustainable Enterprise: The Case of GE's Ecomagination Initiative," *Value* 1(1)(2006): 36–42。

19. James March, "Exploration and Exploitation in Organizational Learning," *Organization Science* 2(1) (1991): 71–87; Clayton Christensen, *The Innovator's Dilemma*; Stuart Hart and Mark Milstein, "Global Sustainability;" Chan Kim and Renée Mauborgne, *Blue Ocean Strategy* (Boston: Harvard Business School Press, 2005).

20. Paul Hawken, Amory Lovins, and Hunter Lovins, *Natural Capitalism* (Boston: Little Brown and Co., 1999).

21. www.makeitrightnola.org.

22. Lyn Denend and Erica Plambeck, *Wal-Mart's Sustainability Strategy*, Stanford Graduate School of Business Case, 2007.

23. David Baum, "GM's Billion-Dollar Bet," Wired.com, www.wired.com/wired/archive/10.08/fuelcellcars.html, 2002.

24. D. Coyle, *Paradoxes of Prosperity* (New York: Texere Publishing, 2001).

25. 这些想法引自：Stuart Hart, "Taking the Green Leap," Cornell University Working Paper, 2009。

26. Joseph Schumpeter, *Theory of Economic Development*, p. 66.

第5章
自下而上的创新

财务危机和气候危机的双重威胁终于唤醒了沉睡的巨人。《纽约时报》专栏作者汤姆·弗里德曼指出，要想让美国"重塑辉煌"，有一剂良方不能错过——那就是"绿色行动"（Code Green），这个概念由他提出，指的是：在一个不断变暖、越来越呈现扁平化趋势、越来越拥挤的世界，创造能够允许我们的地球以更加洁净、更加可持续的方式继续繁衍生息的工具、体系、能源和理念，将成为人类社会面临的最艰巨的挑战。[1] "全民环保"（Green for All）的创始人、激进主义者范·琼斯（Van Jones）对此深表同意，在他看来，建设"绿领经济"（green collar economy）这个挑战正等待着美国，在这个经济体系中，普通人能够受益于高效能源和绿色技术："政府必须马不停蹄地将其在诸如曼哈顿计划或是阿波罗计划之类行动中所彰显的卓越的首创精神运用到洁净技术的探索和不断完善中去。"[2]

经历了数十年的消极抵抗、置若罔闻或者最多不过提出一些政策措施之后，我们终于欣慰地看到，执政当局的警钟已经敲响。在美国，奥巴马政府已经将绿色技术（并由此创造出"绿领"岗位）提到了国家首要事务的高度，而全球有许多国家与之并肩前进，其中包括中国，巴西和印度。事实上，充斥在我们周围的，关于政府项目、企业重建、刺激方案和将登月时的那种首创精神应用于绿色技术开发中的倡议不计其数。每当遭遇危机，我们总是情不自禁地认为会有少数的聪明人能帮我们献出锦囊妙计。战争一词总是会一遍又一遍地被我们搬出来使用——恐怖战争，毒品战争，消灭贫困的战争，与全球变暖展开的战争，等等。然而，除非是战争时要调用大规模的部队，通过一些大型的、集中型的方案，我们取得最终胜利的情形屈指可数。[3]

所以，如果当局的政策难以奏效，那些规模巨大、急于求成的项目又总是以失败告终，那我们该怎么办？幸运的是，我们还有第三重方案——这种战略仰仗今天的一些小规模的商业尝试，一步步使今天的这些非可持续发展的方式脱胎换骨。而今天的这些小尝试，每一个都有机会使企业最终成长壮大为明日的可持续发展企业。为了使可持续发展之路拥有一个更加光辉灿烂的明天，这些参与其中的私营部门或是企业的行动必须以一种前所未有的规模展开。这是一种挖掘我们大家内心深处的进取精神的战略——它能改变跨国公司和非政府组织的负责人，社会企业家，需求尚未满足的群体中的穷人，投资商和公务员；它能使得整个世界重新紧密相连——东方和西方国家，南方和北方国度，富人和穷人——为了共同的目标，追求和平和共同的繁荣。但或许最为重要的是，这是一个从小到大、由下至上的战略，全部进程将从金字塔底层最先开启。

进退两难

正如世界各国正在寻求一条通往全新世界的道路一样，企业同样也在为新的战略而上下求索。事实上，大多数的大公司似乎都早已陷入停滞不前的饱和市场的泥潭中无法自拔。金融危机对全球经济而言可谓是一次急刹车，而在这之前，公司的领导人对现有集中型的全球化和新兴市场的战略给他们带来的巨大利润一直喜不自禁。在那段时间，发达国家和发展中国家日益发展壮大的中产阶级成了主要的目标市场。然而，时至今日，发达国家的市场似乎陷入了增长极度缓慢的泥淖，公司们必须另辟蹊径——也就是将目光转向一度视而不见的低端细分市场。

然而，正如我们所看到的那样，在过去20年间，与全球资本快速增长如影随形的是一些日益增加的批判之声，其中包括对环境质量恶化、剥削劳工、文化霸权与地方自治权丧失的批评，这些情况在第三世界国家尤甚。反全球化的浪潮愈演愈烈，发展中国家国内争端、暴动同样势头不减,这一切都清晰地表明,通过牺牲穷人的环境利益而实现公司的扩张必将遭到无情的抵制。我们不禁要扪心自问:难道公司在未来增长道路上的孜孜以求只能是为反全球化运动煽风点火?

幸运的是,全球性"两难困境"现在已经有了解决的良方:在保持利润增长的同时又能顾及社会及环境方面效益的最佳出路就是面向新兴市场。我这里指的并非将目标市场逐渐扩张至发展中国家极少数富人组成的高端市场。相反,我认为最佳的道路是一次"谷底竞争"(Great Leap Downward)——直至全球经济金字塔的底层,那里有40亿在全球化进程中一度被忽略甚至利益因此深受损害的穷人。[4] 正是在这里,公司将会发现最令人热血沸腾、在未来拥有无限增长潜力的市场——也是我们打赢未来一场艰巨战役的主战场。也正是在这里,那些应对与经济发展相关的社会和环境挑战所需要的突破性技术才能更好地生根发芽。更是在这里,蕴含着使发达国家环境和经济问题迎刃而解的良方。

BoP 概念横空出世

我至今仍清楚地记得,正是一次谈话为之后的一切拉开了序幕。那是1997年的秋天,我刚刚在《哈佛商业评论》上发表了一篇论文,在文章中,我阐述了公司如何创造可持续发展价值。全球的贫困、日益上升的不平等和发展中的环境恶化导致了一系列亟待解决的问题。那篇文章,也就是《超越绿色:世界可持续发展战略》,后来作为《哈佛商业评论》年度最佳文章一举拿下麦肯锡奖。我在密歇根大学做战略研究时的同事,也就是后来的C. K. 普拉哈拉德教授,刚刚与肯·利伯索尔(Ken Lieberthal)共同完成了一篇文章的框架草稿,文章题为《公司帝国主义的完结》("The End of Corporate Imperialism"),这篇文章最终在1998年的一期《哈佛商业评论》上得以发表。[5] C. K. 普拉哈拉德向我提供了该论文的复印件并询问我的看法和建议。

这篇文章的思想与我的恰恰互补,发觉这一点之后我不由得暗自吃惊。C. K. 普拉哈拉德与肯·利伯索尔对服务中国和印度这两个国家的新兴市场,尤其是对跨国公司迄今为止都未曾涉足的、这些国家富裕阶层以外的阶层中存在的机遇和挑战都做了有力的阐述。我记得接下来当我们对这篇文章进行讨论时,我曾经说过,服务于中低端消费群体固然十分重要,但毕竟这个由全球经济金字塔最底层的大量人群组成的市场至今从未被考察(和服务)过。在解决这个过去半个世纪以来日渐凸显的问题上,不管是政府(包括多边组织)还是非营利部门的成果都不甚乐观。仅仅通过援助和慈善事业解决这个贫困问题显然只是扬汤止沸。

但此时,就一点我们却达成了共识,那就是我们都深知真正缺少的(并且是非常需要的),是一种解释为什么(和怎样才能)使公司关注这40亿处在金字塔底层(简称BoP)的穷人,理解他们的需要,并为他们提供产品和服务的逻辑。1998年,我们共同完成了一篇工作论文,这篇文章在接下来的四年之中又历经了数十次的斟酌、修改,直至2002年1月,以《金字塔底层的财富》(C. K. 普拉哈拉德后来出版了一本同名的著作)为名最终发表。[6]BoP的概念从此横空出世。

现在这个理论的研究到达了一个新的里程碑,世界各地已经有数十位同仁活跃于这个领域的研究工作中。[7]2000年,BoP学习实验室在北卡罗来纳大学的凯南-弗莱格勒商学院宣告成立。[8]这个实验室由公司、非政府组织和学术机构联合创办,致力于研究如何用一种文化上适宜、环境上可持续发展同时又能实现盈利的方式满足穷人们的需求。[9]一个覆盖全球的BoP学习实验室网络就此拉开,如今这个机构已经延伸至墨西哥、巴西、阿根廷、西班牙、荷兰、丹麦、印度、中国和南非。[10]

2004年,BoP学习实验室搬至康奈尔大学,作为约翰逊管理学院可持续发展研究中心的一个组成部分。自从BoP学习实验室创办以来,世界资源研究所、世界商业可持续发展委员会、国际金融公司、美国援助组织、联合国开发计划署、美洲开发银行以及其他一些机构已经组织开展了众多的项目,旨在研究私营部门在减少贫困和促进可持续发展过程中所扮演的角色。在过去的十年中,情况已经变得十分明朗,对于那些习惯了为金字塔塔尖的高端消费者服务的公司而言,BoP既为其提供了重大的机遇，同时也提出了巨大的挑战。

冰山一角

正如我们之前所提及的，半个多世纪以来，为处于全球经济的金字塔顶部的人——尤其是"塔尖"上的那7 500万到1亿具有极强消费能力的顾客提供服务一直是跨国公司的工作重点。[11]这个世界性群体由发达国家，尤其是美国、西欧和日本的高收入人群以及发展中国家的极少数富有的精英人士组成。

20世纪80年代末，苏东剧变，此时跨国公司开始进军所谓的"新兴市场"——苏联和它的盟国，还有中国、印度和拉丁美洲国家——期待着这些国家能成为它们的财富之源。遗憾的是，到了21世纪初，公司在新兴市场中的业绩却出现了大幅滑坡。这些公司对发展中国家数亿的新兴中产阶级顾客报以了过高的期望。亚洲和拉丁美洲的金融危机加速了外国直接投资（FDI）的撤出，而2001年"9·11"事件发生之后，外国直接投资更是鲜有增长。最近的全球经济危机为汤姆·弗里德曼由中产阶级的日渐壮大而比喻的"扁平的世界"提供了最好的佐证。[12]

事后再追溯这个过程，我们就会对大多数跨国公司的全球战略及新兴市场战略之所以败北的缘由了然于胸，因为这些战略既没有做到彻底的全球化，也没有特别针对新兴市场。在第三世界国家，大多数外国直接投资只是针对诸如中国、印度和巴西这类极少数拥有"大市场"的国家。而即使在这些国家，大多数跨国公司的新兴市场战略也只是将关注的目光集中到了那8亿多的富裕阶层，而对绝大多数的普通民众视而不见。它们认为这些人太过贫穷，在他们身上根本无利可图（见图5.1）。

对于为什么跨国公司将新兴市场中位于金字塔顶部的人群作为目标市场的解释犹如雨后春笋。比如，部分解释认为，这类顾客与美国、欧洲和日本的顾客如出一辙，而跨国公司更习惯于为这类群体服务，相对

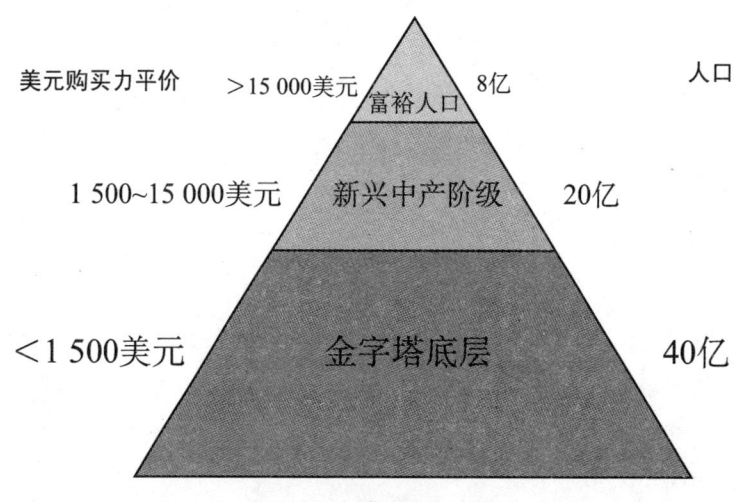

```
      美元购买力平价     >15 000美元    富裕人口    8亿       人口

      1 500~15 000美元    新兴中产阶级    20亿

      <1 500美元         金字塔底层       40亿
```

图 5.1　全球经济金字塔

资料来源：改编自 Prahalad, C. K. and Hart, S. 2002. "The fortune at the bottom of the pyramid." *Strategy+Business*, 26：54 - 67, with assistance from Ted London.

于棚户区和农村的贫困居民而言，跨国公司更容易把握这些顾客的"消费心理"。还有观点认为，在发展中国家缺乏顺利运作所必需的规章制度（譬如法律和知识产权的规定），这也使得跨国公司一些传统运作方式难以为继。[13]

自然而然地，改进现有产品去满足发展中国家中处于金字塔顶部的富人们的需要成为大多数跨国公司的战略重点。然而与此战略相适应的产品微调和成本的适度降低，却没有能够惠及第三世界国家的绝大多数人。直接的结果就是处在金字塔底层的 40 多亿人（足足占全球人口总数的 2/3）在很大程度上被跨国公司忽略了。全球化与他们擦肩而过，本土的那些不称职的卖家们继续承担着满足他们需求的角色，并且他们日益成为了供应商和中间商们腐败行为与贪婪剥削的牺牲品。[14]这很像众所周知的冰山，人们所能看到的仅仅是冰山一角，而那些沉在下面的数量众多的人群——以及他们中蕴含的具有巨大潜力的市场——在很大程度上还不为公司所知。

通用公司的绿色畅想（在第 4 章"洁净技术与创造性破坏"中有详细阐述）正是佐证这一点的重要案例。在这里并非是要贬低绿色畅想的宏伟目标及其清晰严谨的步骤，只是事实上，绿色畅想中的所有产品都是在满足现在处于金字塔顶部的富有消费人群（或是新兴的中产阶级）

的需求。而对金字塔底部的 40 亿人，该公司却视而不见，而恰恰是这些人真正缺少能源、交通、供水、材料和金融方面可行又可支付的产品及服务。

尽管通用公司的新技术（例如淡化水技术、风能、膜技术）中似乎也透露出一点意欲解决世界贫困人口问题的端倪，然而这些措施却都有着规模巨大、资本密集且严重依赖现有商业模式的特征。事实上，大多数绿色畅想的产品和技术延续了企图用集中性的方法解决问题的特点，考虑到企业过去一贯地大规模工业生产，这其实不足为奇，但这却对绿色畅想有了一叶障目的影响。例如，风能业务多数采用了"大型风电"——必须使用的极大风力涡轮机使其和原先的电网系统如出一辙。

直到最近，公司才开始转向对一些小规模、分散型的技术进行商业化运作，其中代表性的技术包括终端水处理技术、便携式小型医疗器械等——这些正是我所提到的那些"小绿芽"项目。事实上，在《哈佛商业评论》2009 年的一期上，一篇由通用公司 CEO 杰夫·伊梅尔特、维杰·戈文达拉扬（Vijay Govindarajan）以及克里斯·特林布尔（Chris Trimble）共同完成的论文着重传递了这样一种观点：公司的未来将取决于"逆向创新"（reverse innovation），即将一些低成本的创新先在发展中国家市场推广，然后再将其向上移植至发达国家市场。[15]在本章后面的部分我们会看到，这个观点与我和一个大学同窗克莱·克里斯滕森（Clay Christensen）提出近 10 年的一个设想完全一致。诸如通用这类大型企业公开表示已经意识到这是能有效避免自己被来自发展中国家的新兴创新者攻城略地的不二法门，这一事实恰恰昭示着一个重要转折点的来临。

随着世界经济在早已成熟的市场上停滞不前和反全球化情绪的日益高涨，服务于金字塔底层的机会正散发着越来越诱人的气息，因为金字塔底层的这片天地总是与"世界经济"的兴衰沉浮毫不相干。事实上，尘封在购买力平价数据背后的是规模巨大和快速增长的经济体系，这个经济体系其实是一个由小作坊、物物交易、符合可持续发展要求的谋生活动和农场经营共同组成的繁荣社会。[16]实际上，在发展中国家里，估计有超过一半经济活动并不属于正式经济的范畴，而是所谓的"非正规经济活动"或"法律管辖范围之外的经济活动"。[17]

金字塔底层其实同样蕴含着丰富的资产宝藏，但由于其中多数没有登记在案，所以还鲜为人知。在《资本的秘密》(The Mystery of Capital) 一书中，作者赫尔南多·德·索托估计在农村和城市的贫民窟中，足足有价值超过 9 万亿美元的未登记资产（房屋、设备等）。[18] 由于穷人们并未从法律意义上拥有这些财产，所以这些资产其实被套牢或是没有完全利用，一些非法的资产运作机构掌握了这些财产，一些势力强大的个人支配着它们。

金字塔顶部的"地下"经济是受逃避所得税的愿望驱动的（对于这一点，你只要问问你的服务生和木匠就能够了解），与之截然不同，经济金字塔底层活跃着的非正规经济却是由于登记和注册时的高昂费用与困难应运而生的，这些地区腐败而陈旧的规章制度正是其成长壮大的土壤。例如，据估计，在大多数发展中国家，要想正式注册一个企业，需要花费数千美元，经历几百个步骤，并且耗时长达一年多。[19] 现今在许多发展中国家中，正规经济总是停滞不前甚至逐步下滑，而法律许可范围之外的经济活动却在不断发展壮大。摆在我们面前的挑战，是要用一种建设性的和互惠互利的伙伴关系将正规经济与非正规经济联结起来。

简言之，新兴市场所蕴藏的商机远远超出我们的想象范围。潜力无限的未来并不在发展中国家少数的富有阶层，也不在日益茁壮的中产阶级顾客身上——它是由数十亿满腔热血、第一次寻求加入市场经济的人们构成的。要想有效地抵达金字塔底层，需要一种大规模的突破性创新——这是一种全新的、更具有可持续发展意义的进程。[20] 最终，在金字塔底层实施的"谷底竞争"可能会为金字塔顶部的人群创造出一种更具有可持续意义的生活方式。

创造性创新

克莱·克里斯滕森在其开拓性的著作《创新者的两难困境》(The Innovator's Dilemma) 中有一句话意味深长：获得突破性革新的主要载

体，往往是不被主流市场看好的那些产品和服务，因此，这些以新兴事物的形态出现、需求弹性较大的产品和服务只能在非传统市场中销售。[21]晶体管收音机、小型轿车、个人电脑、太阳能和在线投资就是几个典型的例子。在每个案例中，最初的产品或服务以主流市场的观点来看都是不入流的——甚至被看做是天外来物。回想当年，晶体管收音机最早是在十几岁的青少年中推广开来的；小型轿车最先被渴望省钱的人接受；最早向个人电脑抛出橄榄枝的是艺术家和研究机构；太阳能被环境保护主义者率先认同；在线投资最早的顾客则是网虫们。

管理良好的公司面临着寻求拥有巨大增长潜力和利润空间的目标市场，以及在此基础上投资开展创新活动的压力。对于它们来说，追逐突破性创新似乎显得有失理性。这就使突破性创新者得以在一个安全的市场环境中孕育他们新的商业模式，对于这些市场，拥有丰富资源的竞争者根本不屑一顾，而当这些创新者进一步向上挺进的时候，它们要开发的市场又是上述这些原本的佼佼者们看来最缺乏投资吸引力的市场。

突破性创新的一大亮点是使大量欠缺技能和资产的人能够为自己做一些事情，而这些事情在过去只能是技术人员或是富有阶层才有机会完成。突破性创新成了实现新的商业增长并改善人们生活条件的一大基础性机制。约瑟夫·熊彼特的创造性破坏的想法只击中了其中一半的要害：在现实中，当突破性创新即将摧毁该行业的主导企业和技术之际，通常会出现一个"创造性创新"时期，这个过渡期历时长久而且硕果累累。实际上，突破性创新很好地满足了社会利益。在过去的几十年间，突破性创新每次都会创造数以百万计的工作岗位，产生数千亿美元的利润和市场资产，通过提高一些物美价廉产品的可及性改善了人们的生活水平。对于我们来说，创造性创新的结果利大于弊。

例如，直到20世纪70年代末，电脑的适用范围仍然局限在大公司和大学的职员之内——而且必须是要在完成某项相关工作时，将打过孔的卡交给主机中心负责该项工作的专家后方可使用。微型电子计算机的制造者，如Digital Equipment公司不厌其烦地倾听客户的意见，客户告诉它们，新出现的个人电脑技术完全是浪费时间，它不过是专为艺术家、小孩子和嬉皮士们发明的稀奇古怪的新鲜玩意儿罢了，而绝非是为大公司和大学中富有经验的技术专家那类掌握了电脑使用技术的人准备的。个人电脑早期市场的领导者主要是苹果公司这样的新贵，而且主要消费群体是艺术家、学术精英和其他一些反对传统文化的人，这自然不足为奇。

然而，随着个人电脑技术的不断发展演变，电脑的性能开始逐渐增强，包括主流市场客户很看重的一些功能也得到了极大改善。逐渐地，个人电脑开始渗透入微型电子计算机的低端市场。当像 IBM 和康柏这样的公司也开始进军这一市场时，个人电脑走进了更多普通人的生活，并且最终走进了低收入群体——而不再是电脑科学家和程序员们的专享。既然大多数人在未经专门训练的情况下都能够使用电脑，那么技术进步和行业增长的硕果就可以更多地由普通人共享，并帮助他们完成更多工作。

由于电脑和其他许多行业（如汽车、电子消费产品和金融服务）都是全新的事物，所以，这些行业的成长势头十分迅猛。每发生一次技术突破，我们都能享受到更高质量、更低价格和更便利的产品或服务。而技术革新之后，可支付性增加总会使得获益人口的数量较之以前大幅提高。在这个过程中，进行突破性创新的公司创造了数千亿美元的税收和股票市值，提供了数千万个工作岗位，并且公司还实现了图 5.2 左侧所示的过程，即将其目标市场从金字塔顶端向下轻微地移动——从那些生活在发达国家中、最富有与具有最高技能的人转向那些技能和收入略低的人群。

那些开发出来用于满足金字塔底部消费者需求的创新技术经常很难到达收入更低的消费者那里——要将那些针对高端消费群体设计的商业模式转而应用到低收入群体，同时确保其质量和完整性，其难度可见一斑。但以这种"深入金字塔底层"的方式践行创新性技术的公司会获得超凡的增长潜力，因为它们在生根发芽之后，还会有无穷巨大的向上生长空间。事实上，由于行动伊始，为生活在金字塔底层的人群提供的就是低成本的产品或服务，这就为产品的进一步个性化和价格上涨保留了空间，这些价格提升后的高附加值产品会逐步向高收入群体和富裕阶层的市场渗透。简言之，在收入金字塔中，我们推行某项技术的起点愈靠下，这种创新技术在整个生命周期中向上成长的潜力愈加不可限量。

图 5.2　突破性增长的上方：谷底竞争

资料来源：改编自 Hart, S. and Christensen, C. 2002. "The great leap: Driving innovation from the base of the pyramid." *Sloan Management Review*，44（1）：51-56.

从金字塔底层开启创新旅程

克莱·克里斯滕森和我曾得到过这样一个结论：金字塔底层之所以能成为新的突破性技术最理想的襁褓，至少有两个原因。[22] 其一，较之紧盯高收入市场不放的商业模式，在低收入市场摸爬滚打出的商业模式盈利的疆土更为广阔。本田公司在摩托车产品上一举成功就是一个例证。20世纪50年代，本田公司开始将电动自行车卖给小分销商，这些分销商遍布日本那些在第二次世界大战的废墟中重建起来的、人满为患而又贫穷不堪的各大城市。公司制定了一种商业模式，确保产品在可以获利的基础上以尽可能低的价格进行销售。60年代初，本田公司的"小狼"（Supercub）牌产品开始进军美国市场，这种产品的易操作性和低价位为其赢得了为数众多的顾客——其中的一些人原本就无力支付哈雷摩托车，还有一部分人起先对购买这种车并没有太过强烈的欲望。本田公司的产品立足于日本，这使它在打败美国的摩托车制造商时有了巨大的竞争优势，即使是以行业中的佼佼者根本不屑一顾的价格售出产品，它同样可以赢得利润。

在发达国家市场，丰田公司和索尼公司如法炮制，不但成功地喧宾夺主，而且在数十年间一直维持着领先地位。事实上，20世纪60年代至80年代,日本经济突飞猛进,而这些立下汗马功劳的发动机似的行业,全都遵循了一条黄金守则,就是进攻那些已经成熟的竞争对手想避开的那部分市场,因为这部分市场中微薄的收入和利润对它们毫无吸引力可言。突破性创新也是国家的经济发展战略。90年代,日本经济停滞不前的原因在于,突破性创新在它的制度下已无容身之地,而能够帮助日本企业与跨国巨头——这些从前的突破性创新者——决一雌雄的,仍然是突破性创新本身。[23]

突破性创新者要想避免被市场拒之门外的悲惨命运,除了要拥有更适合的商业模式之外,还要将产品和服务提供给这样一群人:现有的产品或者已经将他们完全遗忘,或者并没能很好地满足他们的需求。这也正是金字塔底层得以成为新业务发展最好温床的第二大原因。公司要想与强有力的竞争对手争夺那些它们已经成功拿下的市场中成熟的客户群,必将面临令人望而生畏的巨大阻碍。但如果它们另辟蹊径,把进行了突破性创新的产品带给那些未能获得良好产品和服务、甚至尚未被开发的顾客时,即使那些最为简单、功能平平的产品也会让他们倍感欢喜。

让我们来看一家叫格兰仕的中国公司通过"谷底竞争"战略脱胎换骨的案例。[24] 1992年,尽管当时还是一个纺织品和服装生产商,但格兰仕公司还是毅然决定进军微波炉市场。那时全球的微波炉市场已经完全成熟甚至开始萎缩,由于大多数产品的功能已经满足人们几乎全部的需求,所以要想在产品上进一步创新简直难如登天。当时微波炉制造商们已经纷纷将生产厂地转移到了劳动力成本比较低廉的国家,而产品的消费群还是集中在发达国家。在中国,只有2%的家庭拥有微波炉。以当时微波炉的体积而言,大多数家庭的厨房根本容不下这个大家伙,这些微波炉的设计初衷是为西方国家的家庭量身定制的。

格兰仕公司的创始人梁庆德没有采取利用国内廉价劳动力生产低成本微波炉以供出口的战略,而是将目光转向国内市场,希望能填补国内市场的空白,打下一片江山。格兰仕公司以一种中国大量的中低收入家庭所能承受的价格,将其设计的一款操作简单而又节能的产品推向了市场,这种产品体积足够小,放进这些中低收入家庭的厨房已经不成问题。随着销售量的稳步攀升,梁庆德又通过不断降低产品的单位成本来降低售价，从而达到刺激需求的目的。格兰仕产品在中国的市场份额从1993年的2％上升到2000年的76％，上升幅度令人咋舌。在抢占了低价位市场之后，格兰仕公司又转向高端市场，为其设计制造体积更大、功能更为齐全的微波炉。该公司开始从一家私营企业向家电生产跨国企业转变，通过在国际市场上销售其微波炉系列产品，打破了发达国家原本的市场格局。到了2002年，格兰仕公司已经成为世界微波炉行业的龙头老大，并夺得了全球35％的市场份额。

与世界相通

格兰仕公司的成功证明了在处于金字塔中部的人群中实现突破性创新的可能性，然而在那些处于金字塔最底层的、40多亿年均消费额不足1 500美元的人群中，突破性创新的商业模式的可行性同样得到了证实。在这些例子中，最为耳熟能详的非孟加拉国的格拉敏系列企业莫属（我们在第3章中曾经介绍过）。早在30年前，格拉敏银行在发展中国家率先创造出小额信贷模式，之后该银行又派生出了好几家分支机构，包括20世纪90年代末期问世的格拉敏电信，主要致力于将信息和通信技术以"乡村电话"的形式带给孟加拉国农村地区的千家万户。

1993年，随着公司在纽约的计算机网络业务日薄西山，其董事长爱其布·考德尔（Iqbal Quadir）萌生了将业务延伸至农村地区的冲动：他想起自己童年时代在孟加拉国农村的生活经历，那时候，由于农村根本没有电话服务，他常常要花上一整天的时间走很长的路去办事。[25]当时，全球仍有半数以上的人口（约30亿）未能享受到电信服务带来的便利。由于缺乏足够的将城市的通信设施拓展到农村的启动资金，以及难以实现运营商期望的利润回报，农村地区的电话业务迟迟不能展开。因此，格拉敏电信制定了为孟加拉国农村的贫困人口（他们的人均年收入为286美元）提供电信服务的目标。而在这个收入水平上，继续推行现有的电话业务模式必将失败，创新势在必行。

1997年，根据尤努斯教授的设想，两家独立运营的公司问世。一家是营利性的格拉敏电话公司（GrameenPhone），另一家则是非营利性的格拉敏电信公司（Grameen Telecom）。格拉敏电话公司由四家公司控股，分别为：挪威 Telenor 公司（占股 51％）、格拉敏电信公司（占股 35％）、日本 Marubeni 公司（占股 9.5％）和 Gonophone 电话开发公司（占股 4.5％）。格拉敏电话公司申领了电信行业营业执照，通过建立一个覆盖孟加拉国全国的移动通信网络，向所有的城市地区提供通话服务。格拉敏电信公司从格拉敏电话公司那里购买大量的通话时间，再通过在农村的格拉敏银行的借贷者零售出去。项目伊始，投资人几乎都觉得投资这项业务多半会打水漂，因为在孟加拉国，移动电话的费用只有最富裕的城市居民才有能力支付。但是，通过尝试新的商业模式，格拉敏电信公司成为"第一个吃螃蟹"的人，事实证明，开始这项业务确实带来了丰厚的回报。格拉敏银行为农村妇女们提供贷款，她们成了提供移动电话服务的独立中间商。这些妇女每人最多可以获得高达 175 美元的贷款，以购得一部移动电话和一个小型的太阳能充电器。这项贷款还包括接受培训的费用，妇女们需要先学习如何使用这些设备和怎样用它们提供服务。1997 年，该项目率先在 950 个村庄中施行，仅仅在孟加拉国，对这种"乡村电话"就有数以万计潜在的需求量。

试运营的结果让人印象深刻。[26]"乡村电话"经销商们的年收入增长了约 300 美元，她们在村里的地位也相应得到了显著提升。大多数妇女将她们额外的收入用在了子女教育和健康上，这无形中又为该地区的发展埋下了伏笔。作为这种电话业务的直接消费者，村民们也获得了相当大的消费者剩余。这些消费者们再也无须费时费力、不远万里地去交易地点和中间商们商谈农作物价格，或是依靠效率低下且没有保障的邮政系统来给销售商下订单了，现在只需一个电话，一切都可以轻松搞定。平均下来，每次通话会为用户节省 2.7~10 美元的费用——这相当于当地一个家庭月收入的 2.5％~10％。在使得人们不必跋山涉水的同时，由于这项业务避免了电信基础设施的投入，所以其对环境保护同样功不可没。

公司借助这种商业模式赚得盆满钵溢。试运营项目时，每部乡村电话为公司带来的收入是城市电话的三倍（一部乡村电话每月可创造 100 美元的收入，而一部城市电话每月只能收入 30 美元）。如果能够拓展到孟加拉国的整个农村地区，预计该业务每年可以为公司创造超过1亿美元的收入。如果在印度和中国的农村也开展类似模式的商业实践，产生几百亿美元的收入绝非天方夜谭。

实际上，过去几年间，格拉敏电信公司辉煌的业绩已经超越了那些参加到该项目中的人们最疯狂的梦想。[27] 到2006年，公司的净收入已经超过了2亿美元。对于乡村电话的需求一发不可收拾，以至许多乡村还需要继续增设类似的妇女中间商。到2008年年末，已有接近35.4万名妇女电话中间商活跃于超过7万个村庄。要是你数学好的话，你恐怕已经发觉这意味着仅仅在孟加拉国农村，格拉敏电信公司每天就能收获接近10亿美元的收入。这个数字后来又进一步攀升，因为政府否决了建设电信电缆基础设施的议案，这就意味着每一通电话都必须从一台格拉敏公司的电话拨出，再由另一台格拉敏公司的电话接通。2006年，经营电话业务的妇女年平均收入达到750美元，尽管在像美国或西欧这样的国家或地区，这个数字可能并不算多，但在当地，这个收入水平已经可以使这些妇女们的家庭昂首挺进中产阶级了。因为在这次案例中这种商业模式大获全胜，2008年，乡村电话又被引入了许多其他国家，其中包括乌干达和卢旺达。

到2006年，公司在孟加拉国的投资总额已经达到10亿美元（构成鲜明对比的是，2003年，孟加拉国的外商投资总额不过2.68亿美元）。同年，一项研究证实，在该国，仅移动电话行业每年的总产值就高达8.12亿美元，其中2.56亿美元用于雇用这些妇女中间商和支付员工工资以及税收；剩下的6.5亿美元，约占GDP的1%，则留给了分销商、供应商和相关服务人员们。据该报道估计，移动电话行业共提供了超过25万个工作岗位（还不包括经营电话业务的妇女们本身）。[28] 到2008年，公司的用户群已达1 800万，网络覆盖孟加拉国98%的人群。它的雇员数量已经达到5 000人，另外还有15万人依靠格拉敏公司的电话业务谋生。[29]

最近，经营电话业务的妇女们的收入呈现下滑态势，因为在原先没有得到良好服务的孟加拉国乡村市场，她们的数量已经过多，供过于求的状况出现了（当然，这其中也有竞争对手的影响）。乡村电话市场现在已经硝烟四起！因此，格拉敏电信公司开始拓展新的业务，即向农村地区以互联网信息站的形式提供互联网接入服务。N-Logue 公司，一个印度电信行业新的涉足者，也已经开始采用类似的运作模式，其新技术极大地降低了在农村地区使用本地无线环路（WLL）技术传输声音和数据的成本，这项业务为公司赢得了丰厚的利润。[30] 事实上，在过去的几年间，这个行业又多了几个新进入者，包括推行 e-Choupal 项目的 ITC 公司和 Drishtee 公司。

在发达国家，固定无线接入技术与互联网宽带业务相比，在性能或成本方面都不具备竞争优势。尽管如此，在大多数发展中国家，它却是一个非常不错的选择，因为这些发展中国家还没有这些连入互联网的设施。在发达国家，"电信巨人"已经获得了 3G、4G 技术和光谱技术的许可证，并向其中足足砸了数十亿美元，以确保客户目前通过有线方式接入互联网能够完成的事情，在改用无线上网时有足够的带宽能同样保证顺利完成。此类投资使得很多这样的公司大伤元气，并且产生足够回报的希望渺茫。其实，更好的方法是到金字塔底层去填补市场空白——在成功掘得第一桶金之后，再转向全球市场，为要求更高的顾客提供更加优质的服务。

格拉敏电信公司的案例告诉我们，在金字塔底层，突破性创新的商业模式在帮助企业赚取利润的同时，还可以为当地的穷人带来积极的社会效益和环境效益，这种巨大的增长潜力催生了成熟的技术。"自下而上的创新"不仅蕴含着巨大的增长潜力，同时也可以平息反全球化的浪潮，并推动全球经济的可持续发展。

食品、健康和希望

对于现今的农业生物技术和转基因动植物业，"谷底竞争"所倡导的逆向经济同样适用，虽然这些技术仍在为如何存活以及为社会所接受而不懈努力。在将此类技术打入市场的初始阶段，企业总是将主流市场作为其渗透的主要目标。例如，尽管提出了"食品、健康和希望"的口号，20 世纪 90 年代，孟山都公司的战略——通过基因工程育种降低农场主生产经济作物（如玉米、大豆和棉花）的成本——践行的主战场却还在发达国家，尤其是美国。

基因技术的使用，可以增强农作物抗病虫害的能力（例如基因棉花）和减少对除草剂的依赖（例如抗农达），从而达到减少化学物质和添加剂的投入与使用的目的，因为来自食品商和供应商的巨大压力，美国的农场主们很难将这种基因种子拒之门外。美国农业综合企业以大规模和集中化生产作为主要特征，这就意味着生产者会很快购买到转基因种子和相应的转基因作物。1995年，美国农民还不知转基因作物为何物，而到90年代末，转基因作物的种植面积已经超过了6 000万英亩。[31]

然而，正如我们已经看到的，转基因作物在美国之外的推广之路却是荆棘丛生。在欧洲，环境保护主义者和消费者率先举起了抵制这类种子进口和种植的大旗。一场抵制运动如火如荼地上演了，运动的焦点集中在：其一，转基因食品对消费者毫无利益可言。实际上，只有农民能从第一代种子中获益而不管转基因风险（如过敏反应），消费者则必须照单全收，尽管这种食物对健康、营养都不会带来额外的好处。其二，环境保护主义者越来越关注转基因技术难以预料的社会生态学方面的问题，诸如随着农场主们越来越多地种植转基因作物，如果它们与野生植物发生杂交的话，可能会导致"超级杂草"等问题的产生。其三，发展中国家也传来了越来越多的反对之声，他们担心少数几家跨国公司可能会垄断全球种子的供应，穷人和小型农场主会被勒令禁止保存种子和从事其代代相传的农业生产活动。食品生产商和零售商们纷纷开始抵制转基因作物，在部分情形下，它们甚至要为按照传统方法种植粮食作物的行为支付额外的费用。到90年代末，这种抵制运动愈演愈烈，无奈，孟山都公司和其他的农业生物技术生产商只得收缩它们的业务规模，并开始重新思考转基因食品的未来。

最近的生物农业试验为技术创新及其商业化上了重要的一课。突破性创新理论告诉我们，转基因食品要想在短期内取代那些已经在复杂的主流市场中确立了地位的食品绝非易事。如果消费者对现有各类食品的质量、数量和价格已经非常满意的话，一项颠覆性的技术要想被市场接受，仅靠降低农场主的成本还远远不够。实际上，对更多营养和更高产量需求最大的并非美国的农业综合企业，全球经济金字塔底层才是蕴藏着最大需求的宝库，那里有数十亿小农户正在以一种极低的效率和产能，仅仅为了满足自身的需要而耕作着。

如果以恰当的方法设计和推广，转基因种子可能会凭借其较低的成本、对病虫害较强的抵抗能力、较高的产量和较强的水土保持能力，使小农户的生活发生翻天覆地的变化，同时，也会使得小农户们种植的诸如稻米、甜土豆和树薯等农作物更加富含营养。通过小额贷款或其他各种形式与小农场主们开展合作，一种新商业模式可能就会应运而生，这种模式将会推动整个农业走上可持续发展的道路。从最底层的市场开始去探索这样一种模式，而不是大规模地从金字塔顶部自上而下地推广这项技术，会促使人们对重大的环境问题产生更加理性的认识。通过这种方法推动农业的变革将会非常有效，并最终收获极大的成功，紧接着就可以将它们推广到更上层的市场，与那些遍布美国的化学品和能源密集型的农业综合企业一决雌雄。当我们试图为新技术谋求新的市场时，两点之间的直接连线往往不是最短的距离。即使是对最复杂的新兴洁净技术，这一点也是同样适用，例如太阳能、LED照明灯和生物燃料。金字塔底层正是我们再好不过的起点，接下来我们将会开始这方面的研究。

为人们提供电力

接下来我们要看的，是关于分布式发电的例子。在发达国家，整个电力系统以大型的、集中的发电设备（以煤、石油、天然气或核能为燃料）和稠密的高压输电网络为基础，实现电力输送和分配。尽管多年来这些发电厂的效率在不断的革新中逐步提高，但是在电力的生产和输送过程中效率低下的问题依然十分明显。譬如，通过一个陈旧的电网，在传输过程中，近一半的电力都会流失。尽管对于转入下一个智能电网（smart grid）时代的呼唤不绝于耳，但将高压输电网络延伸到偏远的农村地区却是一个耗资巨大的工程（每英里的成本平均为 10 000～20 000 美元），并且回收前期的巨额投资所要求的定价将会限制电力消费。这一切都导致迄今为止世界上还有20多亿人无法获得可靠的电力保障。这些人只得改为使用危险而又污染环境的燃料（如煤油、柴油、蜡烛和家畜的粪便等）来照明。

与此同时，在分布式发电（DG）上的投资却在不断增长，这样的技术包括太阳能发电、风能发电、燃料电池和微型涡轮机。事实上，在1996年，分布式发电所吸引到的风险投资额只有区区1亿美元，而近年来，每年的风投数额已经上涨到需要以10亿做计数单位，这些技术每次生产出的电量微薄（事实上只有1mW），正好接近实际的用电量，因而免除了高昂的输送费用。分布式发电技术本身也利用了可再生能源（比如，太阳能或风能，用作燃料或能源的植物材料等）。从一些非食用植物（如多年生牧草、黄麻等）中提取的生物燃料，同样能在分布式发电中得到有效应用。

电气工程师们和电力经营者们正在与一个严酷的标准作斗争，竭尽全力降低这些技术的成本，从而使它们在发达国家中与传统电力资源的市场争夺战中更具竞争力。而在这些发达国家，成本已全部收回的高压输电网络的存在以及对利用化石燃料发电的政府补贴将分布式发电所具有的成本优势一扫而空。在当前的电力市场上，成本计算系统和评估结构是专为使用化石燃料集中发电量身定做的，因此新技术很难在主流市场上获得一席之地，因为在用户们的眼里，它们甚至还未达到回收成本的要求。例如，光电流发电每千瓦时的费用仍然高达0.5美元，与之形成鲜明对比的是，输电网络供应高压电每千瓦时只需花费7~15美分。太阳能板和燃料电池的售后服务系统才刚刚起步，考虑到这一点，发达国家的用户对购买这些服务所可能带来的额外风险和责任归属问题心存戒备自然无可厚非。

但是，分布式发电的这些障碍在发展中国家农村的推进过程中却消失得无影无踪。高压输电网络要覆盖广袤的农村地区，来为那些缺乏用电保障的人们提供服务，可能还需要几十年。农村的贫困人口需要花费收入中的很大一部分（每月多达10美元）去购买蜡烛、煤油和电池，以满足在夜间照明和其他方面的用电需求。[32]而且用煤油和电池来照明的费用高得令人咋舌，每千瓦时的花费竟高达3~5美元或者更多。如果能有一种合适的替代品摆在面前,这些人可能会放弃这些危险的、具有污染性且价格不菲的物品,转而垂青于清洁高效的可再生电力。但在分布式发电的生产者之中,很少有将处于金字塔底层的农村贫困人口作为技术早期的目标市场的尝试者,尽管这是一片拥有着无限潜力的市场,并且其中的消费者对这项在发达国家市场中根本毫无竞争力可言的技术一定会欣然接受。

因此,实验室绝不是可持续发展能源技术关键性突破的诞生地。相反,可持续的能源一定会通过创新性战略,在某一片可获利的市场上孵化、成长,而在这块市场,企业并不需要在竞争中头破血流。这意味着生产商需要懂得量体裁衣,使其在贫困的农村地区更具适应性,并开发出相应的产品、促销、服务及小额融资方案,以使曾经的非消费者迈出第一步。

再来看看非营利组织"照亮世界"(Light Up the World,LUTW)所提供的关于创新技术和商业模式的案例。[33] 它正致力于以安全的方式为世界上数十亿没有电力照明的人送去光明,LUTW 最近与斯坦福大学展开合作,致力于开发贫困人口可以负担的农村照明系统(非高压输电网络),在这套系统中太阳光电流与发光二极管(LED)技术得到了有机结合。

发光二极管是一种新兴的照明技术,具备高度节能(比白炽灯泡效能高 80%~90%)、使用寿命长(可达 8~10 年)和耐用性强(事实上,它不会破损)的特点。尽管优点众多,但到目前为止,发光二极管的使用范围极为有限,只是在诸如交通信号灯、刹车灯和电子显示屏等对色彩变动与耐久性要求很高的地方略显神威。然而,近年来,后来开发出来的白光发光二极管技术(white LED)具备了在主流照明市场上取代灯泡的潜力。几乎所有的大型照明公司(其中包括通用电气、飞利浦和 Osram-Sylvania 公司)在发光二极管业务领域都有所涉足。然而,尽管采用发光二极管照明在能源节省和资金方面潜力无限,这块市场还是鲜有大规模的商业运作。我们可以将这个现象部分归咎于大量已经大规模安装的基础照明设备(这些设备与发光二极管不相匹配)。这同样也要归咎于那些位于金字塔顶部、对传统照明设备情有独钟的消费者,他们总是用一些最浅显的问题衡量着可能成为替代品的产品,譬如每只

第 5 章
自下而上的创新

白炽灯泡的售价不到 1 美元,虽然其使用寿命只有几个月(发光二极管的售价是白炽灯泡的 10 倍,却能使用近 10 年)。在推广取代传统的白炽灯泡的新的照明工具时,依然会出现金字塔顶部的消费者先获益的结果,因为他们有购买一次性投入较高的发光二极管的支付能力。耐用的荧光灯泡为人们所接受的过程之缓慢,已经证明了要改变消费者的习惯,让他们转投另一种首次投入较高但整个生命周期中使用成本较低的替代品是何其艰难。

当然,如果我们将关注的目光转向那数十亿根本没有得到任何电力供应的农村贫困人口,那么上述问题就荡然无存了。在那里,没有早已安装妥当的基础照明设备,同样没有先入为主的对电力照明系统应该如何运转的顾虑。并且通过高能效的发光二极管与太阳能的有机结合,整个系统的成本可以在极大程度上得以降低,为系统供电所需的太阳能板的尺寸也会得到缩小。事实上,LUTW 和斯坦福大学已经设计出了一套包括发光二极管、太阳能板、电池、配线和控制器在内的"乡村照明系统"产品,只要花费 50 美元就可以购得整套系统。

对于一个年收入不足 500 美元的贫困家庭而言,这样的消费仍然与一个金字塔顶部的家庭购买一辆小轿车无异。由于这样的家庭每月用于购买蜡烛、煤油、提灯和电池的花销也会高达 5~10 美元,所以唯一缺少的仅仅是一个小额融资方案,再加上一个可信赖的当地小企业主来负责销售和提供相应的服务。而这恰恰正是 LUTW 和斯坦福大学为开辟这个市场所做的努力所在。事实上,在过去的几年间,十几家分布式发电方面的新晋公司已经向发展中国家敞开了怀抱,例如 SELCO、Cosmos Ignite、Duron Energy、D. Light、Barefoot Solar、上海罗伊工贸有限公司和塔塔 BP 太阳能公司等。

类似这样的商业分销模式可以被引入一个超过 20 亿人口的市场。随着太阳能技术和发光二极管在金字塔底层的销售与服务不断增长和经验的不断累积,这项技术的性价比越来越高,它继续沿着自己独特的轨道前进,最终占领城市地区的低端市场只是一个时间问题,也许先是到达棚户区,目前那里的电网提供的电力既昂贵又不稳定。例如,太阳能电力照明公司(Solar Electric Light Company,SELCO)是一家服务于金字塔中部市场的营利性企业，在该市场推出的主打产品是一种售价在500美元左右的全面的太阳能家用电力照明系统，这套系统在印度和东南亚的销售势头喜人。最终，这样的系统将会变得极具吸引力而且可以负担，以至于连处在金字塔顶部的富人也会感到难以拒绝。

考虑到这种商业模式中蕴含的无限增长潜力，电子行业巨头飞利浦公司2005年在印度农村开始这项商业冒险也就不足为奇了。飞利浦（和英国石油公司一道）发挥先锋带头作用，在乡村地区尝试开发无烟烧烤炉市场，从而极大地减少了木材作为燃料的使用频率（并因此降低了树木砍伐的数量）。这种烧烤炉的使用还显著减少了农村妇女寻找和收集柴火的时间。和分布式发电一样，现在已经有数十家企业涉足无烟烧烤炉行业，每家企业都有自己独到的技术创新和商业模式。

关注金字塔底层能源可持续发展的弄潮儿们，将会攀登永载商业史册的一个又一个高峰，因为新技术在金字塔底层的广泛采用和经验的不断积累必定会带来产品质量的不断提高与成本的不断降低。譬如，飞利浦这样的公司要寻找在金字塔底层市场掘一桶金的商业模式，那么，太阳能的开发和利用就是再合适不过的选择，而这同样也是唯一一个不需要持续不断地依靠政府大笔补贴就能成功的战略。现在是否是我们见证洁净技术，以一种自下而上、大规模的创新方式扬帆起航的时刻呢？或者，当我们尝试从金字塔底部开始洁净技术的创新之际，我们是不是应该适当转变思维上的一些定势呢？

伟大的结合

我要强调的是，迄今为止，这种自下而上的创新方式大都没有循规蹈矩，而是走出了自己独特的道路。有一种现象正变得越来越普遍，那就是采用洁净技术的企业和在金字塔底层拓展业务的创新企业正沿着相反的道路越走越远。两者都有自己的一套逻辑和核心思想。在某些方面，每一种理论都代表着一个独特的"世界"，在每个世界中，都有属于自己的信仰、着眼点和文化（见图5.3）。

洁净技术

金字塔底层

· 着眼于技术
· 环境作为主要驱动力
· 有没有考虑金字塔底层？

· 着眼于商业模式
· 贫困作为主要驱动力
· 有没有考虑环境？

图 5.3　两个截然不同的世界

洁净技术存在着过于简化的风险，在理解可持续发展道路时，这种理论只考虑通过新的、可持续的方式大幅减少人们对环境的破坏。这种理论致力于开发出创新性的技术，然后首先将其渗透到金字塔顶部那部分高端的、追求"绿色"的市场，之后承诺会最终实现"扩散效应"（trickle down）。与之相反，金字塔底层理论则致力于通过一种新的商业模式来向低端市场进发，满足那些穷人的需求，战胜贫困并在其中挖掘自身利润增长的源泉是重中之重，这种战略很少将环境保护纳入考虑。[34]

因此，接下来非常重要的一步工作就在于，通过一种"伟大的结合"（Great Convergence）将这两种理论融会贯通。这种结合的想法意识到洁净技术（这里尤指那些"小绿芽"技术）通常具有"颠覆性"特点——它们会威胁到现在已经得到良好发展的金字塔顶部市场中的那些企业。基于这一点，我们会发现金字塔底层才是商业突破的目光焦点所在。与此同时，"伟大的结合"同样意识到，成功的金字塔底层策略必须确保环境的可持续发展，以免带领整个人类走向众所周知的环境危机。

和传统的工业化模式截然不同，过去的方式在很大程度上依靠传统（不可持续的）技术，而"大结合"则另辟蹊径，通过自下而上的方式帮助企业快速实现绿色技术商业化的成功，并加快从中挖掘利润的步伐。这其中的挑战就在于，如何将发达国家的先进技术和企业创新以及服务金字塔底层的人群有机结合。向当地历史悠久的企业和有识之士求教，不耻下问，是解决这个问题的关键。通过这样的战略，发展中国家的乡村和贫民窟会成为洁净技术引领变革的温床。然而，在一些发达国家逐渐落后的工业城市、数千英亩了无人烟的荒废疆土上同样蕴藏着"重新崛起"的良机，底特律、密歇根和很多呼唤机遇的地区都是如此。

不幸的是，迄今为止，大多数企业还是把精力集中在如何将洁净技术渗入金字塔顶部那些"发达"市场的种种努力上，结果却总是徒劳无功。考虑到目前的不正当机制和企业惰性，发生在哥本哈根环境变化会议中的那些事情也就不足为奇了。正如范·琼斯、汤姆·弗里德曼和很多其他学者所指出的那样，"绿色"一词一旦和"富裕"二字挂钩，就永远无法改变世界。因为金字塔底层才是那些致力于通过各种各样的新兴洁净技术为自己打造未来的孜孜不倦的创新者们最好的起点，所以政府应该有这样的智慧来通过推行一系列的政策，鼓励他们的技术和企业在这片领域尽情舞蹈；正如那些忽视这个巨大机会的企业必将自尝苦果一样，那些已经建立定居点并将全部注意力都集中在生态效率或者重建集中式的设施的国家或者地区将丧失我接下来要讲述的财富。

一个新的发展范式

突破性创新理论认为，现有的主流市场绝非寻求新的经济增长点的正确场所。将传统的商业模式作为一种潜在的突破性创新的载体，并以此种方式与已经立足于市场中的企业一决雌雄，最终只会导致这种突破性创新过早夭折。与之相反，我们所要论证的是，利用一种自下而上的方式，认识到全球经济金字塔底层巨大的、需求尚未得到良好满足的市场才是孵化兼具创新性和可持续性技术的理想温床。

在我们看来，通过应用针对金字塔底层的谷底竞争战略，其所带来的潜在回报不仅可以使公司发展壮大，更能帮助贫困国家的宏观经济走向一条均衡、可持续的发展道路。这种方法有着举足轻重的意义，因为这些国家现有的经济发展战略现在看来似乎全都破产了。[35]例如，强调通过提高本国的生产能力来满足国内市场需求的进口替代战略，早在20年前就已不可行，贸易保护主义的姿态使其无法产生富有竞争力和高效的国内生产商。[36]

距现在更近的"华盛顿共识"提出的以出口为导向的增长战略也越来越为人们所诟病。[37]"华盛顿共识"断言，将会有越来越多的发展中

第 5 章
自下而上的创新

国家通过向金字塔顶部的国家出口商品和货物而获得发展,然而,以出口为导向的增长战略导致了产能过剩和全球通货紧缩。在尝尽了历时十年之久的世界性金融危机、第三世界国家债务不断攀升、环境破坏和不平等加大的苦果之后,"华盛顿共识"事实上已经支离破碎。现在,情况已经很明朗了,唯一能够长期实现可持续增长的途径就是设计出一种方案,专门用来开发发展中国家的市场,也就是金字塔底层需求尚未获得满足的市场。而"谷底竞争"战略有望让这些贫困人口脱贫、扭转环境彻底崩溃的未来,同时也开启了全球经济的可持续发展之门。

再来看看墨西哥的例子。自从十多年前签订了北美自由贸易协定(NAFTA)起,就注定了这个国家必败无疑的结局。向外资敞开大门之后,对于与其毗邻的美国的 Maquiladora 工厂和那些寻求廉价劳动力与宽松环境标准的出口导向型新兴跨国公司而言,墨西哥无异于天堂。毋庸置疑,在短期内这些外国直接投资的确创造了能提供工资收入的工作岗位。但遗憾的是,这些投资几乎没能为墨西哥的长期发展带来任何好处。

墨西哥陷入如此困境有两个原因:第一,随着成本更低的地区(如中国)变得越来越有吸引力,许多工厂和生产线漂洋过海,墨西哥的工人们陷入了孤立无援的困境。像美国工厂的失业工人一样,他们同样是全球"向下竞争"(race to the bottom)格局的牺牲品,在这种格局中,企业们争相追求最低工资和运营成本。第二,在墨西哥的出口导向型投资几乎没有为其提供在全球资本主义竞争中立足所需的技能或产品。事实上,此类投资的结果就是,在金字塔顶部的市场上,已经没有几家墨西哥公司还具备与经验丰富的美国、欧洲和日本的跨国公司相抗衡之力。简而言之,廉价劳动力的优势绝不会转化成在当今激烈竞争的全球资本主义市场上能够发挥作用的知识或技能。

在北美自由贸易协定和由国际货币基金组织强加给墨西哥的严苛的产业结构调整政策的共同作用下,这个国家的不平等与日俱增,陷入社会动荡和金融崩溃的速度也越来越快——最近发生的威胁国家稳定的毒品暴力事件就是一个信号。接下来的事情就不足为奇了,墨西哥一些明智的商界领袖和政府官员对金字塔底层越来越感兴趣,并将其视作摆脱目前困境的救命稻草:借助商业作为重要工具,为这个国度为数众多的社会底层人群提供产品和服务，墨西哥可以孕育出全新的、具备未来全球竞争力的独特潜质的企业。[38] 就像中国、印度和孟加拉国一样，墨西哥也将成为培育那些能够在 21 世纪真正实现突破性创新和可持续发展的企业的摇篮。

深入金字塔底层

翻开历史的扉页，绝大多数增长机遇都存在于金字塔底层那片浩瀚的、未被开发的市场中，这些机遇大多被发展中国家的企业家们牢牢把握（如格拉敏银行、塔塔集团和格兰仕公司），正如第二次世界大战后贫困潦倒的日本蕴藏的商机被索尼公司、本田公司和丰田公司这些创新者牢牢抓住一样。除此之外，诸如墨西哥、印度和中国这样的国家可以很好地将深入金字塔底层的"谷底竞争"作为其国民经济发展的核心战略。我们可能正在见证一些公司在金字塔底层摸爬滚打中成长壮大，最后脱胎换骨，成为新一代跨国公司，在这之后，又走向了成本高昂、管理模式僵化的跨国公司的老套路。

然而，今天的全球性公司不应该坐以待毙，在新的跨国公司威胁自身的统治地位之前，它们同样可以抓住这些成长机会。和追求突破性创新如出一辙，这些公司需要自发地从其主流业务开展和价值创造的过程中发掘全新的机遇。更重要的是，它们必须建立全新的商业模式，彻底改变现有的战略、组织架构和管理步骤，以真正适应金字塔底层的环境。然而，在真正意义上借助企业的力量推动金字塔底层的发展，需要管理者和企业家们审视自己所实施的战略对社会与环境的益处（也包括弊端）。阅读下文，你就会对这一点有更深入的理解。

注释

1. Tom Friedman, *Hot, Flat, and Crowded* (New York: Farrar, Straus, and Giroux, 2008), 5–6.
2. Van Jones, *The Green Collar Economy* (New York: HarperOne, 2008), 6.
3. 该部分引自：Stuart Hart, "Taking the Green Leap," Cornell University, Working Paper, 2009。

4. 本章中部分内容节选自：Stuart Hart and Clayton Christensen, "The Great Leap: Driving Innovation from the Base of the Pyramid," *Sloan Management Review* 44(1) (2002): 51–56。

5. C.K. Prahalad and Ken Lieberthal, "The End of Corporate Imperialism," *Harvard Business Review* July–August (1998), www.hbsp.harvard.edu/hbr/index.html.

6. C.K. Prahalad and Stuart Hart, "The Fortune at the Bottom of the Pyramid," *Strategy+Business* January (2002): 54–67.

7. Including C.K. Prahalad, Michael Gordon, Bob Kennedy, and Ted London (University of Michigan), Clayton Christensen (Harvard Business School), Miguel Angel Rodríguez and Joan Enric Ricart (IESE Business School), Sanjay Sharma (Concordia University), Allen Hammond (Ashoka), Nicholas Guttierez (Tec Monterrey), Jim Johnson and Lisa Jones (University of North Carolina), Miguel Angel Gardetti (IEEC-Argentina), Oana Branzei (Western Ontario University), Stef Coetzee (Stellenbosch University), Jac Geurts and Erik van Dam (Tilburg University), Reuben Abraham and V. Chandrasekar (Indian School of Business), and Professors Yunhuan Tong and Xudong Gao (Tsinghua University).

8. 在北卡罗来纳大学同事泰德·伦敦的提议下，我们将原先采用的"金字塔底部"（bottom）一词更换为了"金字塔底层"（base），以避免可能暗含的任何高收入者优越于低收入者之意。

9. 对BoP学习实验室有所贡献的成员包括：杜邦公司、惠普公司、强生公司、宝洁公司、耐克公司、IBM、庄臣公司、福特公司、陶氏化学公司、可口可乐公司以及利乐公司。包括格拉敏基金会、ApproTEC、塔塔资源和能源研究所以及世界资源研究所在内的一些非营利组织也积极投身其中。

10. See www.bopnetwork.org.

11. 这部分内容节选自：Prahalad and Hart, "The Fortune at the Bottom of the Pyramid"。

12. Tom Friedman, *The World Is Flat* (New York: Farrar, Straus, and Giroux, 2005).

13. 对于该问题的深入探讨，参见Ted London and Stuart Hart, "Reinventing Strategies for Emerging Markets: Beyond the Transnational Model," *Journal of International Business Studies* 35 (2004): 350–370。

14. C.K. Prahalad and Allen Hammond, "Serving the World's Poor, Profitably," *Harvard Business Review* 80(9) (2002): 48–57.

15. Jeffrey Immelt, Vijay Govindarajan, and Chris Trimble, "How GE is Disrupting Itself," *Harvard Business Review* October (2009): 3-11.

16. Ted London and Stuart Hart, "Reinventing Strategies."

17. Hernando de Soto, *The Mystery of Capital: Why Capitalism Triumphs in the West and Fails Everywhere Else* (New York: Basic Books, 2000).

18. Ibid.

19. Ibid.

20. 接下来的部分内容节选自：Stuart Hart and Clayton Christensen, "The Great Leap"。

21. See Clayton Christensen, *The Innovator's Dilemma: When New Technologies Cause Great Firms to Fail* (Boston: Harvard Business School Press, 1997).

22. Stuart Hart and Clayton Christensen, "The Great Leap."

23. Clayton Christensen, Thomas Craig, and Stuart Hart, "The Great Disruption," *Foreign Affairs* 80(2) (2001): 80–95.

24. 感谢克莱·克里斯滕森所提供的这一案例。

25. 2004年9月17日，在宾夕法尼亚大学召开的沃顿全球公约会议上，爱其布·考德尔提出此观点。

26. 更多内容，参见 Muhammad Yunus, *Banker to the Poor* (Dhaka: The University Press Limited, 1998); D. Richardson, R. Ramirez, and M. Haq, *Grameen Telecom's Village Phone Programme in Rural Bangladesh: A Multi-Media Study* (Guelph, Ontario: TeleCommons Development Group, 2000).

27. Nicholas Sullivan, *You Can Hear Me Now* (San Francisco: Jossey-Bass, 2007). 还要感谢穆罕默德·尤努斯和爱其布·考德尔关于格拉敏电话和格拉敏电信公司的私人会谈。

28. Ibid.

29. "GrameenPhone 2007 Annual Report."

30. J. Howard, C. Simms, and E. Simanis, *Sustainable Deployment for Rural Connectivity: the N-Logue Model* (Washington, D.C.: World Resources Institute, 2001).

31. Erik Simanis and Stuart Hart, *The Monsanto Company (A): Quest for Sustainability*, www.globalens.com, 2009.

32. Light Up the World Foundation, LUTW_factsheetdec23.pdf, p. 5.

33. Light Up the World, www.lightuptheworld.org.

34. 该部分引自：Stuart Hart, "Taking the Green Leap"。

35. Thomas Palley, "A New Development Paradigm: Domestic Demand Led Growth," *Foreign Policy Focus* September (2002): 1–8.

36. See Jagdish Bhagwati, *In Defense of Globalization* (New York: Oxford University Press, 2004).

37. See, for example, Joseph Stiglitz, *Globalization and Its Discontents* (New York: W. W. Norton & Company, 2002).

38. BoP学习实验室设于墨西哥蒙特雷技术大学EGADE商学院，包括Cemex、Bimbo和Amanco公司在内的几家本土企业积极参与到了这类战略中。

第 6 章
改善金字塔底层的状况

穷困潦倒的人群向世界上利润最丰厚的公司管理模式提出了一项最为艰巨的挑战。事实上，在过去的几年间，在金字塔底层蕴藏着一片极具前景、有待挖掘的市场这一点已经毋庸置疑。人们所期待的超越单纯市场潜力的前景，即那些真正意义上的商机，是借助商业作为驱动力来实现人类社会的进步和环境的恢复的——也就是切实改善金字塔底层的状况。然而，如果仅仅将金字塔顶部的商业模式稍加修改就投入到底层使用，必得遭遇失败。只有通过给予金字塔底层同等的关注，大型的跨国公司才能转而利用人道主义者甚至激进主义者帮助自己实现那个原始的动机——增长和利润。

事实上，现在是跨国公司的领导者们拓展他们全球化概念和战略的时候了。[1] 对于那些拥有胆识和欲望，要在全球经济金字塔底层大展宏图的董事会成员、高管和商界领袖们来说，他们所期待的回报包括增长、利润和为全人类带来无以计数的贡献。正如我们所看到的，那些尚未耗费数十亿美元投资兴建基础设施的国家，正是能满足环境可持续发展要求的技术及产品的理想诞生地，而这些技术和产品终有一天将会为全球人民带来福祉。跨国公司在金字塔底层的投资同时还意味着拯救数十亿人口于贫困和绝望——而且还将扭转社会衰退、政治动荡、恐怖主义大行其道和环境崩溃的局势，否则随着贫富差距进一步拉大，这些问题终将如期而至。

正如我和C.K.普拉哈拉德教授所提到的那样，要想从世界上最贫困的40亿人口中挖掘商机——他们占据了世界人口总数的2/3——技术和商业模式上的颠覆性创新就必不可少。这就要求跨国公司重新评估自己所提供产品和服务的性价比，也需要资本效率的新水平和衡量财务成就的新方法。公司同样要摒弃自己对规模的认识，即从"规模越大越好"转变成为与遍布世界的小规模运营商并肩作战，形成全球范围内普遍的生产能力。这需要新的更具拓展性的方式来衡量成功和有效性。

开发金字塔底层市场的先锋

　　印度斯坦利华公司（Hindustan Lever，Ltd.，HLL）是英国联合利华公司在印度的子公司，也是跨国公司中探索金字塔底层市场的弄潮儿之一。在长达50多年的时间内，HLL［最近又更名为印度斯坦联合利华（Hindustan Unilever）］只是将印度的一小部分精英人士作为自己的目标顾客——只有他们的收入水平才足以购买跨国公司的产品。到了20世纪90年代，一家本土公司——印度尼玛有限公司（Nirma）吸引了HLL的眼球，这家公司正在为穷人们提供清洁剂产品。事实上，为满足一些绝大多数来自贫困的农村地区、未曾获得良好服务的消费者们的需要，HLL已经创造出了一种全新的商业体系。这一体系包括新的产品配方、低成本的生产过程、广覆盖的分销网络、满足一日使用量的小包装，并为低收入群体进行单独定价。

　　像其他许多跨国公司一样，一开始，HLL对印度尼玛的战略嗤之以鼻——从表面上看，这种战略在HLL所服务的金字塔顶部市场似乎毫无用武之地。但是，随着印度尼玛的快速成长，HLL看到在一块自己曾愚蠢地忽视了的市场上，那个本土的竞争者已经赚得盆满钵溢。而且，随着印度尼玛的成长壮大，在BoP市场打下的基础使该公司具备了向高端市场进军的实力；印度利华终于察觉到了自己的症结所在——同时也是自己的成长机遇。1995年，印度利华开始做出回应，为BoP市场提供产品，它传统的商业模式被完全颠覆。[2]

　　HLL新的清洁剂产品——Wheel牌清洁剂，对产品的配方进行了重新设计，降低了水油比，这个改进源于公司发现的一个现象：穷人们经常在河水和其他公共水源中清洗衣物。由于产品大多数的原材料也是由当地的供应商提供的、从生产到打入市场再到分销，全部过程都交由分散在印度各地的劳动力完成，公司很快就打通了自己的销售渠道——数千家生活在金字塔底层的人们通常消费的小店。HLL 同时还改变了清洁产品的成本结构，这样就可以以低价将 Wheel 产品打入市场。

时至今日，印度尼玛和 HLL 在清洁剂市场上已经势均力敌，印度 Infoline.com 网站（一家业务范围覆盖整个印度市场的商业情报与市场调查公司）的统计数据显示，这两家公司分别占有大约 40% 的市场。而且 BoP 市场对 HLL 收入和利润的贡献率超过了 50%。然而，在联合利华公司自己对清洁剂业务竞争情况的分析中，发现 BoP 市场还蕴藏着更大的利润空间（见图 6.1）。与大多数人的猜测恰恰相反，BoP 市场中存有相当可观的利润，尤其是当跨国公司对自己的商业模式做出改变的时候。

愚蠢的商业模式

图 6.1 清楚地告诉我们，在生活消费品领域，要想在 BoP 市场追逐传统的高额利润无异于天方夜谭；其实，销售量和资本的周转率才是在这个市场中应该把握的重点。在这种业务中，利润率可能会很低（以目前的标准衡量），但销售量却极高。那些只关注毛利率的经理人将会与良机擦肩而过；而那些勇于创新并且将目光放在整体利润上的经理人则会收获回报。[3]

因此，要想在 BoP 市场中收获成功，把握好正确的度量单位是重中之重：将金字塔顶部早已确立起来的绩效标准原版照抄到 BoP 市场，毋庸置疑会扼杀其中的商机。联合利华的分散式管理结构使其能够悄无声息地成功建立起一种能在金字塔底层运转自如的商业模式。更强调集中式管理的跨国公司绝对会将这种尝试扼杀在萌芽状态，但是如果没有进行这种尝试，BoP 市场是优是劣谁也无从知晓。

尽管在进军 BoP 市场的初期公司大获全胜，但 Wheel 的引入还是问题重重。印度尼玛提供的清洁剂产品价格低廉，但做工粗劣。尽管与

	印度尼玛	HLL （Wheel牌产品）	HLL （高端产品）
总销售额（百万美元）	150	100	180
毛利率（%）	18	18	25
资本回报率（%）	121	93	22

图6.1 印度尼玛有限公司和HLL有限公司在印度清洁剂市场上的业绩对比（1999年）

资料来源：1999年8月10日，在管理研究院会议上，由联合利华公司高级副总裁约翰·里普利（John Ripley）提供。

之相比，HLL的Wheel牌清洁剂更为完善，但是其中却添加了磷酸盐配方，这意味着它会对公共水源构成污染。由于Wheel牌清洁剂使用了数以百万计的小包装袋（属于一次性产品），这些包装袋在使用完后就会变成新的固体垃圾。一直等到HLL面向低端市场开展服务的尝试获得母公司的认可和支持之后，联合利华在环境管理及可持续发展方面的能力才在HLL的BoP市场创新中得到运用。因此，要想应对在BoP市场遭遇的环境挑战，公司显然需要将专业技术方面的理论知识与当地的实际情况有机结合。

作为商业模式创新带来的直接结果，"第一个吃螃蟹"的印度尼玛公司如今成了世界上品牌清洁剂制造商中的佼佼者。与此同时，在突然出现的竞争对手和新的商业模式的刺激下，1993—2000年间，HLL的年收入增长率高达20%，年利润增长率则达到了25%。同期，HLL的市场资本总额增长至120亿美元，而年均增长率则高达40%。母公司联合利华也从子公司HLL在印度的经验中受益匪浅。联合利华将HLL的商业模式（而非产品或品牌）推广到巴西，在那里的贫困人口中开发出了一个新的市场，打入其中的Ala牌清洁剂产品一炮走红。更重要的是，联合利华已将开发金字塔底层市场作为公司优先考虑的战略。事实上，到2000年年初，世界各地的BoP市场对联合利华销售量的贡献率已经超过了20%。[4]

第 6 章
改善金字塔底层的状况

然而，在那之后不久，HLL 在 BoP 的迅速增长遭遇瓶颈。事实上，1999 年后，该公司就停止了增长的步伐。作为公司 20 世纪 90 年代增长一大功臣的商业模式——独立包装、低端产品和夫妻店作为分销渠道——能够发挥的作用已近极致。其实，尽管 HLL 的 BoP 战略一开始就势头强劲，这个战略还是没有能够成功覆盖该国全部超过 50 万个村庄，这也就意味着公司忽视了位于更小、更加偏远的地区的超过 5 亿的潜在顾客（足足占了该国总人口的一半）。到 2004 年，HLL 在孟买证交所的股价跌至了新一轮的谷底。作为新千年计划中新的增长战略，HLL 在 BoP 中又展开了新一轮的创新，这次的项目叫做"夏克荻计划"（Shakti），目标就是使公司的商业模式成功覆盖目前还处于服务范围外的超过 5 亿的村民。[5]

通过"夏克荻计划"，HLL 复制了格拉敏电话公司的模式，尝试着组建了一支在农村范围内开展经营活动的妇女小企业家骨干队伍。[6] 在印度已经有数十年历史的妇女自助小组成为这个项目中的重要桥梁。HLL 意识到了创造一种新的、可以创造利润的商业模式正摆在面前，即引入小额信贷机制，让这些妇女成为自己在当地"微型子公司"的经销商。到 2008 年，该公司已经培训了超过 4.5 万名"夏克荻计划的创业者"（简称 SE），她们活跃于 13.5 万个村庄中，而且这些村庄的数量还在以每年 1 000 多个的速度增长着。

最终，HLL 可能会建立起一个遍布印度农村、拥有超过 100 万个活跃于其中的 SE 的网络。"夏克荻计划的创业者"们学习掌握了基本的销售和财务技能后，就能像微型企业家那样开展经营活动，通过销售 HLL 的产品而获得稳定的收入。此外，为了进一步提高当地人的生活水平，公司还将她们培训成了健康生活方式和良好卫生习惯的传播者。此外，"夏克荻计划的创业者"们还充当着未来需求的倾听者的角色。如果获得成功，"夏克荻计划"所独有的这种双赢的直接分销模式将有可能代替目前金字塔底层市场的销售渠道，现在的这种通过数以千计的小规模分销商和乡间小店完成分销的方式既复杂又缺乏实用性。然而，在第 8 章我们还会看到，"夏克荻计划"并非一帆风顺。虽然 SE 的扩张速度极快，但流动率过高，尽管这尚未对公司的业绩造成影响。

毋庸置疑，金字塔底层对跨国公司而言，意味着一种独特的挑战：要想更好地为其提供服务，就必须打破在金字塔顶部已经获得成功的商业模式中的每一条假设。事实上，尽管技术、知识产权保护和法律法规已经涵盖了目前开拓新兴市场所涉及的主要方面，但这些却都不是跨国公司所面临的最大挑战。[7]事实上，真正的挑战在于商业模式的创新——它要求跨国公司摆脱那些束缚其想象力的观念、体系和思维惯性。

正如联合利华的例子所揭示的，为了成功地在 BoP 中挖掘商机，跨国公司的经理们必须拓展他们狭隘的思想，不能仅仅停留在企图通过产品或是财务战略获得成功。以下一些方法可以帮助其实现这一点：第一，对于那些阻碍穷人把握他们自己未来的限制，跨国公司应该尝试去识别并消除；第二，通过它们的商业模式，跨国公司应该尽力增强贫困人口谋生的能力；第三，跨国公司可以有意识地去为金字塔底层的经济和社会进步作出贡献。以上的每一个方面，在后面的内容中都将会详细探究。

摆脱束缚

商业生来就是为了解决问题。在金字塔顶端，物质需求在很大程度上已经能够得到满足，识别新的成功的商业战略也因此变得困难重重——因为顾客们的需求已经被相当好地满足了。与之相反，在金字塔底层则生活着一大群基本需求仍未得到满足的人。这里的人们被各种障碍、限制、差距和混乱所包围。作为商人，只有站在穷人的立场上来看待这些限制，才能挖掘出一些既能为公司带来利润和成长潜力，又能为生活在 BoP 中的人们的生活带来福祉的商业战略。

C.K. 普拉哈拉德和阿尔·哈蒙德（Al Hammond）在其发表于《哈佛商业评论》上的一篇文章中曾指出了这样的现状：贫困人口（生活在城市贫民窟和棚户区的那些穷人们尤甚）处于一种生活成本较高的经济状态。[8]本地的供应商通常不能很好地满足他们的需求。事实上，

第 6 章
改善金字塔底层的状况

贫困人口往往在活跃于这些地区的放贷活动中充当着被剥削的牺牲者的角色，同时，也是政治腐败和供应商们所提供的低劣服务的受害者。普拉哈拉德和阿尔·哈蒙德提供的数据告诉我们，穷人们往往需要支付金字塔顶部顾客 2～20 倍的价钱来获取最基本的产品和服务，如水、食品、药品和电话服务，信贷服务也没能幸免——这一点在前面已经提到过。如果我们对这两者的收入水平进行比较的话，结果往往会让我们触目惊心。其实，BoP 市场中蕴含着创造消费者剩余的巨大商机，只要我们能够睁大双眼仔细去实地找寻，就一定能够发现。

我们一定要学会识别并消除这些限制——曾荣获诺贝尔奖的经济学家阿马蒂亚·森（Amartya Sen）[9] 称之为"自由缺失"——它们的存在阻碍了生活在 BoP 世界中的人们挖掘其全部的潜能。"自由缺失"意味着穷人们经常要面对制度造成的机会缺失、低水平的健康状况甚至过早的死亡。这些限制总是披着各种各样的外衣：需要支付类似高利贷的利息才能获得的贷款、粗制滥造的产品、剥削性的商业模式甚至包括对自己身陷囹圄的一无所知。

西迈克斯公司（Cemex）是墨西哥水泥制造业的龙头老大，它对如何识别各种限制并将其作为深入挖掘 BoP 市场的工具进行了探索。[10] 1994 年发生在墨西哥的金融危机使得该公司的国内业务惨遭重创，当时西迈克斯公司将近一半的水泥销售业务都是在国内完成的。那次危机对墨西哥的建筑行业打击尤甚。然而，西迈克斯公司的高管们注意到，当在中高端市场中的收入缩水了近一半的时候，针对最贫困阶层的水泥销售却基本安然无恙。这表明，低端市场的销售似乎与高端市场遵循着完全不同的逻辑（后面我们将会了解到正规经济和非正规经济确实遵循着完全不同的逻辑）。由于低端市场的水泥销售占到了西迈克斯公司在墨西哥全部业务的 40%，再加上对这一层面的购买者知之甚少，公司领导人认为，对这个市场做更深入的调查势在必行。

1998 年，西迈克斯公司的雇员们成立了一个小组，开启了对这个问题深入探讨的旅程。项目伊始，他们发表了一篇题为"对那里，我们真的知之甚少"（Declaration of Ignorance）的文章，其中公司公开承认自己其实对其在墨西哥 40% 的市场一无所知。然后，他们开始竭尽全力去了解城市贫民窟和棚户区的人们的需求与问题。为了完成这项任务，这个小组在棚户区住了整整六个月，他们这次的使命是对生活在BoP世界中的人们的生产和消费进行更深入的了解，而不是多卖点水泥。

最初，由赫克托·乌雷塔（Hector Ureta）带领的这个小组刚刚开始适应那里的环境的时候，真是吃了一番苦头。[11] 刚到那里时，放眼望去，整个棚户区到处都是建了一半的房屋，而且几乎都是由各种材料七拼八凑搭建起来的。建筑材料露天堆放——正好便宜了那些小偷。即使是部分建好了的房屋也仍有一些未经处理的钢筋暴露在外，成了一道街景。这一切，会让人们很容易认为设计人员和施工人员要么愚昧无知，要么就是一个蠢货。但是，在这种环境中生活了几个月后，小组成员们逐渐认识到，在既定的限制条件和环境条件下，人们的所作所为恰恰是最好的选择。

他们发现，棚户区的穷人们都是自己动手来建造房屋，要建成一个房间，往往需要4年的时间；而要建成一栋小小的、只有四个房间的房屋，则需要长达13年的时间。原因是在这些贫困人口的财产权还未被认可的时候，银行和其他的商业机构根本不会愿意与这些穷困潦倒的、没有正式落脚点的家伙打交道。并不精通设计，加之材料的丢失和破损，使建造一栋房屋对于这里的穷人们而言，成了一件奢侈而又冒险的事情。供应商坑害这些穷人，在兜售货物的时候总是以次充好、缺斤少两，而这些穷人们要想讨价还价或控诉他们又难如登天。西迈克斯公司的体验小组越来越意识到，如果能将这些阻碍消除，穷人们就可以在更短的时间内建造出质量更高的房子，同时也可以节省在建造过程中的材料花销。并且，几乎可以断定，他们公司的水泥销售同样也会如日中天。[12]

为了实现这一目标，这个小组创造了一种新的商业模式。通过一个名为"今日之公平"（Patrimonio Hoy）的项目，西迈克斯公司成立了储蓄俱乐部，有意建房者可以在其中每周存款。这些储蓄俱乐部就建立在遍布各处的互助系统的基础上。几十年来，互助系统在墨西哥被边缘化了的地区已经随处可见。作为交换条件，西迈克斯公司为穷人们提供材料存储的地点并在建筑设计上给他们提供指导,这样房屋就可以采用不错的设计理念并以一种合理的进度被建造起来。凭借采购大户的身份,在与材料供应商进行谈判时,西迈克斯公司得以最大限度地压低材料价格和保证材料质量,要是单凭棚户区的居民们的能力,要做到这些事情无异于痴人说梦。计划的参与者们获得了更高质量的建筑材料和更完善的设计方式,建造房屋的速度足有原来的三倍甚至于更多,然而整个过程的花销却只有原来的 2/3。迄今为止,该项目已经吸引了墨西哥 22 个州超过 20 000 户贫困家庭加入,这个项目甚至已经延伸到了其他拉丁美洲国家,诸如哥伦比亚、委内瑞拉和哥斯达黎加。[13]

Patrimonio Hoy 项目的经验证明,新的视角对于在 BoP 市场中发现商机起到何等重要的作用。跨国公司不该在贫困人口身上贴上无理性、愚蠢或懒惰的标签,而是应该认识到,如果能拥有适宜的条件,生活在 BoP 世界中的人们同样能发挥最大的潜力。对我们来说,关键是提出这样一个问题:为什么他们会有这种举动?如果我们能更好地理解造成他们这种无奈之举的原因,能够消除这些拦路虎,那么新的商业模式就会应运而生——而创造这种模式的企业也能从中获利。

增强贫困人口的赚钱能力

国际劳工组织(ILO)在《2001 年度世界雇佣报告》(World Employment Report 2001)中称,有将近 10 亿人(大约是全世界劳动力总数的 1/3)或者失业,或者只能做杂役,而这根本不足以养活他们自己或他们的家庭。与这个问题如影随形的是全球越来越大的收入差距。根据国际劳工组织 2008 年的《全球工作》(目前最为全面的关于收入不平等的研究刊物)里的一篇报道:1990—2007 年间,全球失业率增长了 30%,富裕家庭和贫困家庭之间的差距越拉越大,收入两极分化越来越明显。这种趋势"反映了经济全球化带来的影响,以及国内政策的影响力低下,以致无法改善中产阶级和低收入阶层的收入水平",ILO 的国际劳工研究所(International Institute for Labour Studies)主管雷蒙德·托雷斯(Raymond Torres)如是说:"如果不能落实长期的结构性调整方案,现在的经济危机只会愈演愈烈。"[14]

在世界上许多最贫困的国度,在产业结构调整的残酷现实下,生活在 BoP 世界中的穷人们除了通过自给自足、物物交易和社区内部交换之外,再无他法谋生。帮助世界上的这些贫困人口,使他们凭借自己的能力养家糊口,从而摆脱绝望,将会是一条通过"做好事"(do good)实现"做得好"(do well)的道路。在这里,创造消费者剩余和穷人们的收入至关重要。一些颇具远见卓识的组织已经开始进行这方面的诸多尝试,并看到了积极的成果。

正如我们在西迈克斯公司的 Patrimonio Hoy 项目中看到的,通过商业模式的创新,使 BoP 的消费者获得显著的消费者剩余和获得盈利并非异想天开。事实上,在墨西哥的贫民窟,在这个计划的帮助下,自己动手的房屋建造者们节省下了大量的时间和金钱,与此同时,西迈克斯公司的水泥业务也实现了销售量和利润的双重增长。所以说,BoP 消费者剩余的产生是完全可能的,而本地的供应商从来都只能为这些贫困人口提供质次价高的产品。在部分地区,特别是在农村地区,甚至没有能够提供产品或服务的供应商存在。

正如我们在上一章中已经详细探讨过的,格拉敏电信公司同样也面临过类似的情形。因为在格拉敏电信公司提供服务之前,孟加拉国的农村地区根本就没有电话一说,相比之下,最重要的一点变化,就是电信服务覆盖之前,村民们要花费大量的时间和金钱才能获得诸如农作物价格和货币汇率之类的信息。尽管用发达国家的标准来衡量,格拉敏电信公司提供的电话服务还是比较昂贵,但每进行一次通话还是帮助农民们节省了 2.5%~10% 的家庭月收入(也就是 2.7~10 美元),与花上几天时间、跋山涉水地去获得安全可靠的信息(这种方法既昂贵又有较高风险)相比,这种方法还是更为经济。

通过提供创新的产品和服务不仅可以使顾客们收获消费者剩余,对于提高其赚钱的能力同样意义重大。穷人们可以因此节省下时间和金钱,而这些节省下来的资源在用于其他目的的市场后将获得更高的回报。例如,在宝洁公司为农村贫困人口提供了新的用于衣物漂洗的产品之后,与传统的清洁剂相比,漂洗所需的用水量减少了 2/3。很多原本应该用于寻找和搬运水的时间也被节省下来,而这些节省下来的时间可以被用在生产效率更高的活动上。

相比提供消费者剩余而言,更重要的是使 BoP 人群能够自谋生路。能够创造收入机会的业务因此具有非同凡响的重大意义,其中最为经典的案例应该要数由穆罕默德·尤努斯和格拉敏银行所推行的小额信贷模式。在小额信贷的帮助下,一些微型企业横空出世,这直接为贫困人口创造了收入。除了提供信贷之外,公司还可以研发新的技术来提高 BoP 人群的收入并帮助他们创业。

由马丁·费希尔博士（Martin Fisher）于 1991 年首创的"为企业创新提供合宜技术"项目［Appropriate Technologies for Enterprise Creation,现更名为"启动"项目（KickStart）］是此类冒险的另一个案例。[15] "为企业创新提供合宜技术"作为一个非营利性项目,迄今为止,已经在肯尼亚和东非的一些国家中创造了数以千计的工作岗位,在那些地区,半数以上的人每天仅仅依靠不足 1 美元的收入来维持生计,"为企业创新提供合宜技术"项目通过开发能动技术（enabling technology）,并与当地企业开展合作,将这些新技术投入使用。新的小规模的经营活动所创造的利润使数千个家庭得以从贫困线挣脱,子女们获得了受教育机会,还获得了医疗保障,并能够规划自己的未来。

脚踏式微型灌溉泵是"启动"项目最为畅销的一款技术。这些简易但高效的水泵零售价甚至不足 100 美元,却供应了非常必要的灌溉水资源,使贫穷的农民们能够在一年四季都种植售价较高的水果和蔬菜。这些农民因此平均每年可以将 1 200 美元的额外利润收入囊中,资金回收期只有短短 3 个月,农民们的收入却因此增长了 10 倍。自 20 世纪 90 年代初引入这项技术以来,在东非,"启动"项目已经造就了 3.5 万个新兴的微型企业,每年创造着多达 3 600 万美元的新增利润。在肯尼亚,这些企业的收入对全国 GDP 的贡献率在 0.5% 以上。现在,在"启动"项目的帮助下,每个月都会诞生超过 800 家的新增企业。

2000 年年初,在肯尼亚,"启动"项目与美国庄臣公司展开合作,联合数以千计的依靠种植除虫菊为生的穷苦农民,创造了一种更加可持续的生产方式。[16] 1956 年，庄臣公司推出了自己的销售冠军雷达（Raid®），那是世界上第一款推向市场的气雾杀虫剂，其选用了对环境无害的除虫菊作为活性成分。在肯尼亚，除虫菊是继茶叶、咖啡和园艺植物之后的第四大出口作物。肯尼亚除虫菊协会（PBK）隶属于该国农业部，是一家半国营性质的垄断机构，它控制了除虫菊从生产、加工、销售到出口供应链的方方面面。全世界每年供应的除虫菊中有接近70%出自 PBK，在肯尼亚的中央高地，20 万当地农户（将近 100 万人口）组成了一个生产供应除虫菊的网络。也就是从 1956 年起一直到今天，庄臣公司一直是肯尼亚除虫菊最大的客户。

不幸的是，20 世纪 90 年代肯尼亚国内发生的干旱对天然除虫菊的供应造成了严重威胁，产品的质量和稳定性保证成了一大难题。在日本著名企业住友公司（Sumitomo）研制出一种成本低廉的合成替代品后，一个艰难的选择摆在了庄臣公司面前：要么全部改用合成原料，要么与肯尼亚的生产者并肩作战，尝试降低成本、提高质量并保证天然原料的长期供应。公司向后者抛出了橄榄枝。

PBK 与庄臣公司和"启动"项目展开了新一轮合作，PBK 负责控制除虫菊的产量和质量，并通过提供高质量的种子不断对农民进行援助。2005 年，第一个涉及 600 名农民的试运行计划开始施行，目标是使这些农民家庭的净收入从 100 美元增加到 750~1 000 美元。如果能实现这样的收入增长，这些贫穷的农民可以在食品保障、健康和营养水平方面得到翻天覆地的改善。另外，除虫菊的亩产量同样有望增长，质量也将提高，公司则可以继续以一个颇具竞争力的价格获得天然植物作为原料而不必转投合成的化学原料。

不幸的是，这次试运行的结果却是喜忧参半。由于 PBK 总是拖延向农民回款的时间，很多农民将微灌溉技术应用到除虫菊外的其他作物上（其中包括各种蔬菜和剪枝花卉等）。所以，尽管农民们的收入获得了增长，"启动"项目也赢得了一个全新的、多数位于乡村的水泵客户群，但庄臣公司的杀虫剂不论是产量还是质量上都没有发生太大改观。此后，公司又在卢旺达如法炮制，那里的政府更为透明，在除虫菊的种植业上也更多地放手交由企业负责。

毋庸置疑，"启动"项目具备为其技术的使用者创造收入的能力。但是现在，"启动"项目在自身的增长和发展问题上却陷入了迷茫。很明显，仅仅依赖捐助的资金来开展技术研发工作远远不够，虽然该项目领导人的主要工作仍然是四处募集资金。因此，"启动"项目需要采取这样一项战略，即通过直接将它的技术分销给终端用户的方式将一部分运营活动转为盈利模式。其实，与庄臣公司开展的合作本身就是这样一种实现方式。"启动"项目只有自身先获得收入，才能得以维系并继续创造收入。

帮助生活在 BoP 世界中的人们提高赚钱的能力至关重要，特别是在产业结构调整之后的地区，那些贫困国家越来越依赖现金经济和外汇生存。跨国公司因此可以通过创新的技术与商业模式去识别产生消费者剩余和收入的机会。在消除了各种限制之后，提高 BoP 人群的收入能力就成了识别金字塔底层商机的最佳视角。

发掘新潜力

由于 BoP 社区大多地处偏远且信息闭塞，所以完善的配送网络和与外界的沟通联络对这些地区的可持续发展异常重要。几乎没有哪一个贫穷国家，其配送网络可以覆盖全国半数以上的人口——最贫困的消费者不得不依赖本地供应商低质量的服务和忍受放贷者的盘剥。这为跨国公司打开 BoP 地区市场提供了一个新的创意，它们一方面可以扩大外延（即通过为当地产品提供分销渠道的方式帮助其销售，同时还可以建立覆盖更加广泛的供应链），另一方面又可以向内拓展（即向生活在 BoP 地区的人们提供可以负担得起的产品、服务和信息）。

让我们来看看扩大外延方面。在将位于 BoP 地区的企业生产的产品销售到金字塔顶部市场的过程中，跨国公司扮演着重要的角色，这使得 BoP 企业第一次能与国际市场直接进行联系。事实上，通过开展合作，利用传统知识库去创造更加可持续发展的产品——在某些情形下——还能为富裕的顾客群创造出超高品质的商品。20 世纪 90 年代初，阿妮塔·罗迪克（Anita Roddick）是美体小铺（Body Shop International PLC）的CEO，她的公司开展了"贸易而非援助"项目，即直接从当地人手中购买原材料和产品。这个案例恰好证明了这个战略中蕴含的力量。

再来看看更近一些的例子。在与国际保护协会（Conservation International）的合作中，星巴克公司率先开展了从墨西哥恰帕斯地区的农民手中直接采购咖啡的尝试。这些农场采用树荫栽培方式种植咖啡，这种做法既保护了鸟类的栖息地，又能有效防止水土流失。这样，在星巴克公司为美国的消费者提供品质上乘、售价不菲的咖啡的同时，墨西哥的农民则从生产中获取利润。这种商业模式去除了中间商，借助直接的供需关系，当地农场主对金字塔顶部市场有了进一步认识，对其中消费者的预期也有了更深的理解，而当地也实现了从非正规经济向正规经济的过渡。

为了帮助巴西的外向型经济发展，在一个名为"亚马逊河流域贫困与环境研究与发展"（POEMA）联盟中，戴姆勒-克莱斯勒汽车公司发挥了核心作用。[17]这个联盟的工作重点集中在将天然纤维用于汽车零部件的研究上。在戴姆勒-克莱斯勒汽车公司的资金和技术的支持下，POEMA率先将来源于亚马逊河沿岸的椰子纤维与橡胶用于梅赛德斯-奔驰A系列轿车的头枕、遮阳板和坐垫的生产。在项目试行大获成功后，亚马逊天然纤维公司（POEMAtec Amazon Natural Fibers），以一家营利性机构的身份在巴西东北部的贝林城附近宣告成立。戴姆勒-克莱斯勒公司从那时起，就与这家新成立的公司签订了一份长达十年的订货合同。

在POEMAtec公司成立之前，椰子纤维被认为一无是处，而现在却成了创造收入的源泉。POEMAtec公司与该地区的小农场主们并肩作战，在公司的帮助下，他们从对单一作物采取砍伐加焚烧的简单利用方式转向种植多元作物，椰子树、橡胶、可可树、香蕉和巴西栗子树都成了他们的新宠。当地人迅速组建起了取材小组，同时还建了一个生产基地，用以提取椰子纤维和生产胶乳，然后将这些原材料卖给POEMAtec公司，用于最终产品的生产。该联盟生产的零部件通过了戴姆勒-克莱斯勒汽车公司所有近乎严苛的质量检验，并且比传统的塑料零部件便宜了约 5%，这个项目还创造了大约 4 000 个新的工作岗位（其中包括农业生产者、植物加工工人和 POEMAtec 公司雇员）。自该联盟开展工作以来，社区内家庭的平均月收入从大约 36 美元增加到将近 300 美元。巴西的这个 BoP 经营拓展联盟所施行的模式同样被推广到了南美和菲律宾。

在向内拓展方面，包括电话和互联网在内的信息技术则具备了改变金字塔底层人们了解世界方式的潜力。事实上，信息匮乏可能是可持续发展最大的拦路虎。通过向内拓展，我们首次能够预期一个单一的、互通的、并将全世界联系在一起的市场以一种可持续的方式成功地实现经济发展。如果有公司愿意激流勇进，在这个过程中，它们必将可以实现从"数字鸿沟"（digital divide）向"数字红利"（digital dividend）的转变。

新创企业，如印度的 N-Logue 和 Drishtee 公司，正在开发能够满足金字塔底层农村贫困人群特殊要求的信息技术产品和商业模式。通过共享渠道（例如上网亭）和针对性的技术研究，公司极大地降低了穷人们接入互联网的费用。比如，接入互联网在发达国家的正常花费是每根网线 850~2 800 美元，而 N-Logue 公司通过采用 CorDECT（无线本地网）技术，将每根网线的连入成本降低到不足 400 美元。如果能够实现每根网线 100 美元的目标，互联网技术就可以惠及每一个印度人。[18]

Drishtee 的创始人撒坦·米希拉（Satan Mishra）有一个大胆的想法，就是在印度的 65 万个乡村中建立一个覆盖所有乡村的远程电话亭网络——这样，当地的企业家们就可以兜售一系列与之相关的服务，从电脑培训课程到国际长途，再到在网上传送家庭照片。2005 年，这项冒险行动率先在印度 500 个乡村展开。2008 年，在得到聪明人基金的财力支持之后，Drishtee 开始了进一步拓展的脚步——其速度甚至比早年的星巴克有过之而无不及，每天都会有 4 个电话亭诞生。到 2008 年年末，公司的业务已经覆盖了印度 4 000 个农村，并为其中的 750 万人提供着服务。[19]

察觉到有一个新的赚钱机会后，印度的巨头公司 ITC 迅速创建了覆盖印度 4 万多个村庄的电子会议室网络。[20] 考虑到几个明显的不足——电话线、电力和有文化的农户——该公司采用了卫星通信和太阳能电池,并精心挑选小中间商,由他们负责经营这些电子会议室。为了能大范围地在农村业务中运用更加多样化的战略,ITC公司已经将电子集市(e-choupal)*技术作为其农村业务发展战略的组成部分。该公司计划到2015年前使其网络覆盖到10万个乡村。

大集市是印度传统农业体系的重要组成部分,农民将自己的产品带到那里的市场上出售。由于存在明显的权力不对称(相比农民而言,收购者们往往能获得多得多的商品价格信息),小农户们总是不能得到与自己产品实际价值对等的酬金。为了使农民们能更方便快捷地获取信息,ITC公司就各种各样的农副产品分别建立了网站,其中包括大豆、小麦、咖啡和虾等。这就使农户们能获得更多关于市场情况、市场价格甚至其他潜在买主的信息,从而保证了竞争的公平性。通过消除对大集市的依赖,ITC公司得以以更低的价格采购农产品,而小农户们在讨价还价的能力得到提升之后个个都腰包鼓鼓。[21]于是,农村经济所面临的两个最大的拦路虎被e-choupal技术顺利赶跑:虚拟聚合技术使最小的农户都拥有了讨价还价的能力,信息畅通则消除了不确定性和封闭性对这些农户造成的影响。

电子会议室在一个村庄中一经建立,其他行业的潜在用户也蜂拥而至,其中包括:政府,它们为百姓提供的服务内容可以在网络上公布;还有公司,如果没有互联网的帮助,他们将无法将业务向农村地区拓展;当然,还包括一些小额信贷公司。譬如,ITC公司(和印度的Monster公司合作)还在互联网上发布了就业信息,从而使得村民们可以通过e-choupal技术找到工作。e-choupal技术还借助互联网的力量,为许多处于边缘地带的小农们提供了一系列的服务,从而实现了供应链的虚拟一体化,使得传统体系的效率在很大程度上得到了提高。在购买农产品的同时,ITC本身也开始利用e-choupal技术将适销对路且价格合理的产品和服务带到了农村地区。这样一来,e-choupal技术现在俨然已经成了一条"农村的数码高速",在本土需求和能力的驱动下,为

---

* 电子集市是支持农民的一种初级商品服务方案,通过基于互联网的信息商亭为边远地区的农民提供即时的交易价格和农业信息等。——译者注

第6章
改善金字塔底层的状况

许多全新的、空前活跃的经济活动提供了开花结果的可能，作为回报，ITC在提供这些产品和服务时，自己也从中分了一杯羹。这条农村的数码高速也使得当地的一些行业离市场更近了一步（例如，园艺种植者和瓜果蔬菜的种植者）。[22]

部分地借鉴了 e-choupal 技术的经验，印度多种商品交易所（MCX）于2005年成立了国家级农产品交易所（NSEAP）。当这项创举全面实现之后，印度各种各样的农产品都将因此而获得一个乡村商品交易平台。由 N-Logue、Drishtee、e-choupal 技术和 NSEAP 等引发的农村网络建设，切实改变了印度农村的面貌。[23] 像这样提供向内和向外两种发展机遇的风险投资，可以在最大限度上挖掘经济潜力。因此，对跨国公司而言，识别创造新潜力的机会，是另外一条通往金字塔底层并为其带来积极变化的有效途径。

评估可持续发展的影响

为 BoP 提供有效的服务并不仅仅指简单地向穷人销售他们可以负担的产品，而是要使农民们参与到供应链中来，使其成为生产者、代理商和建立商业生态系统的合作伙伴。评估在 BoP 中的开拓性业务给经济和发展带来的影响——从搜集原材料和生产到分销以及产品使用——变得非常重要。在最近的一个研究项目中，联合利华和乐施会（Oxfam）开展合作，针对联合利华在印度尼西亚开展的业务进行了研究。[24] 研究的结果十分有趣——也有点令人愠怒：印度尼西亚联合利华（UI）非常依赖地方经济，存在非常明显的前后联系。UI 的大多数收入都通过在当地采购、发放薪水、当地经营者的利润、税收和当地股东的分红在印度尼西亚当地消化了。

从整体来看，这项研究评估了30万在 UI 价值链中从事全职工作的人员的工作量（FTE）（而 UI 在印度尼西亚的核心工作团队的成员只有5 000名），特别需要提到的是，所涉人员中有半数以上从事的工作与分销或者零售相关，还有1/3 的人则负责供应链方面的事宜。UI 的整

157

条价值链创造的价值据保守估计大约在 6.33 亿美元左右，其中，UI 获得了大约 2.12 亿美元，剩余的 4.21 亿美元则全部流入供应链中形形色色的人的口袋中。由此可知，UI 为大面积的人群创造了不菲的财富，尤其是在供应链末端的分销环节。

重要的是，这次调查提出了几重担忧：与那些和 UI 直接联系并且更靠近价值链中间的工作者相比，在价值链两端，尤其是在供货阶段最初的生产环节岗位上的穷人获得的收益明显要低得多。除此之外，虽然 95% 的印尼人至少会使用一种 UI 的产品（例如，单份的洗手液，干洗产品和茶叶），但还是无法评估购买这些 UI 产品对那些贫穷的消费者的影响。最后一点，作为一家公司，UI 的成功和扩张使当地小规模的生产商在市场竞争中毫无招架之力，这也引发了一系列的问题。对于以上情况的任何担忧，我们不应该感到奇怪，因为它们为联合利华的进一步发展提供了空间：除了对当地的经济发展作出贡献之外，给社会、文化和环境带来更广泛的积极影响同样势在必行——即"三重底线"中所涉及的给顾客和供应链环节的参与者所处的生产环境带来可持续的影响。

2009 年，我的同事泰德·伦敦率先引领了"对金字塔底层发展造成的影响"的评估框架的建设，为那些给穷人提供服务的冒险企业的经理们提供了一个系统的方法，来测量和保证他们的活动对目标地区的影响。[25] 这个框架为评价公司活动提供了一套系统的步骤，其中包括评估给三个方面带来的影响：销售者（当地的分销商或是生产者）、消费者（当地的顾客或是代理机构）和社区。对其中任意一个方面，该框架都会衡量该方面给经济、能力和关系（包括公司对自然环境的影响）带来的潜在影响。

识别机会只是成功进军金字塔底层市场的第一步。尽管用公司的产品和服务来满足切实的需要，是可持续发展战略十分必要的一部分，但还不是全部。衡量整个商业体系被成功引入后对目标社区及环境产生的影响同样意义非凡，这就意味着要监控和评估商业体系对"三重底线"（社会、环境和经济）的影响。这一步是十分必要的，因为公司的商业活动所产生的最大的影响（不管是积极的还是消极的）往往是通过供应链上游的供货商或者下游的终端用户，而不是通过公司所提供的产品或服务反映出来的。例如，提供信贷服务，自身可能不会造成太大的影响，但是信贷业务推动的经济活动所造成的影响却可能极为广泛。除此之外，一家跨国公司开辟金字塔底层市场的行为还可能对现在在目标市场中扮演着重要角色的组织和机构产生影响。理解这一系列的影响，对于评估一家公司的活动对可持续发展是推动还是抑制至关重要。

要想评估公司活动是促进还是阻碍了目标地区的可持续发展，经理们必须认识到，任何新的商业模式的介入都会造成正面和负面的双重影响。对于一家可持续发展的全球化企业来说，解决问题自然比带来新问题更具意义。遗憾的是，从社会学的角度看，许多新技术和商业模式未能做到这一点，它们带来的问题比解决的问题更为严重。看看核工业的例子就知道了。在刚刚开始使用核能时，核能被看作不会带来丝毫污染的、成本几乎可以忽略不计的电力来源。它被称作拯救世界的英雄：它将我们从对非可再生的和具有污染性的燃料（如煤、石油和天然气）的依赖中解救出来。但是，在核能投入使用一段时间之后，关于核工业的大量新问题蜂拥而至：我们既没有完全想清楚要如何处理废弃的核设施——这要付出高昂的代价，也没有充分地考虑到那些具有高强辐射性的核废料应该如何降解。

就连核设施的运转也被证明是有问题的，与之相关事故的频发也使公众的恐惧与日俱增，而运营成本也达到了天文数字。最终，新的核设施的造价高得令人咋舌，并且公众也开始对其产生了抵制情绪，再为其破土动工变得毫无意义，至少在美国是这样。如今，只有在政府给予大量补贴的地区（如法国和日本，也许过不了多久，美国也会这样），核电站才得以新建。因此，在评估一项BoP业务对可持续发展的影响时，对该业务上行和下行的方方面面进行全面而持续评估的意义非凡。

乡村电话：三重底线

让我们重新回顾第5章"自下而上的创新"中我们曾经详细阐述过

的关于格拉敏电信公司的案例,并对该公司的乡村电话业务在可持续发展方面的影响做一个深层次评估。就像你现在还能回忆起的那样,该业务在被大范围引入之前,是作为一个非营利的试运营项目在数百个村庄中开展的。这样做是为了在大规模推广之前检验模式的可行性,以便及时发现问题并提前改正。格拉敏电信公司在进行评估时,当地的几所大学和非政府组织也曾介入其中,既促进了这项工作的开展,又确保了其结果的独立性和合法性。[26]

在图6.2中,我们对乡村电话对于可持续发展影响的评估结果做了总结。[27]图6.2显示了移动电话在试运行阶段,项目对孟加拉国的950个村庄在"三重底线"方面(经济、社会和环境)的影响。在经济方面,引入移动电话服务所带来的完全是正面影响。正如我们所看到的,不仅妇女电话经销商们的收入显著提高了,最重要的是,接受这种电话服务的顾客也收获了相当大的消费者剩余(一段前往达卡的旅途需要耗费的成本是打一通电话的2~8倍,这就意味着每个电话可以帮助顾客节省2.7~10美元,相当于当地家庭月收入的2.5%~10%)。在有些情况下,电话服务会为消费者带来巨大的收入增长,譬如,如果能了解到哪里有更高的收购价格,当地农民们的作物就更容易卖个好价钱。事实上,通过更快速准确的信息流,这些乡村经济运行的效率会获得惊人的增长。

关键:所解决的问题一定要多于新产生的问题

经济影响
+
增加电话收入;
消费者剩余;
经济效率

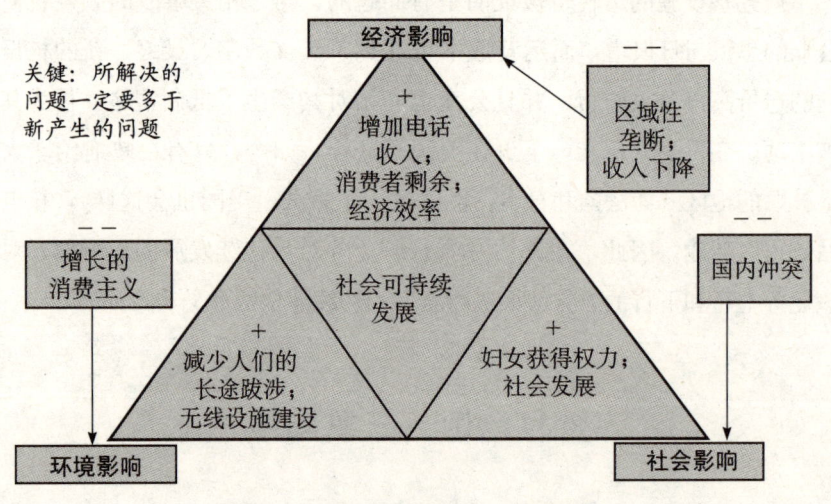

区域性垄断;
收入下降

社会可持续发展

增长的消费主义

国内冲突

+
减少人们的长途跋涉;
无线设施建设

+
妇女获得权力;
社会发展

环境影响

社会影响

图6.2 可持续发展评估:乡村电话

用爱其布·考德尔的话来说,"信息就是生产力"。妇女电话经销商和其他当地的业务人员们对正规经济活动有了更加深入的了解,从事起来也更加得心应手,他们未来的发展和生活水平的改善也进一步被看好。

从社会方面来看,乡村电话的引进为妇女电话经销商们带来了在村中更高的地位和知名度(如果你想打电话,就必须先把她们找来或前往她们家里)。随着为家庭收入所作贡献的增加,这些妇女在家庭决策中的意见也变得更有分量。从乡村电话业务中获得的新收入中的很大一部分都被她们用于子女的学费、衣物和医疗保健方面的支出,这不仅改善了她们的生活水平,还为她们的子女赢得了原本根本不会在他们生命中驻足的机会。

从环境方面来看,电话服务可及性的提高意味着人们乘坐效率低下并且污染环境的公交车或小轿车去城里的次数会相应减少。此外,在格拉敏电信公司的帮助下,通过直接引入无线通信技术,贫困的村庄不必再在大量通信线缆的铺设上支付昂贵的费用,有效避免了施工对环境造成的破坏。换言之,这种乡村电话的引入,使这些孟加拉国最贫困的农村地区直接跨越到了最符合现代化要求而又污染最少的技术时代。

尽管格拉敏电信公司在可持续发展方面的积极影响不容置疑,但我可以预言,在这三个方面一些新的问题已经初露端倪。用社会学的观点看,在一些例子中,在先前夫权制泛滥的家庭内部,妇女电话经销商们新获得的赚钱能力引起了摩擦甚至冲突,有些人甚至惨遭了比原先更多的肢体虐待和暴力。因此,我们就不用惊讶,为什么有人会将这项业务的引入视作对当地社会和文化传统的破坏。然而,还有另外一群人,包括大多数妇女电话经销商自己在内,都将其视作全球妇女解放的必经之路。该业务的开展在控制人口增长的过程中同样发挥了关键的作用,因为提高贫困妇女的地位现在已经被认为是控制人口增长最有效的途径之一。

从环境的角度看,在金字塔底层手机的迅速覆盖所引发的电子垃圾问题日益严重,废弃的电池成为最大的有毒物质威胁。还有其他一些观察者担心随着手机服务在乡村地区被逐渐推广,会导致消费保护主义愈演愈烈,环境也将因此而进一步恶化。尽管这些担忧合情合理,但如果不这样做——而是放任世界上大多数的人口仍然处于孤立无援而信息闭塞的世界中——所造成的消极影响则更甚。事实上,通过金字塔底部的谷底竞争（我们在之前的章节中提到过），我们或许能够成功地为金字塔底部人群开发并推广可再生的和本质上清洁的未来技术。

恐怕最严重的问题还是属于经济层面的。在初始阶段，其中的一些妇女电话经销商垄断了这项业务。[28]随着对乡村电话需求的不断增长，最初那种由一名电话业务员服务整个村子的商业模式已经被证明是有问题的：随着电话服务在许多村庄呈现供不应求的趋势，收费也开始上涨，妇女电话经销商们的收入也在飙升。以乡村的标准来衡量的话，一些妇女电话经销商俨然已经接近"富有"阶层，现在的收入与她们之前的相比发生了天翻地覆的变化。为了解决这个问题，公司取缔了每个村子只设一名女电话经销商的模式，在孟加拉国的乡村里为电话服务打造了一个"自由市场"。转眼间，女电话经销商的数量就翻了一番，在竞争的作用下，价格开始下滑，这项业务所能带来的收入又回落到了正常水平。

如上一章所提到的，到2008年，孟加拉国已经拥有了35.4万名女电话经销商，其人均年收入达到1 500~2 000美元（其中年利润大约为500~700美元）。这个新出现的问题已经被转化为了另一个机遇。事实上，最近女电话经销商之间以及她们和其他移动电话服务者之间的竞争已经达到了白热化的状态，这类人员抱怨现在的年利润已经跌至100美元。孟加拉国的移动电话行业现在已经成了硝烟四起的战场——村民则从中获益颇多。

格拉敏电信公司的案例折射出了追踪整个商业体系对于可持续发展的影响所起到的至关重要的作用。由一个非营利性的试运营项目开始，格拉敏电信公司从一开始就充分理解并详细记录了其商业体系对经济、社会和环境的影响。该公司还建立了一套对其商业模式在"三重底线"方面的影响进行持续监督的机制。公司认识到，任何一项干预措施，在解决原有问题的同时，也会带来新的问题，该公司已经掌握了如何识别和解决在对自身的商业模式进行持续与创新性改进过程中滋生的问题。

跨国公司的优势

对跨国公司而言，格拉敏电信公司在农村地区引入移动电话服务的

第 6 章
改善金字塔底层的状况

案例其实有很多可借鉴之处。事实上，即使是赞成跨国公司进入 BoP 市场的读者此时也可能会觉得奇怪：为什么跨国公司要将它们自身与 BoP 市场联系起来？跨国公司的经理们其实都深知，要去开发 BoP 市场，相对于当地的公司或是像格拉敏电信公司这样的非营利公司而言，大型公司其实并没有明显的优势。事实上，跨国公司在体系和业务步骤上的循规蹈矩使得尝试这类商业模式犹如痴人说梦。此外，考虑到跨国公司在过去传统经济中所表现出的本质特征，跨国公司还必须克服由于其原先的口碑所遭到的不公正对待。然而，有几个无可争辩的原因迫使跨国公司不得不开启这段旅程。

- 资源。建立一种适用于金字塔底层的商业模式，是一项资源密集型及管理密集型的任务。开发环境可持续的产品和服务需要大量的研究工作支撑，建立和维护分销渠道与沟通网络需要孜孜不倦的努力。几乎没有哪一家本土企业能够拥有构建这种模式的管理和技术资源。

- 实力聚合体。跨国公司可以成为建造商业模式的重要环节，它能够提供知识、管理方面无限的想象力和金融资源。没有跨国公司这个合作伙伴，非政府组织、社区、当地政府、企业家甚至跨国开发机构即使有了良好的动机，也只能勉为其难地依照它们的思路去促进 BoP 地区的发展。跨国公司可以将金字塔底层发展所需要的各方面力量团结起来加以运用，从而扮演一个非常重要的角色。

- 知识传播。就像联合利华公司和其他企业的案例已经证明了的那样，跨国公司能够实现知识在两个 BoP 市场之间的传播，比如，从中国传播到巴西或是印度。尽管跨国公司开展的具体实践和提供的产品不得不进行本地化的处理以适应当地市场，但由于拥有全球化的基础，所以跨国公司拥有了当地企业只能望洋兴叹的优势。

- 向上层市场挺进。跨国公司不仅可以在金字塔底层内不断充电，还有能力将创意引入上层市场，将 BoP 市场的新方法应用到金字塔顶部的市场。正如我们所看到的，金字塔底层是一块试金石，可以用来检验那些能够带来更加可持续的生活方式的突破性创新。金字塔底层的许多创新都可以被发达国家的资源和能源密集型的市场所采纳。

共同的事业

对公司而言，金字塔底层的 40 亿人口意味着巨大的商机。事实上，金字塔底层还能使得商业、政府和全社会因为同一个原因而联合起来。实际上，面向金字塔底层制定战略的公司可能具备某种潜力，这种潜力一方面可以平息自由贸易和全球资本主义带来的冲突，另一方面又能解决环境与社会的可持续发展问题。

可是，目前提供给金字塔顶部的产品和服务在 BoP 市场却无法照搬使用，而且即使是对于在新兴的发展中国家市场中已经适用的战略而言，进入金字塔底层所需要采取的方式也是完全不同的，在技术、信用、成本和分销等方面做出改变是最为关键的前提。只有那些业务遍及全球的大公司才具有把握这个商机所需的技术、管理和金融资源。

在 BoP 开展的新的商业活动将不仅仅局限在满足基本需求的食品、纺织品和住房需求的商业服务上。BoP 对技术密集型业务如金融服务业、移动通信业和可负担的计算机业务同样孜孜以求。事实上，正如我们所看到的，对于许多新兴颠覆性技术而言（如燃料电池、太阳能光伏、卫星通信、生物技术和纳米技术），金字塔底层可能是最能吸引它们的早期渗透市场。

然而迄今为止，那些与跨国公司相比掌握的资源极为有限的非政府组织和当地企业在开辟这些市场时却更具创新性，也收获了更多的进步。作为西方世界的资本家，每每想到跨国公司们都在为富人提供服务，而保护穷人和环境的义务却只有政府与非政府组织勉力承担，我们便不由得深感遗憾。这种劳动分工甚至比我们所能意识到的更加根深蒂固。跨国公司的经理们、公共政策的制定者和非政府组织的活动家们都在遭受着这种历史性划分的影响。如果能破除这种思维定式，在可持续增长和发展的主旨下，通过一个无间隙的市场将整个人类社会连接起来，一定能发掘出巨大的机遇。

第 6 章
改善金字塔底层的状况

就整体情况而言，跨国公司仅仅是揭开了这个巨大机遇的面纱。那些有意在 BoP 中挖掘商机的私营企业的经理人们将会领导这场运动，并向一种更具包容性的资本主义前进。经理人们已经认识到进军 BoP 地区所需要的领导力的实质。与聪明才智、分析技巧和专业技术相比，想象力、忍耐力、毅力、激情、全身心的投入、自我反省和勇气这些素养同样不可小视。正如本书最后一部分所讲的，在企图渗透 BoP 市场的时候，领导者们如果真正想融入本土文化并成就一方霸业，就需要对可持续发展方面的复杂性和微妙之处有更为深入的认知。

注释

1. 这段介绍以及文章的其他部分内容摘自：C.K.Prahalad and Stuart Hart,"The Fortune at the Bottom of the Pyramid," *Strategy +Business* 26（2002）：2–14。

2. Brian Ellison, Dasha Moller, and Miguel Angel Rodriguez, *Hindustan Lever: Reinventing the Wheel* (Barcelona, Spain: IESE Business School, 2003).

3. 低利润并非所有BoP企业一成不变的准则。事实上，由于共享电话的高使用率，IT领域的农村移动电话业务的利润可以超过其他现有的城市业务。

4. Ellison, *Reinventing the Wheel*.

5. 该说法引自：Maulin Vakil and Ted London,"Hindustan Lever at the Base of the Pyramid: Growth for the 21st Century,"www.globalens.com，2006。

6. 感谢联合利华"夏克荻计划"的负责人桑杰·沙马提供的信息。

7. See, for example, R. Hoskisson, L. Eden, C. Lau, and M. Wright, "Strategy in Emerging Economies," *Academy of Management Journal* 43(3) (2000): 249–267; and D. Arnold and J. Quelch, "New Strategies in Emerging Economies," *Sloan Management Review* 40(1) (1998): 7–20.

8. C.K. Prahalad and Alan Hammond, "Serving the World's Poor, Profitably," *Harvard Business Review* 80(9) (2002): 48–57.

9. Amartya Sen, *Development as Freedom* (New York: Anchor Books, 1999).

10. Ruth Romo and Francisco Ballester, *Cemex: Patrimonio Hoy and Contrumex* (Mexico City: IPADE [English translation], 2004).

11. 感谢Hector Ureta于2004年4月前往教堂山，在泰德·伦敦与我合作教学的一门叫做"金字塔底层的商业战略"的课程中，为学生们讲授关于"今日之公平"项目的故事。

12. Ted London and Magdalena Kotek, "CEMEX's Patrimonio Hoy: At the Tipping Point?" William Davidson Institute, www.globalens.com, 2006.

13. http://www.cemexmexico.com/se/se_ph.html.

14. http://www.ilo.org/public/english/region/ampro/cinterfor/news/world_r.htm.

15. Martin Fisher, *ApproTEC: Kick Starting Economic Growth in Africa* (San Francisco: ApproTEC report, 2004).

16. 感谢案例的提供者，庄臣公司的斯科特·约翰逊。

17. 对这种联盟的描述摘自于：Yerina Mugica and Ted London, *Partnering for Mutual Success: Daimler-Chrysler-POEMAtec Alliance* (Chapel Hill, NC: Kenan-Flagler Business School,2004)。

18. Joy Howard, Charis Simms, and Erik Simanis, *Sustainable Deployment for Rural Conductivity: The N-Logue Model* (Washington, D.C.: World Resources Institute, 2001).

19. Jacqueline Novogratz, *The Blue Sweater* (New York: Rodale, 2009).

20. 有关e-choupal的内容，参见"Yogeth Deveshwar, The Boss of India's Biggest Tobacco Firm, Is Putting Rural India Online," *The Economist* (June 5,2004)。

21. 更多关于e-choupal的信息，参见 C. K. Prahalad, *The Fortune at the Bottom of the Pyramid* (Upper Saddle River,NJ: Wharton School Publishing,2005)。

22. 感谢ITC公司的企业外联副总裁 Nazeeb Arif 先生为我提供这一项目的最新数据。

23. 我要感谢NSEAP的创始人Vipul Arora，他向我提供了关于这个有趣畅想的信息。

24. 更多内容，参见Jason Clay, *Exploring the Links Between International Business and Poverty Reduction：A Case Study of Unilever in Indonesia* (Oxford:Oxfam House,2005)。

25. Ted London, "Making Better Investments at the Base of the Pyramid," *Harvard Business Review* (May 2009): 3–11.

26. See D. Richardson, R. Ramirez, and M. Haq, *Grameen Telecom's Village Phone Programme in Rural Bangladesh* (Geulph, Ontario: International Telecommunications Union, 2000).

27. 这是我对这种结果的解释，我将其放在"三重底线"的框架中。感谢John Elkington允许我借用这个概念。要想对这个框架详细了解，参见John Elkington, *Cannibals with Forks: The Triple Bottom Line of 21st Century Business* (Oxford : Capstone Publishing Ltd. , 1997). 全文的初步研究,参见 D. Richardson, R. Ramirez, and M. Haq, *Grameen Telecom's Village Phone Programme*。

28. 2004年4月与穆罕默德·尤努斯的私人会谈。

第三部分

本土化进程

第7章

拓展企业宽度

当我们将目光投向世界上所谓的"穷国"的时候,我们看到的往往不是拥有独特历史和经济背景的复杂社会,相反,我们总是站在自己的角度把它们视为"欠发达国家"[1]。我在北卡罗来纳大学的同事艾瑞克·西蒙尼斯帮我把这个问题分析得极其透彻:我们的概念范畴——似乎这些分类是上帝颁布的——其实也只是看待世界的方法之一。[2] 无论是各种产业的概念(如汽车行业、计算机行业、能源行业、电信行业),还是社会学各个分支体系的概念(如经济、政府、教育、教会、家庭和社区),这些概念总是起着一叶障目的作用,使我们难以超越这些概念范畴来把握真实的条件和限制,将这些概念分类应用于金字塔底层时尤甚。

由于试图将既定的分类强加给 BoP 市场,大量潜在的商机总是与我们擦肩而过。公司现有的竞争优势和战略更进一步禁锢了我们的思想。这时候,BoP 市场就提供给了跨国公司一个独特的机会,一个"发挥想象力的许可证",即从能够识别和服务于全人类多样化需求和价值观的角度,对公司的概念重新界定。[3] 这并不是将在发达国家已然久经沙场的产品和服务出售给穷人,而是意味着要开发出一种商业模式,致力于改善那些被全球化忽视和被过度剥削的人群的生活,在这个过程中,文化多样性、环境可持续发展及相互借鉴将是取得胜利的法宝。

遗憾的是,大多数跨国公司的经理人们对金字塔底层的情况知之甚少或缺乏深入理解,穷人们关于社会平等、环境质量和美好生活的看法更是鲜为他们所知。事实上,现在所定义的"发展"和"现代化"的主流概念仅仅将人均 GDP 作为衡量指标,这个定义是否太过偏重西方文化，对此一直存有众多争议。[4] 总而言之，这些问题都极大地阻碍了人们在构建金字塔底层健康社会和健康市场过程中前进的步伐。[5] 要想成功地满足整个人类社会的需求，公司就必须拓展其宽度，更多地将来自全球主流经济边缘的呼声纳入考虑。

拉达克带来的启迪

海伦娜·诺伯格-霍奇（Helena Norberg-Hodge）在其著作《从古老的社会看我们的未来：拉达克带来的启示》（*Ancient Futures: Learning from Ladakh*）中，鸟瞰了全球资本主义所面临的机遇与挑战。[6] 成为语言学家之后的诺伯格-霍奇，从20世纪70年代中期，就开始研究拉达克语言。拉达克是一个生活在喜马拉雅地区的半原始部落，由于地处偏远，这里的人们一直过着自给自足的生活。花了一年的时间，诺伯格-霍奇终于掌握了拉达克人的语言，同时也对他们的生活方式产生了越来越浓厚的兴趣。

尽管气候条件恶劣，作物的生长季短暂且环境干旱，人们还是学会了如何种植庄稼和利用水源进行灌溉，延续着一种可持续的生活方式。在他们所形成的社会中，完全没有废物或者丢弃的概念——在这个社会中，物尽其用。在这个社会中，人们不知犯罪为何物。在拉达克，人们对他人和对环境都有着一种与生俱来的责任感，总而言之，他们生活在一种快乐、健康和满足的状态中。他们过着一种艺术化、独一无二和相敬如宾的生活，全年的"工作"时间不超过四个月。诺伯格-霍奇完全被这种后来她在作品中所描述的生活情调、发自内心的快乐和对生活的满足深深地打动了。她着手记录他们的生活方式，并决定每年在拉达克生活大约六个月，一直到现在她仍然坚持着这种习惯。

然而，20世纪70年代末和80年代这里却发生了翻天覆地的巨大变化。由于巴基斯坦对拉达克所在的克什米尔地区争夺的加剧，印度政府决定向游客敞开拉达克的大门，按照双方达成协定的内容，印巴双方开始共同"开发"这一地区。像其他地区一样，在开发的过程中，首先

第 7 章
拓展企业宽度

需要兴建基础设施,尤其是道路和公共设施。即使是在最偏远的村庄,西式风格的保健中心和学校也开始出现在人们面前。其他颠覆性的变化包括开始新建警察局、法院、银行、电台和电视台,在"开发"的推动下,正规部门迅速崛起。交通流量迅猛增长,每天都有数百辆卡车跋山涉水至喜马拉雅高原。当载着数以千计游客的吉普车和大巴车不断驶入的时候,首府列城(Leh)的交通堵塞和空气污染问题变得日益严重。

西方文化的突然席卷导致了越来越多的拉达克人(尤其是年轻人)萌生了越来越严重的自卑感。一个典型的拉达克家庭全年的收入也没有游客们玩上一天的花销多。拉达克人没有意识到,在外国人的生活中,钱扮演着完全不同的角色,回国后,这些外国人必须依赖钱才能生存,而在拉达克人传统的文化中,村民们不用钱也可以过着自给自足的生活。西方媒体呈现在拉达克人面前的,全部都是关于西方社会中所包含的财富、奢侈、安逸和魅力等方面的内容(而诸如环境污染、生活压力、吸毒和无家可归等负面问题却只字未提)。对比之下,拉达克人的生活似乎越发显得腐朽和微不足道。当金钱在当地人的生活中扮演着越来越重要的角色的时候,多年传承下来的、共同耕种的生产活动和部落内部的相互信任开始分崩离析,取而代之的是追逐金钱的脚步。越来越多的年轻人离开村庄,去城市谋职、赚取薪水,从而导致列城城内及其周边涌现了为数众多的建筑物,在城市扩张的步伐中,一些类似贫民窟——这种具有第三世界城市特点的建筑——开始出现。

随着传统的大家庭和一妻多夫制逐渐退出历史舞台[7],曾经在几个世纪内都保持稳定的拉达克人口数量开始激增,增长速度甚至超过了印度的人口平均增长率,巨大的贫富差距开始凸显。伴随着失业率的上升,犯罪问题日趋严重。孩子们不再用好奇的目光打量陌生人和以欢快的笑声向他们问候,取而代之的是乞讨的双手,有时甚至更糟。忽视了传统方法的现代化教育使孩子们觉得自己低人一等。仰仗遥远的力量取代了之前人们之间的互帮互助,人们愈发觉得自己根本无力决定与自己生活息息相关的一些事情。为了追求现代化,拉达克人最终摒弃了自己的文化,由此造成的疏远使得怨恨和愤怒与日俱增,而这些,正是大量已经开始危害这一地区的暴力活动和宗教活动的幕后黑手。

事实上，所谓的"发展"导致了拉达克文化的全面瓦解和经济依赖性的与日俱增，文化抵制和环境恶化也愈加肆虐。毫无疑问，尽管人均收入水平提高了，但快乐、安全和满足感却没有能够同步提升。不能否认发展的功劳，然而传统文化的许多方面却远未达到理想状态：与外界的沟通依旧十分有限，文盲率还是居高不下（尽管这在传统文化的运转过程中并不是什么问题），婴儿死亡率比发达国家高，平均寿命则不及发达国家。金钱与技术以及现代医药的引入，无疑为这一地区带来了裨益。但是，对于拉达克而言，权衡之下，过去那种自给自足的社会，虽然有方方面面的缺点和局限，但对于社会和环境的可持续发展恐怕还是更加有益。

发展进程中所面临的挑战

拉达克的情况正是过去 50 年间，在"发展"的旗号下，第三世界国家中所出现的情形的一个缩影。作为一种幸存至 20 世纪 70 年代的原始社会形态，拉达克为我们提供了一个独特的视角，将发展过程中发生的一切全部呈现在我们面前。在绝大多数第三世界国家，这个过程甚至开始得更早，从 20 世纪 50 年代起，随着世界银行、布雷顿森林体系、国际货币基金组织和关贸总协定的建立完毕，这个过程的步伐更进一步加快了。

正如许多观点中所指出的那样，第二次世界大战后，现在为我们所广泛使用的"贫困"和"发展"的概念才得以问世。[8] 对美国而言，当时欧洲重建是他们关注的焦点。殖民系统垮台后，能否更好地处理相关问题是欧洲重建的核心部分，因为能否源源不断地获得原材料不仅对欧洲的重建、复兴甚为关键，对美国的经济增长也同样至关重要。然而，到了 40 年代末，许多过去的殖民地国家相继宣告独立。社会主义阵营的巩固使得三个世界的概念应运而生：自由的工业化国家（第一世界），信奉共产主义的工业化国家（第二世界）和贫困的、工业化尚未开始的国家（第三世界）。因此，就需要以发展而不是以征服和镇压去确立一种新的世界秩序。

1949年，美国总统哈里·杜鲁门在他的就职演说中对全世界提出了"公平交易"的要求。该要求的一个重要内容就是呼吁美国及世界各国携手解决全球"欠发达地区"的问题。雄心勃勃的杜鲁门想要将当时"发达"社会的种种特征——工业化、城市化、迅速增长的生产力、不断提高的生活水平以及与之相伴的现代化教育模式和文化价值观等——在全世界如法炮制，更大规模的生产被视作通往繁荣与和平之路的不二法门。

过了短短数载，这个大胆而又充满想象力的目标就被第一世界广泛接受，甚至许多第三世界国家也开始纷纷效仿。遗憾的是，这种设计关注的焦点主要集中在提高产量和生活水准上，对巨大的文化差异、独特的历史环境，以及第三世界国家特有的技能和能力却视而不见。简言之，全世界关于贫困的定义如出一辙——收入低下——并且，解决贫困问题的唯一途径就是促进经济增长。

事实上，我们现在已经意识到，即使是在人均GDP很低的地方，"生活标准"也可能非常之高。不丹就是如此，那里的人们在很大程度上依然过着自给自足的生活，也创造着美妙的艺术和音乐，这个国家被视为世界上最贫困的国家之一，因为它的国内生产总值实质上为零。[9] 如果仅仅以GDP作为衡量标准，不丹的国民和拉达克的农民与那些露宿街头、无家可归的乞丐并没有什么不同。而事实上，在另一种指标的衡量下，不丹是一个高度发达的国家，这个标准并非国内生产总值，而是叫做国内幸福指数。[10]

在现有的这种衡量标准下，当我们给一个国家冠以"贫困"之名的时候，不是根据"他们是谁"或是"他们希望如何生活"，而是依据他们所缺少的东西（例如收入）定义的。于是，"发展"这一概念的致命缺陷暴露无遗。在这种评估体系中，本土资源所代表的和其他方面存有的财富没有能够被纳入考虑。二战之后，西方社会所形成的工业生产体系既被我们当成通向繁荣发展的唯一途径，又被我们向其他国家和地区大肆推广。于是，在过去50年相对美好的岁月里，我们一直在用一种一成不变的方式来解决金字塔底层社会那些真正复杂、多样和特殊的问题。

矛盾的是,在一个发展的时代,金字塔底层的状况却不尽如我们所愿。"发展"的过程彻底摧毁了像拉达克这样的传统社会。农民、游牧民和部落人群被从他们的土地上引诱或驱赶到了城市贫民窟,在那里靠拿薪水度日,这时,贫穷不再是起因,而变成了结果。在旧的社会标准和以大家庭为基础的社会结构中,曾经稳定的人口数量突然间失去了控制(这也正是二战结束后世界人口从 20 亿急剧膨胀到 65 亿的原因所在)。对货币经济越来越依赖,意味着收入至上的时代已经来临。遗憾的是,货币经济中的工作岗位并不够充足,成千上万涌入劳动力市场的穷人们并没有因此而谋得一份工作。因此,在发展最终致使各种社会纽带断裂,数百万人无法获得土地、水源和其他资源之后,现代意义上的大范围贫困才最终降临。

近年来,二战后诞生的这种发展模式遭遇的指责之声不绝于耳,这些批评不仅来自如沃尔夫冈·萨奇(Wolfgang Sachs)、戴维·科顿和阿图罗·艾斯考巴(Arturo Escobar)这样的后殖民主义者与反全球化运动者,更有来自如乔·斯蒂格利茨、乔治·索罗斯、杰夫·萨奇和威廉·伊斯特利这样的研究发展问题的学界泰斗。[11] 对于这种企图利用世界货币组织和其他布雷顿森林体系机构作为医治所有国家顽疾的万能药方的做法,这些学者们都予以了指责。其中有许多人都意识到,这种国家对国家的援助行为,尽管有着非常值得肯定的出发点,却被污染、腐败和不良的管理方式毁于一旦。包括乔治·索罗斯在内的许多人,呼吁要更加依赖市民社会和其他深入当地的重要参与者(比如人权组织、私人基金会和各种非政府组织),并在 BoP 地区与他们直接协作。

东方国度的局势已经异常严峻:威廉·伊斯特利在最近出版的巨著《白人的大麻烦》(*The White Man's Burden*)中告诉我们,现在的发展模式太过看重一些不切实际的远大目标、大规模的干预和自上而下的问题解决方法,而这些都将穷人们自己解决问题的能力毁于一旦。他指出,西方国家在救援他国方面投入的资金至今已经超过 2.3 万亿美元,而令人感到震惊的是,几乎没有看到任何回报。在今天这样的历史时刻，毋庸置疑，二战结束后的这段过渡期已经走到了尽头。

显然，这不是一个关于要进行全面现代化建设还是重返过去发展老路的选择题：新旧两种拉达克发展模式都已不再可行。正如我们已经看到的那样，一种可持续的企业导向型战略（比如结构调整）拥有弥补这种"以不变应万变"的政策缺陷的潜力，这也正是研究发展问题的专家们为人们提供的一种新的选择。通过分散的商业模式和突破性创新，发起一场自下而上的创造财富和改善生活质量的革命绝非异想天开。正如诺伯格-霍奇所支持的，拉达克发展模式所带给我们的真正教义是：就像在我们身上有很多居住在喜马拉雅高原的农民可以学习的方面一样，在如何生活方面，我们也可以在他们身上找到很多可借鉴之处。他们不需要打破那种已经享有了几个世纪的社会与生态的平衡，只需要在现有的基础之上建立新的发展即可，而不是彻底颠覆。我们的企业应当具备的是一种相互尊重、相互学习的精神，而非藏于内或是形于外的任何一种妄自尊大。

作为商人，我们自然无法事先就知道那些被全球化忽略甚至利益遭受侵害的人们的真正需求。我们需要的是这样一种能力，一种在第一时间就能倾听到他们呼声的能力。丹尼尔·平克（Daniel Pink）在其著作《全新思维》（*A Whole New Mind*）中，向我们解释了为什么未来将属于那种拥有创新思维和能够换位思考的"右脑"思维者，而非惯用"左脑"思维的简化论者，尽管这些简化论者在过去的半个世纪中一直都在企业中占据着主导地位。事实上，在即将到来的"概念时代"（conceptual age），这种善于发现新的模式和机遇、洞察人与人之间交流微妙之处和能将完全不想干的想法完美结合的能力将会发挥越来越重要的作用。[12]这同样也正是企业拓展自己宽度并有效地迎战自己在全球可持续发展进程中所面临挑战的能力。

事实上，我们所需要做的并非与目前商业领域中知名的或者强大的利益相关方合作，而是应该系统地识别、探寻和整合那些外围的或被边缘化了的利益相关者——这其中包括贫困群体、弱势群体、处于封闭状态的群体和那些没有私有财产的群体——的呼声，甚至是那些与我们共同生活在这个星球上的其他物种，它们的呼声同样应该被我们仔细聆听

(当然，这需要借助人类做中介）。我和同事桑杰·沙马曾经提出了"深度合作"（radical transactiveness，RT）的想法，即通过一种倾听那些持有完全不同观点的边缘利益相关者呼声的能力，去构建一些富有竞争力的构想，这些构想可以帮助我们实现未来的商业成功，并指引我们探寻一条真正的可持续发展之路。[13]

深度合作

目前的大型机构所采用的发展方略其实是建立在制定者主观臆断的基础上：仅仅是生搬硬套西方国家的外部分析结果，而未曾对第三世界国家的历史、复杂性和资源情况有哪怕一丝一毫的认知或理解。超越这种"计划精神"需要开启一段截然不同的旅程，这段旅程要以本土的知识以及当地的群众、合作者和其他机构所具备的独特能力作为基石。深度合作正为我们提供了这样一块拓展企业品牌宽度的基石，而这对建立一个更加本土化的企业来说至关重要。

"深度合作"之所以富有深度，是因为这种方式的合作伙伴在过去被认为是极端群体或是边缘化的群体，为了实现突破性创新和创造性竞争构想的快速传递，公司走近了他们的世界。"深度合作"之所以又是一种合作方式，因为它要求公司与利益相关者之间进行双向沟通。[14]各种各样的利益相关者之间的相互作用会不断拓展公司的宽度，并为其提供在这个过程之初公司甚至难于想象的学习和成长机会。通过这种方式，"深度合作"使得公司理解了其在演变过程中遇到的各种复杂问题，而这必将提高公司日后的竞争水平。

图7.1描述了核心的利益相关者（他们具有显而易见、容易辨别、与公司当前业务利害攸关的特征）与边缘的或外围的利益相关者之间的区别。当那些核心的利益相关者凭借其雄厚的实力和法律为其撑开保护伞，或是为他们所急切呼吁的问题争得一席之地时，公司对处于边缘位置的利益相关者却往往很少顾及或直接置若罔闻。公司的一些活动也可能会对他们造成影响，但他们和公司目前的经营活动却甚少发生直接联

系。然而，边缘利益相关者可能持有一些具有关键作用的知识和观点，而这些对于预见潜在问题、识别未来创新机会以及商业模式而言都至关重要。例如，在前任CEO卡莉·菲奥莉娜的领导下，惠普公司通过在印度库派姆的乡村建立"i-社区"，来判断在发展中国家农村贫困人口中推广信息技术和互联网的可行性。这种做法可以有效地帮助惠普公司构思与设计一系列的产品和服务，以解决印度农村真正的问题，并满足当地人切实的需求。[15]

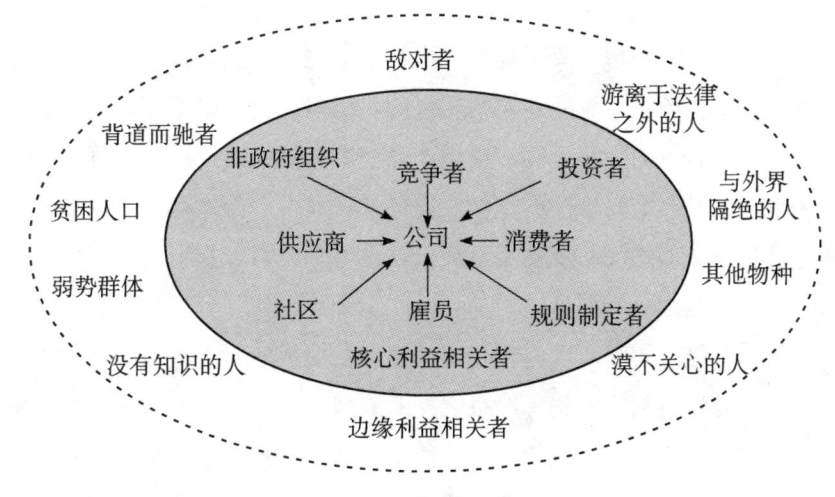

图7.1 与边缘利益相关者合作

资料来源：Hart, S. and Sharma, S. 2004. "Engaging fringe stakeholders for competitive imagination." *Academy of Management Executive*, 18（1）：7-18.

通过与以前从未接触过的智力资源之间架起沟通的桥梁，"深度合作"使得公司能够以动态的发展战略应对不断变化的环境。从边缘利益相关者那里得到的知识给公司发出了信号，告诉公司要利用哪些资源和能力，对其投资项目才最为有益，公司则依据这些制定新的价值创新战略。[16]例如，印度利华有限公司要求经理们花六个星期的时间去农村体验生活，以提高对农村贫困人口的卫生需求和清洁习惯的认识，这些认识又催生了新的产品策略（如香皂和洗发香波的捆绑销售）及促销活动（如露天表演）。这些创意同样已经被联合利华公司在巴西和其他发展中国家的子公司推行。

正如桑杰·沙马和我所认识到的，"深度合作"由两种亚能力共同组成：扩展公司经营范围外延的能力（向外拓展）；整合多样化及作用尚未得到证明的知识的能力（向内拓展）。这两种亚能力与传统有关创造性的文献中所描述的"创意的产生"（发散）和"对设想的评估"（收敛）有着类似的含义。[17]

向外拓展：扩展公司的经营范围

有竞争力的构想需要经理们提出形形色色的想法，去探寻新的、从未服务过的市场。集思广益对构想新的，可以使公司以快于、好于、价格低于竞争对手的方法为客户提供产品和服务的突破性技术与商业模式而言至关重要。推动这样的革新所需的认识通常广泛地存在于在公司外部，可能要从那些既不重要又不突出，也不是公司现有组成部分的利益相关者身上挖掘。

正如惠普公司和印度利华公司的案例所揭示的，这些利益相关者通常都是现有公司利益相关者网络之外的漏网之鱼，比如那些发展中国家城市里的流浪汉或者农村的穷人，甚至可能是并不属于人类社会的相关者（比如，濒危的物种和大自然）。[18]事实上，在具有划时代意义的巨著《生物仿生学》（*Biomimicry*）一书中，作者詹尼·本雅斯（Janine Benyus）主张将生物学家也纳入技术开发过程，这样做就可能使公司在产品设计之初拜自然为师（而不是像现在这样凌驾于自然界之上）。例如，蜘蛛不用任何有毒的物质就可以在周遭的环境中创造出一种比凯夫拉尔（Kevlar）纤维还要坚固的材料（蜘蛛网）。在产品设计中，向自然这位良师虚心求教，去创造一代全新的、天然清洁并可持续的产品绝非异想天开。第三世界的呼声其实正提供了一个全面的视角，透过这个视角，公司可以了解自己周围不断变化的环境和机遇。

要想使得向外拓展战略真正有效落实，需要对传统的利益相关者的管理模式进行彻底的颠覆，即采取一种"舍本求末"的方法。[19]这意味着通过识别过去从未关心过的那些参与者，公司要有意识地彻底改变自己对利益相关者的认识。在现有的商业模式下，要想让经理们来识别边缘利益相关者——如农村的穷人、城市棚户区居民，或者自然保护权益的倡导者——无疑难如登天。但是，当经理们身处与现在周遭截然不同的环境时，来自外围利益相关者的呼声就会传入他们耳中。

例如，2000年年初，在试图扩大经营范围时，格拉敏银行的创办者穆罕默德·尤努斯给他的职员们提出了一大挑战，鼓励他们将注意力转移在行乞者身上，从这些最贫穷的人身上挖掘商机。[20]他注意到，行乞者们以往与银行的业务几乎毫无瓜葛，由于担心行乞者的还款能力，大多数银行不愿将资金贷给他们。面对这种情况，尤努斯要求每个员工负责发展一名行乞者成为其客户。这就要求每个员工直面最贫困的人的生活现状。到2005年，超过23 000名行乞者成了银行的客户，并从伸手乞讨的耻辱生活中解脱出来，改头换面，走上了小型经营业主的道路。通过这个过程，银行的员工们极大地扩展了他们对业务范围的界定。例如，在一个案例中，一个以往整天只是端着一个杯子坐在那里的瘸腿乞丐，转移他的"战略位置"到了市中心，这次不再是行乞，而是开办了一家小型便利超市。这名乞丐凭借从银行担保获得的区区50美元贷款，经营香蕉、饼干和饮料等小商品，而这些东西来自当地一家地处偏远的商店。

另一个是关于一家跨国公司的案例。杜邦公司为了在外围的利益相关者中广为纳谏，来帮助公司为其生物技术的发展制定更加健全完善的战略，建立了生物技术顾问团（Biotechnology Advisory Panel）。杜邦公司富有建设性地从来自印度、非洲和拉丁美洲等地的形形色色的利益相关者中求得参考意见。它还邀请了环保主义的倡导者，如国际绿色和平组织的前领导人各抒己见、指点江山。资深经理和商界领袖们的不同观点也被杜邦公司纳入考虑范畴，这一系列举措已经对公司将生物技术商业化及其发展战略的制定产生了积极的推动作用。随着产品从取材于化石原料到成为以生物科技为基础的知识密集型产品的转变，有关公司未来商业模式的新思想也应运而生。

图7.2确认了公司在拓展外延时可以采取的行动。从经营管理的时间来看，对一家大公司而言，花费在用于产生新理念和创新上的研发成本少之又少。

只有在经理们对当地文化和生态系统萌生兴趣之后,与边缘利益相关者开展密切的沟通才成为可能。他们可以置身于一个截然不同的环境中,去了解那些需要尚未被现有产品满足的人们,搜集反映他们真正需求的原始资料。这样做的好处是,他们开始懂得应用革新的技术,并且为提高开发新产品和商业模式的潜力及测试其可行性展开工作。例如,宝洁公司在尼加拉瓜农村开启了一场实验性的冒险,通过让它的经理们置身于公司从未涉足过、完全没有任何基础、完全没有任何合作伙伴存在的环境中,迫使他们迸发创意。这样一来,就使这些经理人在聆听边缘利益相关者呼声之际,服务现有市场模式的各种逻辑和主流思维不会对其造成干扰。

目标:识别并使经理们参与到与现有业务不同的方方面面的业务中去,使经理们构思出潜在的新产品和新的服务项目。

过程:

1. 在诸如气候变化、生物仿生、社会公平、贫困和人权等方面展开研究,来识别与公司现在的利益相关者不同的群体。我们所要关注的是被全球化严重扰乱和破坏的地区,即那些人口爆炸式膨胀、环境质量恶化和农村人口大量向城市移居的地区,那里缺乏教育、通信、基本的卫生和营养条件。

2. 创造能产生可持续发展潜力的地区,并通过学习,开发在经济潜力、零污染、生物多样性和生态系统平衡等方面可持续发展的商业模式,获得构建本地社区的能力。

3. 让经理人们深入到当地的文化中去,以便理解当地所需的产品及服务,并探究截然不同的、创新性的和可持续发展的方式,以及满足消费者需要的新方法的可行性。

成本:培训、经营管理、实地走访和其他形式经营活动所需要的时间。

收益:产生出完全不同的新产品、新服务和新商业模式。

图 7.2 拓宽公司业务范围

资料来源:改编自 Hart, S. and sharma, S. 2004. "Engaging fringe stakeholders for competitive imagination." *Academy of Management Executive*, 18(1): 7-18.

通过向外拓展并从边缘的利益相关者那里寻求新知,扩展公司的业务范围,经理们得以打消各种疑虑,继续拓展公司的品牌宽度。只有当经理们从那些陈旧的、支撑现有业务系统的观念和思维定式中解脱出来，新的认识才能接踵而至。有效的向外拓展致力于从非传统的利益相关者处着眼，理解那些动态而又复杂的问题。正是在解决这些问题的过程中，一些全新的颠覆性产品、技术或战略才得以应运而生。

向内拓展：整合未被证明的多样化信息

一旦公司的服务外延得以扩展，并且能够对更大范围内、更加多样化的思想敞开怀抱，公司就能更加清楚自己的未来发展可能会面临哪些问题和机遇，而此时对公司而言，最大的挑战就在于如何整合新信息并由此制定合乎实际而又能发挥作用的战略。在首次与这类利益相关者接触时，经理们需要架起一道桥梁，以确保拓展性的、非正式的沟通顺利实现。要了解那些存在于当地人及其传统中、那些对他们而言心照不宣或者尚未被写成文字的知识，和他们进行密切的沟通和交流必不可少，而通过那种人满为患的会议或是正式的谈判，我们是断然无法获取这些知识的。只有在边缘利益相关者的认识和当前的商业模式之间明显的矛盾得到调和之后，实用的战略才会接踵而至。

正如有国外生活经历的经理人能对发达国家市场上的产品和服务提出恰到好处的改进意见一样，花时间去无家可归者的收容所、发展中国家的农村地区，或者那些自然资源大量消耗或惨遭破坏的地区去，我们就能置身于一种截然不同的物质和文化氛围中，思想的火花就会迅速点燃。但是，为了能够从那些边缘利益相关者，尤其是那些与公司现有的经营活动存有利益冲突或毫无瓜葛的利益相关者处获得知识，经理们要尤其重视这些不同的声音，因为这种领会依赖深度聆听以及与那些持有不同观点的人开展深层次的对话。

正如我们所看到的，印度利华公司要求所有员工在农村生活六周时间，以充分挖掘当地顾客的见解和偏好，并在新产品设计时将这些信息融入其中，实现换位思考。[21]公司还在印度农村创建了一个研发中心，该中心致力于开发能满足贫困人口需求的产品和技术，并且原材料几乎全部都是从当地的生产者处采集得来。印度利华公司与大量当地人开展合作，使他们成为了自己产品的分销商，并出资培养这些合作者的技能。通过加深对当地的了解并换位思考，在低收入市场的经营活动中，印度利华公司同样收获了实实在在的收入和利润。

通过整合未被证明过的信息，阿文德·米尔斯公司（Arvind Mills）在印度制造出当地人能够买得起的蓝色牛仔裤，创造出了一套全新的价值分销体系。[22]作为世界第五大牛仔布生产商，阿文德公司发现，印度国内的牛仔布市场尚未打开，一条售价为20～40美元的牛仔裤足以使得大多数消费者望而却步，所以自然无法拥有大片市场。考虑到这样的情况，阿文德公司开始将Ruf and Tuf牌牛仔裤推向市场，其牛仔裤的全部组件（牛仔布、拉链、铆钉和其他辅料）加起来的成本只有6美元。一个由4 000名裁缝（其中许多人居住在镇上或是乡村）组成的牛仔裤生产网络被建立起来，这种做法提供了许多就业岗位，并组建了一个自发的和分散的分销体系。Ruf and Tuf牌牛仔裤是现在印度牛仔裤市场上的领军产品，轻松地超越了利维斯（Levi's）和其他来自美国与欧洲的牛仔裤品牌。

与此形成鲜明对比的，是20世纪90年代末耐克公司尝试为中国大量的低收入人群生产运动鞋却以失败告终的案例。如果仔细分析的话，这个失败至少可以部分地归结为耐克公司没有做到换位思考和未能整合那些未被证明的信息。[23]基于较低的价格（每双10～15美元），这款"世界鞋"（在未与潜在顾客开展深度交流的情况下）的设计初衷就是为了吸引那些买不起耐克高端产品的消费者。在中国，耐克公司几乎完全依赖与它有合同关系的厂家来生产产品，并且利用公司早已建立的国内渠道来实现这款"世界鞋"的分销，甚至没有为这个产品制定富有针对性的营销计划。事实上，这款"世界鞋"被摆放在北京和上海的高档零售店销售，而旁边就是标着150美元天价的产品。未曾摆脱熟悉的合作伙伴和高端运动鞋既定的商业模式，使得这款"世界鞋"对自己的销售目标只能望洋兴叹。2002年，这次尝试走到了尽头。

矛盾的是，利用现有的商业体系设计和生产低端鞋，说明耐克公司根本就没有走近这些目标客户，没有在设计这个产品之前对各方面的情况进行深入的了解。耐克公司当时的商业模式与其生产并推销"世界鞋"所需要的商业模式是截然不同的，但公司却并未着眼于这种差异。因此，只有在公司对由边缘利益相关者提供的未被证明的信息仔细推敲之后，有竞争力的想法才能横空出世。

正如我们在上一章所了解到的，墨西哥水泥行业龙头老大——西迈克斯公司的案例更具说服力。[24] 针对像孟加拉国、埃及、印度尼西亚、泰国和其他拉丁美洲国家那样的发展中国家市场，西迈克斯公司在深思熟虑之后采取了针对性的策略，最终大获全胜。这些发展中国家最贫困的居民的基本需求并未被完全满足，这正为西迈克斯公司提供了一个特别的机会。从一开始与墨西哥的穷人打交道的过程中，西迈克斯公司通过不断摸索，最终在由发展中国家的低收入消费者组成的巨大市场中如鱼得水。通过对墨西哥棚户区各种限制和条件的深入理解，西迈克斯公司创造出了一种全新的商业模式，这种模式使得公司从穷人自己动手建造房屋的特殊需要中找到了自己成长的源泉。

其他的例子同样为这个观点提供了有力的佐证。为了帮助协调矛盾和利用当地人的知识，杜邦公司委派了一名高管作为"各市场成长妙方推广小组"的负责人，这是公司一次全新的尝试，目的是在新兴市场实现自下而上的创新。用这种方法，不仅可以保证从当地收获成长的创意，"各市场成长妙方推广小组"收获的成果也能够更有效地在部门之间传递。同样，联合利华公司也建立了一个国际委员会，将以 BoP 市场为目标的革新——比如印度利华有限公司的产品策略和促销活动——推广到其他国家和市场中去。

如图 7.3 所示，整合形形色色未被证明的信息意味着要与边缘利益相关者不断进行密切合作。该图说明了之前我们提到过的全新的构想与商业模式是如何被试行、检验和推广的。这样的复制需要考虑外围的利益相关者的真实需求，并培养对实践经验的整合和学习能力，这个步骤的关键在于，企业在向外拓展业务面临机遇和挑战时，如何借助实际经验巧妙应对。最后，我们需要将"深度合作"的两个阶段转化成前后一致的方法，来服务于新战略的形成和进一步推广。

> **目标**：构思和实现根本性创新，并创造新的商业模式。
>
> **过程**：
>
> 1. 组织并促进经理人、产品开发者和技术人员以及边缘利益相关者共同参与对话。
>
> 2. 通过建立包含经营管理者、研发工程师和全体经理人员（他们当中的一些人与完全不同的利益相关者有过交流）在内的任务组，共同酝酿创新和研发新的商业模式。
>
> 3. 与各种极端的利益相关者展开持续的对话，以检测和提炼新产品、新服务和新商业模式，确保利益相关者们的需要得到满足，同时还要应对他们所关心的这些新产品、新服务和新商业模式对社会与环境的负面影响问题。
>
> 4. 在完全不同的组织委员会之间进行横向（业务单元，功能区域，地理位置）和纵向（贯穿公司各个层级）协调并交换信息。
>
> **成本**：与利益相关者的协调和互动。
>
> **收益**：在产品、服务和商业模式方面实现突破性创新，同时确保边缘利益相关者们在经济、社会和环境方面的利益，并防止对抗性人群的出现。

图 7.3 整合不同的和不确定的各种信息

资料来源：改编自 Hart, S. and Sharma, S. 2004. "Engaging fringe stakeholders for competitive imagination." *Academy of Management Executive*, 18 (1): 7-18.

综上所述，在与利益相关者合作的过程中，向外拓展和向内拓展是互相促进的。通过整合从边缘利益相关者处得到的知识，"深度合作"的构思具有挑战现有商业模式及相关结构的潜力，会产生新的增长点和竞争优势，而且还有助于利益相关者和公司之间进行双向沟通，使利益相关者参与到他们所关心的问题的解决中来，而不是像孟山都公司那样面临意想不到的争端。我们都知道，在孟山都公司的案例中，利益相关者没有能够参与问题的解决，而是成了与公司发生冲突的对立者。

因此，"深度合作"所包含的内容远非彻底透明化这么简单。彻底透明化要求公司完全公开其正在开展的商业活动、正在实施的商业战略和目前已经造成的影响。在过去的10年中，彻底透明化已经变得越来越普遍，而这种方法其实主要是针对管理那些核心的利益相关者提出的——那些群体凭借强大的实力、提出问题的紧迫性和突出性，对公司的现行业务造成直接影响。[25] 公司在运作的时候，必须得到这些群体的"许可"，否则这些人就可能拿起资源、特许令或是法律作为还击的武器。

然而，当今世界有着数万个互相联系的非政府组织和激进团体，如果公司还仅仅依靠彻底透明化，未来必将危如累卵。孟山都公司、耐克公司、壳牌公司和世界贸易组织的遭遇都告诫我们，缺乏了那些与公司的经营活动并无直接关联的边缘利益相关者的参与，公司的经营和发展能力在很大程度上可能遭受重创。"深度合作"通过更加明智和更具包容性的全球化策略——从源头解决社会、文化和环境的可持续发展问题——来帮助公司得到参与甚至率先解决这些问题的机会。"深度合作"帮助公司铸造了一个更加广泛、更具包容性的网络，以孕育可能在未来世界活跃的产品、服务、市场和商业模式。

扩展全球经济的概念

迄今为止，我们对经济的构成的理解依然十分狭隘，认为全球经济，尤其是处于第一世界的那些富裕国家的经济，仅仅是由公司内部提供各种产品和服务的有偿劳动构成。只有很窄范围内的宏观经济指标能吸引我们的眼球（如人均 GDP），其他对全世界人们意义重大的经济活动形式很少被我们纳入考虑的范畴。正因为我们对世界上绝大多数人的生活方式不够尊重，当我们试图将这种全球资本主义模式强加于世界上的其他地区时，抵制之声才会不绝于耳。

J. K. 吉布森-格雷汉姆（J. K. Gibson‑Graham）等学者曾指出，在整个世界经济活动体系中，正规的货币经济占据的仅仅是冰山一角。在正规的货币经济之下，基于私人部门的经济不仅存在于公共部门（学校、政府、代理机构）和非正规经济模式（物物交换、自给自足、第二职业和家庭生产）之中，像我们所看到的那样，无数其他的行为和活动中也有它们的藏身之所，比如生产合作社、社区企业、非营利组织、志愿活动、礼品馈赠，海泽尔·亨德森（Hazel Henderson）所说的爱心经济：数以亿计的母亲、父亲、阿姨、叔叔以及祖父母们为抚育他们的家庭成员所付出的无偿劳动亦是如此。[26]

如果我们将所有这些活动累加到一起，它们的总数可以达到我们用来衡量经济健康状况的正式 GNP 数字的无数倍。当我们谈及经济增长和获得成功时，所谓的"发展中国家"之所以总是黯然失色，这种狭隘的衡量方式难辞其咎。我们没有看到，大多数实际经济活动其实是发生在我们所看到的表象之下的，它们活跃在公共部门、非正规经济和爱心经济中。但这并不意味着这些经济行为总能有效地实现，其产生的经济成果都能被公允地分配并符合环境可持续的特征。事实上，正如我们已经看到的那样，金字塔底层生活着数十亿人，他们的需求还没有被很好地满足，或者还在被唯利是图的本土生产商、军阀或专制君主肆无忌惮地剥削着。

因此，我们首先要拓展对经济和资本这两个概念的认识，二者都并非整体的概念。纵观全球，从第三世界的路边摊到纽约证券交易所，市场无处不在。一种更具包容性的资本主义可以催化和繁殖一系列的经济活动与实践，甚至那些目前尚未有资本主义涉足的机构（如非正规部门、合作社和家族企业）同样也被包括在内。

换言之，资本主义不应该是一种以霸权形态出现的经济形式：通过自己创立的战略，跨国公司能够从目前的这种仅仅主要在正规经济中为富人提供商品的业务中跨越出来，扩大其全球经营范围。同样，如果全球金融体系能拓展其服务范围，改变原来仅仅专注于资本的自由流动模式，更新后的金融体系则可以成为一个传播机遇和战胜贫困的最佳武器。在过去，这套体系其实仅仅是在富有阶层面前扮演着锦上添花的角色，同时又造成了外国货币的不稳定。

作为商人，现在是睁开双眼，充分考虑这些可能性的时候了。通过创建一种更具包容性的企业形式，一种与本土环境密不可分而又自下而上建立起来的企业形式，我们能将两个世界中最好的部分结合起来，也就是将正规经济中的资源和技能与非正规经济和爱心经济中的本土知识、"人的面孔"及对文化的理解融会贯通。这与公司社会责任的思想有着本质的区别。公司社会责任的思想依靠纯粹的慈善事业来补偿传统商业战略造成的损失，我建议跨国公司培养一种新的融入世界的意识，以便更好地理解大多数人需要解决的切实问题。[27]所谓的逐利动机，从这个角度看，就会通过对问题的解决和创造新财富的方式来积极推动变化的快速发生，而不是从多数人那里榨取资源来服务于少数人。

反客为主

在过去的几十年间，随着企业战略中全球化的意味越来越浓，企业成功地建立了覆盖发展中国家的供应链网络，而这张网络足以服务全球所有的顾客。然而，这些战略还是非常依赖全球规模的产量和所谓的"以不变应万变"的方法。也许这些战略在金字塔顶部尚有用武之地，但对于满足穷人的需求而言，如果仅仅凭借它们，恐怕还是无济于事。为了有效地满足穷人们的需求，企业必须聆听那些在资本主义历史上一次又一次被忽略的人们的呼声。掌握这种技巧能使企业从一个通过各种战略掠夺自然资源、剥削农民、让农民不断涌向城市的外来者，变成目标市场中的一分子、一个本地人。

不幸的是，迄今为止，大多数跨国公司的战略——即使是那些还存有可持续发展思想的企业——却还是扮演着一个外来者的角色。孟山都公司最初在转基因食品商业化方面的想法最终流产，耐克公司为中国低收入家庭设计运动鞋的尝试以失败告终，正是两个颇具说服力的例证。那些希望使用洁净技术和将贫困群体作为目标市场、为他们提供可支付产品的企业，也许有着不错的初衷，却无意间成了帝国主义一个最新的翻版。即使少数跨国公司为我们上演了一段成功的故事，这在之前的章节中的确提到过，或是在其他地方确实发生过——印度利华公司在农村BoP市场的商业模式就是其中之一，惠普公司在库帕姆的"i-社区"项目和墨西哥西迈克斯水泥公司的互助造屋计划皆是如此——这些成功象征着重要的第一枪顺利打响，但它们距离被视作严格意义上的本土化企业还是相距甚远。拓展企业宽度是发展本土能力的第一步。下一章我们将深入了解成为真正的本土化企业究竟意味着什么。

注释

1. 这个观点引自：Wolfgang Sachs, *Planet Dialectics* (New York: Zed Books, 1999).

2. 艾瑞克的一些伟大的想法可以在这里找到：Erik Simanis, "Entrepreneurship and Global Development: An Antiessentialist Critique and Extension" (Chapel Hill: University of North Carolina, working paper, 2002).

3. 再次感谢艾瑞克·西蒙尼斯提出的这个绝佳概念。

4. See, for example, Arturo Escobar, *Encountering Development* (Princeton, NJ: Princeton University Press, 1995).

5. 感谢艾瑞克·西蒙尼斯和戈登·安克，这里的一些语句摘自于由他们二位和我共同完成的作品，*Project Proposal for a Protocol for Strategic Initiatives at the Base of the Pyramid* (Ithaca, NY: Cornell University, 2004) 。

6. Helena Norberg-Hodge, *Ancient Futures: Learning from Ladakh* (Berkeley, CA: Sierra Club Books, 1991).

7. Polyandry 指一妻多夫的行为。这样的行为可以控制生产女性的数量，对于控制人口数量同样功不可没。

8. See, for example, Wolfgang Sachs, *Planet Dialectics*; Gilbert Rist, *The History of Development* (New York: Zed Books, 1997).

9. Helena Norberg-Hodge, *Ancient Futures*.

10. 要了解更多信息以及幸福所需的元素，参见 Jonathan Haidt, *The Happiness Hypothesis* (New York : Basic Books, 2006).

11. See Wolfgang Sachs, *Planet Dialectics*; Arturo Escobar, *Encountering Development*; David Korten, *When Corporations Rule the World* (San Francisco, CA: Berrett-Kohler, 1995); Joseph Stiglitz, *Globalization and Its Discontents* (New York: W.W. Norton, 2002); George Soros, *On Globalization* (New York: Public Affairs, 2002); Jeffrey Sachs, *The End of Poverty* (New York: Penguin Books, 2005); and William Easterly, *The White Man's Burden* (New York: Penguin, 2006).

12. Daniel Pink, *A Whole New Mind* (New York: Riverhead Books, 2006).

13. 接下来的部分内容节选自：Stuart Hart and Sanjay Sharma, "Engaging Fringe Stakeholders for Competitive Imagination," *Academy of Management Executive* 18(1)(2004):7–18.

14. "互动合作"（transactive）的概念首次见于这本书：John Friedman, *Retracking America: A Theory of Transactive Planning* (New York: Anchor Press, 1973).

15. 更多细节描绘，参见 Deborah Dunn and Keith Yamashita, "Microcapitalism and the Megacorporation," *Harvard Business Review* (August 2003):46–54.

16. Kathy Eisenhardt and Jeffrey Martin, "Dynamic Capabilities: What Are They?" *Strategic Management Journal* 21 (special issue) (2000): 1105–1121; and David Teece, Gary Pisano, and Art Shuen, "Dynamic Capabilities and Strategic Management," *Strategic Management Journal* 18 (1997): 509–533.

17. 对该类文献的精彩概括，参见 Leigh Thompson, "Improving the Creativity of Organizational Work Groups," *Academy of Management Executive* 17(1) (2003): 96–111。

18. 每种都有例子，参见 David Collins, "Serving the Homeless and Low-Income Communities Through Business and Society/Business Ethics Class Projects: The University of Wisconsin-Madison Plan," *Journal of Business Ethics* 15(1) (1996): 67–85; C.K. Prahalad and Stuart Hart, "The Fortune at the Bottom of the Pyramid," *Strategy+Business* 26 (2002): 1–14; and Mark Starik, "Should Trees Have Managerial Standing? Toward Stakeholder Status for Non-human Nature," *Journal of Business Ethics* 14(3) (1995): 207–217。

19. 对这一概念的深入探讨，参见 Robert Chambers, *Rural Development: Putting the Last First* (London: Longman, 1984)。

20. 2004年4月与穆罕默德·尤努斯的私人会谈。

21. See Miguel Angel Rodriguez, *Reinventing the Wheel: Hindustan Lever in India* (Barcelona, Spain: IESE, 2002)。

22. M. Baghai, S. Coley, D. White, and C. Conn, "Staircases to Growth," *McKinsey Quarterly* 4 (1996): 39–61。

23. See Heather McDonald, Ted London, and Stuart Hart, *Expanding the Playing Field: Nike's World Shoe Project*, www.globalens.com, 2009。

24. See K. Herbst, "Enabling the Poor to Build Housing: Pursuing Profit and Social Development Together," *Changemakers.net Journal* September (2002)。

25. R. Mitchell, B. Agle, and D. Wood, "Toward a Theory of Stakeholder Identification and Salience: Defining the Principle of Who and What Really Counts." *Academy of Management Review* 22 (1997): 853–886。

26. J.K. Gibson-Graham, *The End of Capitalism (As We Knew It)* (Oxford: Blackwell Publishers, 1996); J.K. Gibson-Graham, "A Diverse Economy: Rethinking Economy and Economic Representation," Working Paper; and Hazel Henderson, *Beyond Globalization* (West Hartford, CT: Kumarian Press, 1999)。

27. 我要感谢泰德·伦敦允许我引用我们二人共同创造的"社会嵌入性"这个绝佳的概念。我同样要将谢意送给Mark Granovetter，是他最先结合管理情境在以下文章中定义了这一概念："Economic Action and Social Structure: The Problem of Embeddedness."*American Journal of Sociology* 91(3)(1985):481–510。

第 8 章

培养本土化能力

自从普拉哈拉德教授和我于1998年首次提出"金字塔底层的财富"这个概念开始,这方面的发展势头就一发不可收拾。在过去的几年间,有关 BoP 的各种论文、书籍、会议、项目以及企业活动犹如雨后春笋。[1] 事实上,有人竟然已经把 BoP 列入了商业术语的范畴!许多大型公司改变了自己的商业模式,重新确立了价格和成本定位,来向穷人市场挺进:单份(小袋)包装,低成本的生产,范围不断扩大的家庭零售店的分销形式,小额贷款以及与各种非政府组织之间开展合作成了大势所趋。社会企业和小额贷款行业同样迎来了自己的春天。然而,在企业蜂拥着追逐金字塔底层"财富"时,有的东西却仿佛不复存在了:穷人们自己的观点。

如出一辙的指责之声越来越多:企业的 BoP 战略其实在本质上仅仅是"把产品卖给穷人",似乎只要将穷人变为消费者,就能釜底抽薪般地解决贫困和可持续发展的问题。譬如最近,SELCO 的主管哈里什·汉德(Harish Hande)博士发现了一个严重的危险信号:"我震惊了,至少可以说,人们是在以一种非常单一的方法看待 BoP……在 BoP 市场似乎只有一个字:卖,卖,还是卖。巨大的市场份额、极高的增长潜力成了人们唯一的关注点……正如我的一个朋友所言,很多人生活在贫困中,然而几乎没有人依靠贫困生活。"[2] 密歇根大学的艾尼尔·卡那尼(Aneel Karnani)教授在自己的论文中尖锐地揭示了这个概念:"金字塔底层的财富:海市蜃楼。"[3] 在这个一针见血的批判中,他指出,在 BoP 开展业务,在最好的情况下不过是一个"无害的幻想",而在最糟糕的情形下,则可能成为一种"危险的错觉"。他认为,我们不应该将关注点集中在将穷人变为顾客上，我们应该将穷人视作生产者，因为真正提高他们的收入才是带领这群人走出贫困的不二法门。

我举双手赞成！跨国公司如欲在 21 世纪茁壮成长，就必须扩大自己的根基并将成功带给更多的人，还必须在缩小贫富差距方面扮演主导的角色，同时必须为未来开发出突破性技术并使其商业化，带领我们大步迈向一个可持续发展的世界。它们必须不断理解和培育当地的市场与文化，运用合乎当地特征的解决方案，在金字塔的最底层积累财富，为这些地区创造而非榨取财富，这些贫困地区的发展应该成为首要原则——变成本土化的企业，合作开发新的技术、产品和服务以满足当地的需要，并建立自下而上的商业发展模式，才是目的所在。

为了实现这一目标，跨国公司必须将其先进的技术及其全球化的规模与对 BoP 群体所处环境的深入理解相结合。尽管技术的重要性不容小视，但若没有当地人的参与，针对金字塔底层的战略必然无法实现。事实上，跨国公司或一些开发机构试图"解决"穷人的问题和将技术解决方案强制施行的努力总是一个接一个地以失败告终。企业必须将穷人视为合作伙伴或是同路人，而不仅仅是顾客或是消费者。要实现这种思路上的转变，就需要开发出一种全新的"本土化能力"，以弥补大多数跨国公司已经具备的全球化效率、国家响应能力和学习迁移能力之外的不足之处。

新一代企业的战略和技巧

正如我们在之前的章节中已经看到的那样，通过深度合作拓展企业的宽度是开发本土化能力以及企业真正结合地方环境所需要具备的技巧和能力的第一步。变得更加本土化，要求企业在正规经济和非正规经济之间架起桥梁，因为在开发 BoP 的过程中，在发达国家得以运用的传统模式已经不再具备实用性。正如我在密歇根大学的同事泰德·伦敦所言，这种方法关注的是 BoP 中积极的一面，而非消极的一面（如贪污腐败）或是缺失的方面（如西方体制）。

不幸的是，大多数企业针对 BoP 市场的战略在本质上都有着"外来者"的特征。大多数西方企业和大型的跨国公司仅仅是通过改变现有产品的包装方式——改为更小的包装（例如单份包装），或是在发展中国家中寻找合作伙伴进行业务外包，抑或将产品分销网络延伸至棚户区以及乡村地区，或者是与非政府组织开展合作来填补自己能力上的空白，这些方法都是对现行商业模式做出的简单调整。尽管作为行动的第一步或许还算可圈可点，但在我看来，这样的"第一代"企业 BoP 战略却并未击中要害。[4] 这些只是一种置身事外的快速进军 BoP 市场的战略，而没有考虑到生活在那里的人群的真正需求和渴望。

可悲之处在于，这样的"BoP 1.0"战略——我是这样称呼它们的——已经给学术研究、市民社会甚至当地的合作者造成了越来越多的阻碍。如果这种以企业为基础的扶贫计划想要在未来大显神威，我们就必须引入基于本土化能力的"第二代"BoP 战略（见图 8.1）。正如我们所看到的那样，"BoP 2.0"需要的远不止深入聆听：它需要将利益相关者视为同仁深入交谈，并通过直接的私人关系建立互信；它指的是通过将公司的知识和技能与那些当地群体联系在一起，激发有竞争力的构想。事实上，正如我的同事埃里克·司马尼思（Eric Simanis）所说的那样，本土化需要商业上的合作开发以及互惠互利的实现。

BoP 1.0	BoP 2.0
•将BoP视作生产者/消费者 •深入聆听 •降低价格 •增加分销渠道 •与非政府组织在保持一定距离的条件下开展合作	•将BoP 视作合作伙伴 •深度对话 •拓展想象力 •提高融合能力 •直接建立私人关系
"把产品卖给穷人"	"互惠互利"

图 8.1　第二代 BoP 战略

资料来源：改编自 Simanis, E. and Hart, S. 2008. *Base of the Pyramid Protocol*, 2nd Ed., Cornell University: Center for Sustainable Global Enterprise.

简而言之，有效地为金字塔底层人群提供服务需要一种完全不同的战略方针。例如，在之前的章节中所提及的那些成功的 BoP 冒险就告诉我们，小型的、在当地环境中出现的开拓性行动与低收入市场的条件恰能实现完美匹配。事实上，它们比在发达国家流行的那种集中式的、依靠规模在经济上取胜、从一开始就需要良好的法律和功能健全的中央机构作为支撑的战略更能与这些市场的条件相适应。在接下来的这一部分，我将描述一些基于过去几十年间对 BoP 商业的研究经历而总结出的一些全新的、融入本土环境的战略和技巧。[5]

参与第一，设计第二

正如我们在第 5 章"自下而上的创新"中看到的，当西迈克斯公司针对自己的低收入水泥消费客户撰写了《对那里，我们真的知之甚少》一文时，经理人们迎来了一大挑战，他们被要求在棚户区生活六个月，以对自己动手建造房屋者所面临的问题和障碍有一个更深入的了解。还有一个额外的要求，在棚户区生活期间不要思考关于水泥业务的问题。就像其中一个经理所说的那样："一旦我们踏入那片土地，就必须将有关水泥的问题全部抛于脑后。"[6] 最后的结果告诉我们，这条禁令果然尤为重要。只有摆脱了短期商业目标的束缚，管理者们才能赢得当地人的信赖，二者最终给了经理人们一个全新的、从未发现过的视角，来考虑如何更好地满足金字塔底层市场的需求。它还给了经理人们一条如何本土化的黄金法则：融入当地的经济生活永远要比推广产品和服务重要。就像"今日之公平"项目，如果项目组被销售更多水泥这个目标一叶障目，在融入当地棚户区的环境时就断然不可能取得如此可圈可点的成就。

在进军金字塔底层市场时，大公司在诱惑面前必须有所克制，不要像谚语中所说的那样：给孩子一把锤子，什么看起来都像个钉子。尽管在短期内，将公司现存的产品和解决方案推向贫民窟的居民与农村村民确实能带来销售额的逐步增长，但因为采用的方案只是外来品，所以几乎毋庸置疑都会以失败告终；耐克公司将运动鞋推向 BoP 市场的失败尝试就是一个最好的例子。

在商业行为开展之前，融入当地的生活对于公司形成换位思考的能力尤为重要。建立互信关系同样可以帮助管理人员与本地人之间互相学习。事实上，穷人可能会帮助管理人员看到自己公司存在的不足，甚至他们生活方式的缺点。正如记者汤姆·弗里德曼在其著作《雷克萨斯与橄榄树》(*The Lexus and the Olive Tree*)一书中提及的那样，每个地方的人都需要通过工作、交换以及市场来满足物质需求和维持生计，雷克萨斯正象征着这些。同时，对人们来说同样不可或缺的还有"橄榄树"——一种归属感、社区集体感、与自然间的联系，以及家庭、部落宗族、传统、宗教信仰和其他非物质资源给人们带来的大量精神财富。[7]

今天，在金字塔的顶端，尤其是在美国，成功已经不仅仅局限于为人们提供"雷克萨斯"了。事实上，肥胖和过度消费已经变得越来越普遍，作为一种文化，在这方面我们已经走得太远。有些时候，金字塔顶端的"橄榄树"甚至在逐渐枯萎：职业变动越来越频繁、都市化进程加剧、汽车文化的兴起等等都在破坏着家庭，侵蚀着社区，并降低着人们的归属感。宗教原教旨主义至少在一定程度上可以被视为一种对现代社会中"橄榄树"逐渐丧失的补偿性回应。

金字塔底层的情况则恰恰相反，尽管在"雷克萨斯"方面不尽如人意，第三世界国家的生活方式却仍然与保护它们的文化和自然环境相互一致。"橄榄树"一如既往地茁壮成长，而没有遭遇资源枯竭、环境恶化、文化瓦解的威胁，假如我们当中生活于金字塔顶部的人们愿意仔细看一看，正是在这些地区，可能会重新发现集体归属感及当地的农业、工业、住房、用水和医药体系中蕴藏的智慧。

例如，在北尼日利亚，一名当地的教师穆罕默德·巴·阿巴（Mohammed Bah Abba）在对非洲当地技术兴趣的驱使下，开始寻找一种在当地可行的、解决食物变质问题的方法。食物变质问题造成该地区数千人罹患疾病，其收入也因此而减少。[8] 北尼日利亚属于贫困地区，在农村的人们依靠农业过着自给自足的生活。没有电，自然也就没有冰箱，易腐烂的食物过不了几天就会变质。阿巴发明了一种极为简单廉价的制冷设备——陶制罐中罐冷却系统，为这个半沙漠地区人们的生活带来了翻天覆地的变化。在当地传统陶罐艺术的启发下，这种技术诞生了。阿巴雇用本地的制罐者制作出这种陶罐，来达到降温保鲜的目的，在燥热的气候条件下，不需要外部供能即可实现对水果、蔬菜和其他易腐烂的

#第 8 章
培养本土化能力

食品的保鲜。这种创新性的冷却系统由两个直径各异的陶罐构成，其中一个罐子被放在另一个罐子里面，两罐之间的间隙通过湿沙填满，沙子中的水分向大罐子的外表面蒸发，这时外面的干燥空气就会循环进来，蒸发过程会使温度降低几度，里面容器的温度就会下降，有害的微生物被消灭，从而对易腐烂食物起到了保鲜作用。阿巴创办了一家企业，雇用了500多名本地制罐者专门生产这种保鲜陶罐，并使这种技术惠及当地农村的穷人。到2000年年末，他已经发展到每年要为当地人提供数万个保鲜陶罐，每个售价只有一美元。该企业越做越大，现在已经将业务扩展到了另外三个非洲国家，它们分别是乍得、喀麦隆和尼日尔。

通过切实地融入其中，新的机会就会叩响我们的大门。在这个过程中，有可能开发颇具潜力的新产品和服务——更不要说从未有过的生活方式了。数十年来，和平队的志愿者们最先意识到了这一点。在刚开始参与这种活动时，大多数青年志愿者觉得自己会用从富裕国家引进的"先进"知识来"援助"那些穷人。然而，当任务最终完成的时候，大多数人坦言，从那些他们原先打算帮助的穷人那里学到的知识，比穷人从他们这里了解到的更多。

对公司来说，真正的融合并非易事，企业的日常工作事项所带来的束缚——在为之前的市场提供服务的过程中形成的思维惯性是主要原因。例如，尽管西迈克斯公司的主要目的是要融入当地环境，而非销售水泥，但经理们还是被派到墨西哥棚户区去了解贫穷的建房者的情况，即使他们被要求至少暂时忘记水泥销售。但与当前业务相匹配的思维模式还是限制了他们的思维，如果在没有合适的计划的情况下，新的商机和模式很容易就会与他们擦肩而过。

为克服这种阻碍，在融入当地经济生活的过程中，一种有效的方法就是借助联盟的力量。如果来自各行各业的代表共同合作，就会实现思想的融合以及不同行业思想的相互碰撞。尽管西迈克斯公司有着良好的初衷，但如果该公司派入棚户区的是一支由多种行业的专业人士组成的团队，就会发现公司的水泥业务依然一叶障目，使其未曾利用更具有可持续发展意义的房屋建造方式。更进一步说，如果团队中有小额信贷专家，也许他们就会看到，除了为棚户区居民提供建筑材料的贷款外，

"今日之公平"项目还可以开展另一项服务,以帮助棚户区居民获得其所建房屋的所有权。这样,与当地经济生活的融合才算是真正从当地人的观点出发,才可能识别当地的真正需要,并有助于使技术和产品开发真正地适合当地的情况。

共同开发定制解决办法

有兴趣在金字塔底层开展一种嵌入式商业模式的公司能从农村社会学、应用人类学以及换位思考的设计构思中学到许多东西。事实上,诸如农村参与式评估、快速评估程序和快速民族志研究等技术,都可以为我们聆听那些被边缘化的人群的声音、寻求理解及相互学习和创造反应型战略提供宝贵的方法。[9] 所有这些技术都强调了通过双向信息流来共同开发定制问题解决方案的重要性,不同于自上而下地照搬现有的方案,这其中的关键部分是与当地人共同设计产品和服务的方方面面。

在对金字塔底层市场的投资活动进行研究的过程中,泰德·伦敦和我发现,获得成功的投资方案——那些已经根植于当地环境的企业——在开发对当地人而言十分重要的产品功能和服务方面,都做到了极致。这就意味着产品及其经营模式需要并肩演进。正如一位我们观点的支持者所说:"成功的商业模式应该能让每个参与者有利可图。"[10] 与之相反,表现不佳的企业在设计商业模式之前,总是将价值仅仅定位在产品自身,公司的研发中心远离该产品的使用地,在商业模式还没有设计出来的时候,产品的开发过程就草草收尾了。

例如,为了将数字音频通信服务和多媒体服务直接提供给世界上此类服务尚未覆盖的,包括非洲、中东、亚洲和拉丁美洲在内的新兴市场,世广卫星集团公司(WorldSpace Corporation)应运而生。20世纪90年代末推出的世广卫星服务网络由三颗地球同步轨道卫星支持,能直接将40多个高清频道的广播节目和多媒体节目传送到一种通过专用芯片发挥功能的便携式接收器上。为了收回构建卫星传送基础设施时投入的成本,世广集团为接收器制定了250~500美元的价格区间。公司希望能够通过这种独特的全球服务方式,最终将高质量的信息、教育以及娱乐类节目带给网络覆盖区域内的50亿人口。[11]

创立者诺厄·萨马拉（Noah Samara）最初的动机是直接利用卫星广播来阻止艾滋病在非洲的传播，但事实很快就超越了这个设想，除了传播能让人们更加健康、接受更好的教育熏陶以及对他们的生存环境更加珍视的知识外，世广卫星网络还被视为一种工具，这种工具不仅为穷人们奉上了本民族最好的音乐和文学作品，还带来了来自遥远国度的、同样灿烂的文化。

虽然公司相关的技术发展令人印象深刻，但世广卫星集团公司却没有能够留住大量的客户。毋庸置疑，接收器的价格是这项技术未能推广的拦路虎。然而，更为关键的是，公司无法为用户提供他们认为有用或令其兴趣盎然的节目。由于发展中国家大部分地区都是依赖集中化的传播模式，所以也就无法顾及当地用户多种多样的口味和偏好。商业模式的这种集中化本质其实制约了获得成功至关重要的一点，即共同开发和共同进步。尽管有着良好的初衷，但世广卫星网络始终扮演着外来技术的角色，没有能够与当地环境融为一体。

与此形成鲜明对比的，是为农村地区提供IT服务的N-Logue公司。[12]它采用一种由位于马德里的印度技术学院（Indian Institute of Technology）特别发明的无线局域回路（WLL），通过共同参与战略，N-Logue公司以农村为基础，提供通信服务。其采用的商业模式由相互依赖的三级网络共同构成。在集团一级，N-Logue公司通过开展各个组织（设备供应商、非政府组织、节目供应商和政府）间大范围的合作，为整个系统提供支持；在下一层级，N-Logue公司建立起了一个由获得了特许经营资格的本地服务合作伙伴（Local Service Partners，LSPs）组成的区域网络，这些合作伙伴与集团合作，建立访问中心，各个独立的公用电话亭则通过访问中心组成网络；在最低的层级，由LSPs特许经营的小型经销商们建立村级电话亭，通过IP电话为当地提供互联网服务和声讯服务。

这些电话亭扮演的角色主要是乡村网吧和付费电话亭的结合体。N-Logue公司为电话亭的所有者们提供培训、支持和技术援助，LSPs负责提供交易平台，当地的小型经销商们则可以自己决定提供的产品和服务内容，以及采用何种市场战略。这些产品和服务不仅包括根据当地村民需要定制的内容，而且包括计算机培训课程、CD-ROM格式的电影以及其他针对性服务。公司允许电话亭经营者们自己开发商业战略，这使得适应当地情况的解决方案得以萌生，集中式商业机构中很难被开发的新兴服务项目也因此应运而生。

正如N-Logue公司的案例所清晰表明的那样，金字塔底层特殊的环境要求公司在开发产品和服务时，采用一种能使当地用户参与进来的方式。因此，共同开发定制问题解决方案的要求远不止依据当地环境适当调整（即将现有的解决方案经过调整后直接应用到目标市场），尽管这是跨国公司大多数全球战略的实质。为了提高本土化能力，公司必须学会如何进行共同创造和共同发展产品与服务，这样才能从一开始就以一种恰当的方式扎根到当地的生态系统和文化中去。

低成本探索试验

为了促进本土化能力的发展，相对于单一的大规模市场探索而言，采用多样化的低成本试验有着巨大的优越性。考虑到任何新的尝试必然会伴随许多难以预料的打击，"小失败换大教训"确实是笔不错的交易——在商业模式大规模应用之前，通过小规模试验对其不断调整和完善。事实上，小规模试验拥有使我们快速、持续地掌握所需知识的潜力，在小试验中奏效的那些知识对于大规模的经营活动而言同样适用。这些低成本小试验能使公司及时在一些失败的项目成为公司昂贵的负担或是对社会和环境造成更大影响之前及时刹车。但是，这种做法需要一套单独的评估和衡量标准，因而在项目的目标仅为扩张现有业务并实现短期收入和利润目标面前，这种尝试几乎总是难于实现。

考虑到这一点，在评估这类项目时，采用实物期权分析法比完全依赖传统的现值计算现金流的方法更加实用。[13]实物期权分析法将私募股权资本市场的方法运用到公司中，预期在5～7年的时间内实现盈利，而非靠一种与传统的资本预算相关联的计算周期过短的方法，也非与传统的研发相联系的周期过长的逻辑。[14]在这种方法下，项目被有效地划

第 8 章
培养本土化能力

分为几个可负担的阶段，在每一个阶段结束之后再决定是否继续向前推进，而不是在项目伊始就做某种孤注一掷的决策。

如果缺少实物期权分析法提供的灵活性，金字塔底层的实验就会无可避免地向着慈善事业转变。我们应该不惜一切代价避免这种情况的发生，因为经验表明，在这样的尝试中，一旦放弃技术，实验往往会以失败收尾。[15]企业原先抱有的改善金字塔底层状况的初衷到最后往往会演变成一场捐赠活动，而不是将它发展成可行的商业试验，这表明大多数跨国公司在进行项目评估和资金预算时太过呆板。解决之道应该是开拓投资分析的视角，而不是转而设立某项企业基金来草草收尾。

例如，宝洁公司曾经为推广它的营养均衡类饮料"营养之星"（Nutristar）和终端净化水技术（PuR）努力做出过尝试，两种都是针对BoP市场推出的全新产品，而且都已经通过了多轮小规模的市场试验，每一个阶段的尝试都收获了许多重要信息，来指导这种经营模式的调整，以便最终获得商业成功。遗憾的是，由于采用了贴现后的现金流方法作为分析工具，多轮的市场调查都被认为效果不佳。每个项目的支持者们现在纷纷背负上了推翻这种做法的巨大压力，这些呼声中还有一部分要求将这一项目转变为公司的慈善事业。然而，正如宝洁公司可持续发展部的副部长乔治·卡朋特所言，借助慈善手段是一个陷阱，放弃新技术永远无法让公司在财务方面保持可持续性，因为公司的基金根本无力负担解决这个问题所要付出的巨大代价。[16]

设立专项投资资金用于低成本探索，并为之设立专门的实体组织负责运作管理工作，正是应对这种挑战的方法之一。在今天的商业模式中，如果没有这种事先撑开的保护伞，短期绩效高于一切的观点几乎不可避免地会招致失败。[17]耐克公司试图依赖其现有的生产渠道和销售体系推广其开发的"世界鞋"产品，却以失败告终的案例很好地说明了这一点。不经过前期对市场的低成本探索而直接将已有的商业模式应用于金字塔底层市场的做法是错误的。正如克莱·克里斯滕森和迈克尔·雷纳（Michael Raynor）在他们共同完成的著作《创新者的解决方案》（*The Innovator's Solution*）中所指出的，在突破性创新的投资中，尽管对利润的渴望十分迫切，但对成长也要有足够的耐心，因为这样的投资在形成

199

一定的规模前需要大量时间的积淀。[18]

在进军金字塔底层市场时,克里斯滕森和雷纳的结论愈发显得重要,因为有证据表明,当业务达到一定规模之后,迅猛发展的态势将会一发不可收拾。正如普拉哈拉德所言:新兴的技术和产品在发达国家的全面覆盖需要花费长达 10~15 年的时间,而在金字塔底层市场,3~5 年足够了。[19]对于跨国公司而言,这其中的含义再清楚不过:如果某项业务已经在 BoP 开展了几年,绝不要轻言放弃,因为这种业务可能正处在其迅猛增长期的前一秒——一旦时机成熟,必如雨后春笋。

避开雷达区

1984 年,在看到发展中国家在私有机构供水供电方面存在真空状态之后,世界水务公司(World Water Corporation)应运而生。[20]在一组来自普林斯顿大学的工程师们的帮助下,1992 年,公司成功开发出了第一种专利产品——太阳能供电系统。其后,该公司又开发出了享有专利的光电技术,其中最值得一提的是 AquaSafe 太阳能水泵。该水泵能抽取十倍于世界上其他任何太阳能水泵的水量——每分钟能从河水或其他地表水中抽取超过 2 000 加仑的水。这种技术还可以被用于从地表下 1 000 英尺处抽取地下水,为人们提供清洁的井水。考虑到水资源的匮乏被认作 21 世纪的一个重大问题,公司对其先进的太阳能抽水系统必将拥有一个覆盖世界各地的大市场信心十足。在这种乐观预测的驱使下,公司于 1997 年上市。

到 2000 年,世界水务公司已经在 17 个发展中国家建立了分支机构。公司的典型做法是与目标国中央政府签订长期协议,以水资源和能源工程的顾问与承包商的身份提供服务,重点在农村地区开展业务。例如,2000 年,世界水务公司与索马里新一任的政府签订了一项协议,担任其全部水资源和能源项目的主要顾问与承包商。在巴基斯坦和菲律宾,公司同样与执政当局签订了类似的协议。在索马里项目的试运行阶段,公司投入了 250 万美元,并计划覆盖 25 个社区。

为确保这些经济极端落后的国家确实能为它们购买的设备和服务买

单，公司只用硬通货交易，还试图在每个项目伊始就收取 10%～15% 的首付款项。世界水务公司还与美国银行及一些国际金融机构开展合作，来帮助这些国家归还货款。不幸的是，尽管世界水务公司已经使出了浑身解数，目标国政府的不稳定和腐败还是将公司推向了危险境地。协议的高度可见性将工程的范围和界限——以及可能收入囊中的利润——清晰地呈现在了官僚、政府官员们和其他一些一旦该项目宣告破产就可能从中渔利或是从工程建设中捞取好处的人眼前。

由于这些顽疾的存在，公司的国际业务预期大幅缩水。事实上，在过去的几年间，公司一直尝试在美国，尤其是在加利福尼亚州有所突破，这些地区水资源匮乏和电力供应的缺口使得世界水务公司的产品变得非常有吸引力。尽管 2000 年公司为增长作出了巨大的努力，但其股价还是原地踏步；到 2009 年年末的时候，公司出售了其约 30% 的股票。

与这个案例截然相反的是在第 6 章 "改善金字塔底层的状况" 中所提及的在肯尼亚展开的 "启动" 项目的案例，该项目致力于开发适合东部非洲贫困农村的技术，以及为当地的小企业提供成长的土壤。尽管同样是为第三世界开发水泵技术，但不管是在技术上还是在商业模式上，"启动" 项目都另辟蹊径。正如我们所看到的那样，"启动" 项目的赚钱工具——小型灌溉水泵是由小农场主人工操作的，产品在设计之初也采纳了当地人的意见，以此来确保这种水泵在当地的认可度。这种小型水泵售价不到 100 美元，因此对终端用户毫无压力，这意味着该项目可以先以一种较小的规模推出其产品，在接下来的时间中继续成长壮大。它绕开了与肯尼亚和坦桑尼亚中央政府打交道的环节，世界水务公司遭遇的种种复杂矛盾和腐败问题在这个案例中自然消失殆尽。

简言之，与我们所能够辨别出的其他大多数在金字塔底层中的成功尝试如出一辙，"启动" 项目有效地避开了当地政府腐败的雷达区，从而避免了所有与变化多端的中央政权相关的棘手问题。通过构建一种直接与终端用户接触、建立于来自当地人的支持的基础上的商业模式，"启动" 项目收获了信任并取得了与顾客群体相处的经验，规避了在与当地疲软的中央政府或失败的国家合作时为提高业务开展速度而不得不行贿的问题。摆脱对中央机构（国家政府、腐败的政权和中央基础设施规划）的依赖可以说对于培养本土化能力起着举足轻重的作用。让我陈述得再清楚一点——我并不是说 BoP 市场的开发过程不需要寻求或是接受发展中国家政府的援助来争取更进一步的发展，我只是强调投资的企业不能将自己的竞争战略在这种关系上孤注一掷。分析到最后，我们发现，虽然"启动"项目和世界水务公司为解决农村贫困人口更方便地获得洁净水的问题孜孜不倦，但前者已经有了本土的面孔，而后者仍然是个异乡来客。

具有讽刺意味的是，大公司对投资大、风险大的项目常常趋之若鹜，但对前面所说的小规模、自下而上的方法却总是退避三舍。唯有庞大的投入才能带来高额回报的观点，其实是公司在为金字塔底层提供服务时最难克服的挑战。例如，在印度达波尔（Dabhol）的电力项目中，安然公司投资超过了 20 亿美元，然而，贪污腐败、变幻莫测的政治风向，以及让人望而却步的高昂电价将公司推到了与利益相关者针锋相对的位置上，最后安然公司只能眼看着全部投资打了水漂。美国纳税人花费了超过 7 亿美元的资金为这个失败的项目埋单，因为事先政府为其作了担保，安然才从政府部门获得了这些贷款。假如这笔资金，哪怕只是其中的一小部分被用作分布式发电的尝试，结果又会怎样呢？

寻找非传统的合作伙伴

投资时，为了应对新环境带来的挑战，跨国公司通常需要寻找合作伙伴，来弥补缺少的资源和专门技术。事实上，如果跨国公司想要进军某个新兴市场，经常会被该国政府要求在当地寻找一个合作伙伴以共同开拓市场。例如，Tarun Khanna 公司及其合作伙伴的案例就表明，与发展中国家大型商业机构——例如一些财团、集团以及企业——开展合作，将会帮助跨国公司填补在财产权利、资金可及性及政策支持方面存在的一些缺陷。[21]

然而，在进军金字塔底层市场之际，公司可能需要迅速地、大规模地扩张寻找潜在合作伙伴的范围，因为这些大型的本地机构尽管对全球资本主义模式耳熟能详，却很少服务过本国农村的穷人或是棚户区的居住者。事实上，在对开展 BoP 市场投资的企业的分析过程中，我们发现，成功的战略（如"启动"项目）在很大程度上依赖非传统的合作者，其中包括非政府组织，社区团体以及当地政府（甚至包括村一级的政府）。与之截然相反，失败的战略（如世界水务公司的战略）则倾向于在很大程度上依赖传统合作伙伴，如目标国政府和大型的本土公司。毋庸置疑，这些传统的合作伙伴和试图进行投资的公司一样，在对低收入市场的知识和经验方面都是一片空白。

在肯尼亚的一项 BoP 投资项目非洲蜂蜜公司（Honey Care Africa），创造了一种非常有趣的三方合作机制，即私营部门、开发部门以及本地社区三方的合作。非洲蜂蜜公司的建立使当地的贫困农民获得了养蜂的机会，同时也为肯尼亚国内提供了高质量的蜂蜜原材料。通过使得许多原先贫困潦倒的养蜂农民的收入翻番，以及为肯尼亚市场提供高质量的蜂蜜，公司收获了成功，并且为当地创造出了经济、社会和环境三方面的价值。如今，非洲蜂蜜公司已经成了东非地区最大的高质量蜂蜜生产商。[22]

依照祖祖辈辈的传统，肯尼亚人是依靠原木蜂箱、篮子或黏土罐子来进行蜜蜂养殖的。遗憾的是，尽管投资壁垒很低，但凭借这些粗糙的设备生产出的蜂蜜往往数量少、质量差。非洲蜂蜜公司因此通过开发先进的（同时充分结合本土环境的）养蜂设备，再将其出售给当地小农场主，建立起了自己的商业模式。它从第三方生产商那里采购这种设备，然后出售给开发部门的合作伙伴，再由他们与小额信贷机构合作，这些机构会为小农场主们购买这些设备提供财力支持。公司通过承诺收购农民所有的蜂蜜产品来保证他们获得一笔稳定的收入，从而确保拥有可靠的供应来源。然后，非洲蜂蜜公司将蜂蜜销售给分销商和零售商，通过他们卖给终端消费者。通过建立一种能够更好地理解和运用当地社会环境的合作模式，公司建立起了一种良性循环。通过与已经在当地站稳脚跟的非传统伙伴的合作，并利用自身在设备购买和产品营销方面的核心竞争力，非洲蜂蜜公司实现了本土化。

再来看另外一个例子。Bata 鞋业公司是行业中的佼佼者，它的经营范围遍布发展中国家，通过创新性地与孟加拉国的非政府组织开展合作，Bata进入了该国农村市场，而这片市场尚未有Bata的产品渗透。[23] Bata的产品与BoP市场的需求十分吻合。它开发了一条成本低廉（2～5美元）、质量却毫不逊色的产品线，用于生产普通鞋子和拖鞋。Care公司在孟加拉国已经有50多年的历史，该公司在将农村妇女培训成企业家的事业上广泛投资，在全国范围内已经有8万多名贫穷的农村妇女通过接受这种培训，走上了经营小型企业的道路，其中包括经营小杂货铺、手工艺品的生产及零售、从事乳品交易，以及自行车租赁业务。通过与Care公司合作，Bata鞋业公司进入了农村小企业主组成的圈子，这些小企业主们愿意将自己的业务范围向鞋业拓展。相应地，由于在农村地区几乎没有人能直接加盟国际品牌，这些农村妇女成了被尊重和信任的经营者。假如孟加拉国的试验能够一炮打响，这种模式就可以被推广到世界上许多其他发展中国家去。

因此，寻求非传统合作伙伴意味着推翻典型的、仅仅聚焦于顾客和供应商的传统模式。通过与市民社会、当地社区团体和当地企业展开合作，公司能更好地理解并利用当地环境中蕴含的力量而不是试图改变环境，使其与西方社会如出一辙。非传统的合作伙伴具备当地知识、区域内的合法性并能够获得所需资源，对于跨国公司而言，单凭自己的能力，想要获得其中任何一项都是难如登天。[24]

构建非法律性的社会契约

虽然与非传统合作伙伴的合作优势众多，但跨国公司还是会频频向发展中国家中少数了解当今全球资本主义体系的实体抛出橄榄枝，因为这些实体看重它们现有的产品，并且尊重知识产权。所以，合作对象以当地的大公司、中央政府或政府所属的企业居多，也就不足为奇了。发展中国家的城市精英们是这些企业获得商业经验的源泉。然而，正如我的同事泰德·伦敦指出的那样，到达金字塔底层需要一种能跨越西方式的法律和知识产权保护的进入战略，因为这些在BoP市场根本无从谈起。[25]

在发展中国家有过大量游历的人都知道，假冒伪劣产品铺天盖地，无处不在，从劳力士牌手表、耐克牌运动鞋、光盘和录像制品，到计算机软件或者处方药。金字塔顶部大多数产品都有很高的成本结构并会保留极高的利润空间，公司依赖知识产权保护——专利、商标和版权——来为自己的独占权撑起保护伞。从这个角度来看，第三世界对跨国公司并不友好，产品的价值大大缩水，而非得到增加。然而，当我们从金字塔底层人们的角度观察时，其他的商业模式跃入了我们的眼帘。

在非正规经济中，关系而非法律或是契约，是社会运行最重要的成分，服务于这些人群中最专业的组织——当地政府和市民社会——并且起到极大的社会导向作用。格拉敏银行的经验清楚地告诉我们，要想在这个市场中实现成功的经营，需要有这样一种能力，即能够理解和重视现有社会基础中蕴含的优势，而非抱怨这里缺乏西方式的制度保障。例如，在格拉敏银行的贷款模式中，根本没有采取任何法律强制手段，因为这里没有抵押品，法律文书只能是一纸空文。假如借款人拖欠，银行职员会和借款人重新安排偿付计划或设计出替代性归还方案。社会资本和信任是这种商业模式生根发芽的基础。

尽管耐克公司的"世界鞋"案例是一个失败的商业策划，但它至少证明了对付假冒伪劣商品最好的方法并非是通过法律手段与这些第三世界国家中的仿冒者针锋相对，而是应该提供人们真正可以负担得起的产品。这需要一种完全不同的战略、成本结构和商业模式，而不是以甜言蜜语哄骗亚洲的委托生产商，让他们生产低端的"世界鞋"（生产商们完全没有这么做的动机，因为他们的获利水平与边际贡献正相关）。假如耐克公司转而与仿冒者走近，情况又会如何？事实上，仿冒者所拥有的恰恰是耐克公司所缺少的——产能，以及耐克公司孜孜以求的准确抵达低收入市场的分销能力。如果耐克公司对鞋的设计进行一种颠覆性的改良（这时候，鞋面上的斜钩可是真的了），并且将它在社会和环境方面的实践经验传授给仿冒者，极有可能造就一种双赢的局面，更不用提给工人、消费者和环境带来的裨益了。结果可能会催生一种利用社会资本、产品质量和性价比作为竞争优势的商业模式，而非一味依赖商标和法律保护。

如果能够更多地动用社会力量，而非固守法律契约，制药行业或许也能成为一大获益者。目前，对新的药物（其中以化妆品居多）的研制几乎完全致力于为富人服务，而那些让穷人们命悬一线的疾病却鲜有人问津。事实上，治疗像诸如疟疾、嗜睡病和肺结核一类的热带疾病的专利药品数仅占新药总数的1%。这些地区缺乏专利保护（以及当地人支付不起药费）常常被拿来当作这种比率失衡问题的挡箭牌。然而，事实上，对贫困人口的需求视而不见才是真正的原因：医药公司的人员对于第三世界中存在的机遇或挑战几乎一无所知。

为保护诸如美国一类的现有营利市场，制药公司同意——有时是迫于压力——对药品实行价格分层管理（如治疗艾滋病的药物）或开展药品捐赠活动（诸如默克公司的河盲症治疗项目）。这两种方法从财务角度来看都无法做到可持续发展：企图通过其中任何一种方法解决第三世界肆虐的公共健康危机，都会将制药行业带上破产之路。然而，如果制药公司真正开始进军这片市场呢？采用成本探索实验来开发一种商业模式，或是在贫困社区销售一些已经超过专利保护期的药品（例如，穷人们翘首以盼却难以获得的止痛片）。这种尝试不仅可以一改制药行业在全世界人们心目中的负面形象，还可以与需求者建立起直接联系。通过采取这种措施，公司还可能会发现一些全新的、创新性的解决世界贫困人口公共健康危机的良方——并且从中掘一桶金。

最近，制药行业中的一些企业开启了这方面的探索旅程。例如，2008年，辉瑞公司开展了"全球药品可及活动"（Global Access Initiative），其中包含一项跨部门的任务，即评估贫困人口药品可及性所面临的阻碍以及寻求可以解决这种问题的全新的商业模式。同时，辉瑞还与格拉敏银行建立了合作伙伴关系，为穷人们提供医疗保险，并将格拉敏银行的网络延伸至了乡间诊所，建立这些诊所的资金来源正是预支的保险费和向当地人收取的少量费用。现在我们已经越来越清晰地看到，西方国家制药公司忽视了这片市场，这将他们置于一种危险的境地：例如，印度的制药行业已经学会了如何生产在美国已经超出专利保护期的药品，而收取的费用却仅仅是其他制药企业的零头。[26]

第 8 章
培养本土化能力

印度最大的太阳能家用电器供应商 SELCO 公司的创始人纳维尔·威廉姆斯（Neville Williams）认为，在 BoP 市场成功的关键是信任，而非技术。[27] SELCO 公司通过提供当地人支付得起（通过一个多方参与的银行网络）并可以信赖（通过创建太阳能中心）的太阳能电器，在当地贫困人口中声名鹊起。由于穷人经常遭受贷款者的掠夺性盘剥和卖主肆无忌惮的剥削，人们交口相传的公平交易、可靠和持续的服务成为了 SELCO 公司成长壮大（以每年大约 30％的速度增长）的关键。事实上，威廉姆斯相信，在金字塔底层，信任和社会资本是培育持续竞争优势真正的沃土：一旦这些贫困客户与你建立了信任的桥梁，他们就会不离不弃，因为大多数人的生活中充斥的只有差劲的服务、寡廉鲜耻的小贩或是言过其实的宣传。英国石油公司和其他跨国公司已经开始涉足太阳能家用电器行业，它们正逐渐认识到商业模式比技术更重要。这就是为什么现在对许多印度人而言，"SELCO"成了太阳能家用电器代名词的原因，那就是信任的力量——而信任无法复制。

超越跨国模式

现在的跨国模式认为全球效率（世界规模的生产和覆盖全球的供应链）、国别回应（对产品和操作做出调整以适应国家间的差异），以及全球化的知识（在公司内部分享各地区子公司的经验）对成功与否起着关键作用。[28] 然而，考虑到贫困、人口增长、发展中国家经济停滞不前以及全球范围内的环境恶化所带来的挑战，这些传统的能力显然是不够的。事实上，在 BoP 市场的环境中，如果仅仅依赖这些能力，公司有时甚至会遭遇重创。[29]

正如在第 5 章"自下而上的创新"中所提及的，2009 年，通用公司的 CEO 杰夫·伊梅尔特曾公开表示说要想凭借传统的"全球化"战略应对眼前的挑战将会是非常低效的。时至今日，为避免被发展中国家的新兴精英企业逐出历史舞台，对于公司而言，谙熟"逆向创新"的技巧就显得尤为重要。这种技巧指的是从金字塔底层市场开启创新的征程，然后再向合适的上层市场进军。伊梅尔特动人的演讲清楚地告诉跨国企业，要想在21世纪实现兴旺发达，必须获得一种新的能力——一种本土化的能力——以弥补它们现有技能中的空白。

本土化能力要求跨国公司拓展其对全球经济概念的理解，将发生在正规的、以薪资为基础的经济以外的各种经济活动纳入考虑范畴。它们必须向非正规经济、物物交易、家庭经济以及爱心经济敞开怀抱，并根据人们现有的生活方式对现行的商业模式做出调整。创造可持续的生活意味着要使当地社区更加繁荣富强和环境得到恢复，而不是掠夺资源以致人们被迫去工厂中谋一份差事。只要我们能做到这些，通过对彼此的尊重、提高交易透明度和建立相互信任，整个世界就会为商业的繁荣昌盛创造一种适宜的氛围。事实上，在与当地的企业、非政府组织、当地政府建立合作伙伴关系的同时，跨国公司可以帮助它们自下而上地建立一系列管理制度，而不是等待当地腐败的中央政府洗心革面。[30]

本土化能力意味着要学会在相互依存精神的指引下，站在当地人的立场上，与其展开广泛的合作；意味着要以一种自下而上的途径，与当地人共同缔造一种可持续的生活方式；意味着要从小规模、低成本的探索实验开始，避开各种干扰，直接与当地社区合作，而非竭尽全力地与腐败的中央政府或该国企业中的佼佼者结为联盟；意味着寻求与非传统合作伙伴——市民社会、社区、城镇及村政府——的合作，因为只有那里才蕴藏着真正了解当地知识的宝库；还意味着要围绕社会契约而非法律契约来构建商业模式，因为信任和社会资本是金字塔底层市场的通用语言。

传统的跨国公司模式关注公司内部资源的运用，与之相反，本土化能力认为对成功与否起决定作用的知识存在于公司的边界之外。跨国公司，而非它们当地的合作伙伴，才最该参与到反向学习中去。基于此，我们认为竞争优势并非依赖保护已有的专利技术或知识产权，而是更多依赖信任和社会资本。因此，一些积累起来的准则和既定标准，在向其他BoP市场推广时，必须经过一定的转换，并与当地的环境相适应，才能最终向金字塔上层合适的市场挺进；这正是能力形成并传播的过

第 8 章
培养本土化能力

程。时代的号角已经吹响，跨国公司必须逾越传统的、在多国市场中取得胜利的概念。现在所或缺的，是一种使企业彻底扎根于当地的系统步骤——成为当地的一道风景线而非一支要将其意愿强加给当地人民的外来力量。

注释

1. 这部分中的一些内容节选自: Erik Simanis and Stuart Hart (with Patrick Donohue, Duncan Duke, Gordon Enk, Michael Gordon, and Tatiana Thieme), *The Base of the Pyramid Protocol: Toward Next Generation BoP Strategy*, (Cornell University, Center for Sustainable Global Enterprise, 2008).

2. 来自SELCO创始人 Neville Williams 2006年12月14日的一封电子邮件。

3. Aneel Karnani, "The Mirage of Marketing to the Bottom of the Pyramid," *California Management Review* 49 (2007): 90–111.

4. Erik Simanis and Stuart Hart, *The Base of the Pyramid Protocol: Toward Next Generation BoP Strategy*.

5. 在过去的十年间，由BOP学习实验室完成的不间断探索实验，包括对数十位跨国公司经理的拜访，24个原始BoP项目的案例研究，以及对档案材料的分析。要想了解这些初步成果，参见 Ted London and Stuart Hart, "Reinventing Strategies for Emerging Markets: Beyond the Transnational Model," *Journal of International Business Studies*, 35（2004）:350–370。在我们持续进行的BoP倡议中，这部分内容将会被公开。尤其要感谢艾瑞克·西蒙尼斯和泰德·伦敦在这项工作中的奉献与想法。

6. 感谢Richard Wells 的完美引述。

7. Thomas Friedman, *The Lexus and the Olive Tree* (New York: Anchor Books, 2000).

8. 参见"Nigerian Wins Prize for Developing Clay Pot Cooler," www.mclglobal.com/History/Sep2000/29i2000/29i0t.html。我感谢艾瑞克·西蒙尼斯让我注意到了这一信息。

9. Robert Chambers, *Whose Reality Counts: Putting the First Last* (London: ITDG Publishing, 1997); James Beebe, *Rapid Assessment Process: An Introduction* (New York: Altamira Press, 2001); and W. Penn Handwerker, *Quick Ethnography* (New York: Altamira Press, 2001).

10. Ted London and Stuart Hart, "Reinventing Strategies."

11. See World Space Corporation Frequently Asked Questions, www.worldspace.com.

12. 欲对N-Logue有更全面的了解，参见 Joy Howard, Charis Simms, and Erik Simanis, *Sustainable Deployment for Rural Connectivity: The N-Logue Model* (Washington, D.C.: World Resources Institute, 2011).

13. See M. Amran and N. Kulatilaka, *Real Options* (Boston: Harvard Business School Press, 1999); and M. Milstein and T. Alessandri, "New Tools for New Times: Using Real Options to Identify Value in Strategies for Sustainable Development" (paper presented at the Academy of Management Annual Meeting, Toronto, Ontario, 2000).

14. Richard Foster and Sarah Kaplan, *Creative Destruction* (New York: Doubleday, 2001).

15. 在过去的40年间，恰当的技术转移和国外援助无疑给穷人们送去了技术，但这些技术既没有为他们平添骄傲，也没有和他们形成利益关系——而这一点，对于技术能否继续被使用至关重要。

16. George Carpenter 于2004年4月在加拿大多伦多约克大学可持续性企业学院的讲话。

17. See Clayton Christensen, *The Innovator's Dilemma* (Boston: Harvard Business School Press, 1998).

18. Clayton Christenson and Michael Raynor, *The Innovator's Solution* (Cambridge, MA: Harvard Business School Press, 2003).

19. C.K. Prahalad, *The Fortune at the Bottom of the Pyramid* (Upper Saddle River, NJ: Wharton School Publishing, 2005).

20. See www.worldwatersolar.com/2-Background.html.

21. See, for example, Tarun Khanna and Krisna Palepu, "Why Focused Strategies May Be Wrong for Emerging Markets," *Harvard Business Review* July–August (1997): 41–51.

22. See "IFC-Backed Kenyan SME Project Wins Sustainable Development Prize," 7 January (2003), http://web.worldbank.org.

23. 这个案例要感谢加拿大关怀协会（Care Canada）的Jesse Moore，2004年9月他在BOP学习实验室对此作了介绍。

24. Dennis Rondinelli and Ted London, "How Corporations and Environmental Groups Cooperate: Assessing Cross-Sector Alliances and Collaborations," *Academy of Management Executive* 17(1) (2003): 61–76.

25. See Ted London and Stuart Hart, "Reinventing Strategies."

26. C.K. Prahalad, *The Fortune at the Bottom of the Pyramid*.

27. 2004年4月与Neville Williams 的私人会谈。

28. See, for example, Chris Bartlett and Sumatra Ghoshal, *Managing Across Borders* (Boston: Harvard Business School Press, 1989); and C.K. Prahalad and Yves Doz, *The Multinational Mission* (New York: Free Press, 1987).

29. 泰德·伦敦的博士论文中对这个案例的阐述最具说服力，*How Capabilities Are Created : A Process Study of New Market Entry*(Chapel Hill,NC:University of North Carolina,2004)。

30. See C.K. Prahalad, *The Fortune at the Bottom of the Pyramid*.

第 9 章

嵌入式创新战略

1944 年，经济史学家卡尔·波兰尼（Karl Polanyi）在其标志性著作《大转型》（*The Great Transformation*）中提到，工业资本主义的产生是以人们对经济和社会的关系认知发生颠覆性转变为基础的。[1]在 19 世纪 50 年代之前，市场被认为是种种扎根于社会团体组织的经济系统中的一个重要但是很小的组成部分。从 19 世纪 60 年代初开始，美国内战结束后，波兰尼发现，新概念"市场经济"开始转变为一种存在已久的关系：经济生活挣脱了社会的怀抱，而被看成是一个独立运转的系统，通过不受阻碍的、非个人化的、有效的市场运作来释放其最大的潜力。[2]

事实上，在 19 世纪下半叶，"经济"一直被解读为一个可以凭借自身力量独立运作的实体，现代意义上的经济运行规律应运而生。根据这种新的思维方法，每个人都会扮演买者或是卖者的角色，每种关系都是一笔交易。包括人和环境在内的一切事物，都是一种遵从供需法则的潜在的产品输入。在这种新背景下，由于更多的货物被送入到更多人手中，社会福利实现了最大化。大市场的概念萌生了，与之伴随而来的是现代化工业企业。

现如今，公司创新战略仍旧由产品驱动，具有"非嵌入性"。社区被看成是"目标市场"，生态系统被当成提供"原材料"和"废物池"的"自然资源"。人们对更好生活的渴望则被视为"潜在的市场需求"。向更多的人卖更多的产品是一项通过运用数据导向的市场调研和新产品开发的方法，这是一种内部的、技术性的挑战。尽管创新的实践在不断进步着，但在将近 200 年以前就已拉开序幕的核心战略，其逻辑却一直未曾变化。无论情况是好是坏，现在大部分的公司努力去进军新兴的大型市场——BoP 的 40 亿人口——继续依赖如出一辙的脱离本土环境的思考方法。

苹果和橘子的比较

从表面上看，格拉敏乡村电话案例（在第 5 章"自下而上的创新"中讨论过）和印度斯坦利华的"夏克荻计划"（在第 6 章"改善金字塔底层的状况"中有所提及）似乎如出一辙。事实上，21 世纪初，HLL 推行"夏克荻计划的创业者"（SE）战略的过程其实深受格拉敏银行的经验影响。确实，不论是格拉敏电话公司提供的电话服务，还是 HLL 销售的各种当地人买得起的小包装清洁产品——肥皂、洗发液、去污剂等——的案例，BoP 市场中的尝试都要依赖当地的女性小企业家。两个例子中的女性都依靠小额信贷来购买必要的设备以及存货，并且都在行动开始之前接受过培训。HLL 与地方非营利组织合作培训，依赖女性自助组织来提供资金。与之相反，格拉敏利用女性从银行借来的稳固的贷款，来相应地提供训练和贷款。这两项投资成了如何打开未曾受到良好服务的金字塔底层巨大新兴市场的商业模式和战略的两大成功代表性案例，涉及其中的女性小企业家数以万计。

然而，为了全局思考，需要层层剖析。在考虑创新的时候，我们会把注意力集中在 HLL 的"夏克荻计划"和格拉敏乡村电话案例在结构上的相似之处。但是这么做，我们忽略了一个重要的维度，即二者截然不同的地方——即我的同事艾瑞克·西蒙尼斯称为的"商业模式亲密度"[3]。实际上，由于乡村电话在当地推行已久，作为一名合伙人，格拉敏银行具有"可信"的基础，而且挑选出的"女电话服务员"大多都是银行以前的贷款人。然而，因为缺乏了这种"扎根"的深度，HLL 的项目不得不依赖先前存在的自助组织去招募女经销商和提供贷款支持。这种缺乏亲密度的方法导致该项目最初的换手率接近 50%，SE 计划的失利使得为其提供资金的自助组织的怨声一阵高过一阵。

格拉敏公司的女电话经销商们在服务过程中拥有完全的自主决策

第 9 章
嵌入式创新战略

权,由此掀起了一轮电话需求的热潮,一种全新的商业模式席卷农村,格拉敏在获得收入和利润增长的同时,市场得以迅速扩张。然而,"夏克荻计划"中的企业家们相对而言却很少关注如何做好自己的生意:她们拥有的只是一张张价格明确的货物清单。而且因为与公司之间是一种契约关系,销售货物失败会使她们陷入个人资金风险中。由于高换手率和不稳定的销售结果,通过这种资源密集型的推行战略,尽管 HLL 建立了一个覆盖数以千计村庄的配送体系,也只能将其获利的希望寄托在乡村消费长期的、普遍呈现的上升趋势中。

亨利·福特(Henry Ford)有过一句名言:"为什么每次我只想要一双手,他们却附带给了我大脑?"这就好像 HLL 孜孜以求的只是充当配送渠道的双手,然而格拉敏在完成这次行动的过程中却倾注了整个身心。事实上,格拉敏银行在过去的十年间已经能用这些深入的亲密关系去开创各种新兴服务和产业,从能源、电信到健康护理、水产业。从另一方面来看,HLL 不具备扎根性的"夏克荻计划",不过就是为那些现存的产品打造了新的配送渠道,很少有能够吸引乡村家庭眼球的产品出现。简单来说,尽管格拉敏乡村电话案例和"夏克荻计划"结构相似,但当我们更进一步观察人员和商业发展模式时,就会发现比较这二者正如比较苹果和橘子。

从这种比较中,我们能够吸取什么样的教训?为了使 BoP 市场迅猛成长,公司必须超越他们现有商业模式和创新战略的固有结构,重新融入到社会和团体之中。这需要开发一种全新的能力,这种能力更加侧重于对管理智慧的挖掘,而非更小份的包装。这意味着公司要超越那些司空见惯的假设,开拓全新的商业模式。这需要公司把它的"逐利之锤"放回架子上,本着一种谦逊和互相学习的精神与社区的人们共同生活。这需要发展信任、理解和尊重的私人关系,这样才有在其中逐步嵌入商业模式的新可能。

嵌入式创新战略将会把企业"送入未来"。正如那个崇尚工业企业模式的年代,"商业模式亲密度"意味着建立一种企业与社区融为一体的关系。因此,嵌入式意味着共同创建一种自下而上的商业模式,并将企业作为这种商业模式的基础部分。要实现这样的融合性与信赖度,需要一种全新的、依赖对话与合作的商业范式，而非仅仅是市场调研数据和商业目标的堆砌。

向 BoP 进军的倡议

从 2002 年开始，我们 BoP 学习实验室（在第 5 章介绍过）的几家成员企业开始商讨为 BoP 创造一种全新的、嵌入式的商业模式的重要性。他们对公司现有的、针对市场调研和新产品开发的能力和业务程序表示担忧，因为这些并不足以有效满足 BoP 市场的需要。预见到未来可能出现的场景之后，由于公司的现行模式具有潜在侵略性、滞后性和本土脱离性，有的人甚至担心这些程序会对 BoP 市场造成"损害"，甚至引发"敌对情绪"。对公司目前所作所为日益增长的不安使得 BoP 协议（简称为协议）应运而生，此协议试图把本土化能力和嵌入式创新的思想转化为一种系统的新型商业模式。2003 年，在与康奈尔大学、密歇根大学、威廉·戴维森研究所、世界资源研究所、约翰逊基金会等组织，以及杜邦、庄臣、惠普、利乐等公司建立合作关系之后，我们开始了探索的旅程。[4]

与我的同事艾瑞克·西蒙尼斯、戈登·安克以及核心团队一起[5]，我们通过结合相关领域（包括人类学、社会工作、人类地理、发展研究和设计）和相关方法（包括农村参与式评估、民族志学、快速评估程序、以资产为基础的社区发展和设身处地满足当地人利益的设计），开始进行研究工作。经过一番研究之后，2004 年 10 月，一个为期四天半的协议设计研讨会在威斯康星州拉辛的翼展会议中心举行。研讨会召集了学术界、国际发展问题专家、非政府组织的代表、社会企业家、市场调研员和企业执行官来设计这种全新的商业发展模式。2005 年 3 月，设计研讨会的结果——包括了执行的规则和协议本身的内容——被公之于众。[6]

作为一种嵌入式创新的方式，协议致力于促使公司和社区共同构建、推行并发展全新的商业模式和新兴市场。六家公司已经开始将 BoP 协议投入了实践中（见图 9.1）。庄臣公司于 2005 年在肯尼亚的内罗毕发起了第一个（试运行）项目。2006年，杜邦公司在食品和营养品领域的子公司舒莱（Solae LLC），在印度的乡村和城市贫民窟中同样进行了相关的尝试。这两个首创项目提供了重要的早期经验，在这部分会得到更进一步的讨论。

庄臣公司（肯尼亚）——2005	水资源计划（墨西哥）——2008
• 利用SCJ清洁产品的公厕清洁商业项目 • 向内罗毕的六个贫民窟提供服务	• 利用公司的水技术为当地提供健康服务商业概念 • 在第一个社区市场已经实现了规模化，现在正在进军第二个社区市场
杜邦/舒莱公司（印度）——2006	百特保健公司（厄瓜多尔）——2009
• 采用舒莱公司大豆蛋白的食品和烹调商业项目 • 在一个村落和两个贫民窟达到财务可持续状态	• 运用小规模的健康技术合作创办新的企业 • 完成前期步骤
提升健康公司（美国）——2008	盖茨基金会（非洲）——2009
• 以邻里为基础的"健康"项目和社区振兴活动 • 活动已经开展到了第二阶段	• 在非洲创办新企业，以解决疟疾肆虐的问题 • 准备阶段已经完成

图9.1 现行的BoP协议项目

资料来源：改编自Simanis, E. and Hart, S. 2009. "Innovation from the inside out," *Sloan Management Review*, Summer: 77-86.

2008年，第一家将协议作为创办基础的新机构——水资源计划（The Water Initiative，TWI）诞生了。TWI是开始于墨西哥的一个新兴的投资项目（后面我们会详细介绍），致力于合作开发新的商业模式，为穷人以及没有获得相应服务的人提供清洁的饮用水。不久前，另外两个新的基于协议的项目也新鲜出炉：一个是百特保健公司围绕新兴的健康保健技术在BoP合作创办的企业，另一个是庄臣公司——比尔与梅琳达·盖茨基金会给予了部分的资金支持，以企业形式解决肆虐非洲地区的疟疾问题。

在经过适当的调整之后，协议开始向发达国家推进，提升健康公司（Ascension Health）——一家价值90亿美元的健康保险公司率先在美国使用了该协议。提升健康公司的目标是从密歇根州的弗林特（该地区将近40%的人没有医疗保险）开始，通过创造一种可行的商业模式，为那些没有投保的人提供更高的健康保障。

215

BoP 协议的准备阶段包括以下方面：
- 汇集公司的领导团队
- 形成各领域的专业团队
- 对团队进行 BoP 商业核心概念的训练
- 选取实施项目的地点
- 明确当地的合作者

公司的领导团队由 6~8 个来自不同职能部门（比如技术、市场、产品、人力资源、财务、通信、赞助商）的负责人和 1~2 个公司或业务部门的关键领导者组成。他们的作用是为协议开创"白色空间"，对它进行保护以免被公司"抗体"吞噬，同时确保有充分的资源来保障行动的落实。由 4~6 人组成的专业团队最好包括从公司中挑选出的 2~3 个掌握多方面技术并具备企业家素质的人才，同时还要包含 1~2 个有深入社区经验并深谙 BoP 协议的人才。这支团队要接受 BoP 商业核心概念、参与式方法等方面的训练，其中包括协议、团队建设、共识决策等内容。到了训练结束、开始深入社区的时候，1~2 个来自当地社区的外部人员会被吸收为专业团队成员。公司会选取一座城市（一片棚户区）或是一块农村地区（一个村庄）作为战略的实施地。选址完毕后，专业团队将会开始在当地挑选合作者来开展一些实际工作。总的来说，准备阶段一般会持续 6~9 个月，这段时间对项目成败与否关系重大。

协议的"实战阶段"反映了在前面章节中提及的"新一代企业的战略和技巧"，该阶段由三个相互关联并有所重叠的活动组成，每个活动都会带来独特的商业成果（见图 9.2）。

- **第一步：开拓**——第一个步骤需要企业的专业团队走访社区的家庭，建立私人关系和相互信赖。这是与当地的合作伙伴共同创造全新的商业概念的高潮时分。这个商业概念应该充分考虑当地的资源、能力和能源情况，并成为下一个步骤的起点。通常完成这个步骤需要长达 3~4 个月的时间，需要团队在社区的大街小巷穿梭。
- **第二步：构建生态系统**——第二个步骤致力于向当地的一部分人群尝试推出外来的产品或服务，通过行动学习，以及小规模的试验来对商业模式进一步改进。一个新的商业组织通常是在社区核心合作伙伴的帮助下逐渐成形的。商业雏形在经过社区检验后，就可以为在更大范围内推广做好准备。通常这个步骤的完成需要一整年的时间，尤其是在乡村地区，因为当地的季节性特征是决定商业模式成败与否的关键因素。

● **第三步：企业创新**——在第三个步骤中，企业与其核心合作者通过将业务覆盖面延伸到更大范围内的细分群体，来打造一个最初的品牌并提供产品及服务。以行动学习的方式发展商业模式，培养适合当地的经营管理能力，并使当地的业务得到良好的管理和增长。这样，我们就能够收获一种扎根当地的商业模式，并为自己赢得"种子"市场。这一步骤通常需要花费6～9个月的时间。

这个过程的成果包括一种融合了公司能力和社区能力的经过确证的商业模式，一个新业务，一个初始"种子"市场。这些因素结合起来，形成了扩展该企业的平台。确实，若要让赞助公司对BoP协议项目的时间付出和承诺价值感到物有所值，需要将商业模式高效地拓展、转移并重新根植于上百个位于其他地理位置的新社区，要是没有上千个社区的话。然而，要巩固而不是侵蚀首个业务建立起的人际关系和共同承诺，拓展过程必须不同于传统的战略，而是要独辟蹊径。以下推荐两种互补的方法：系统宣传和业务移植。[7]

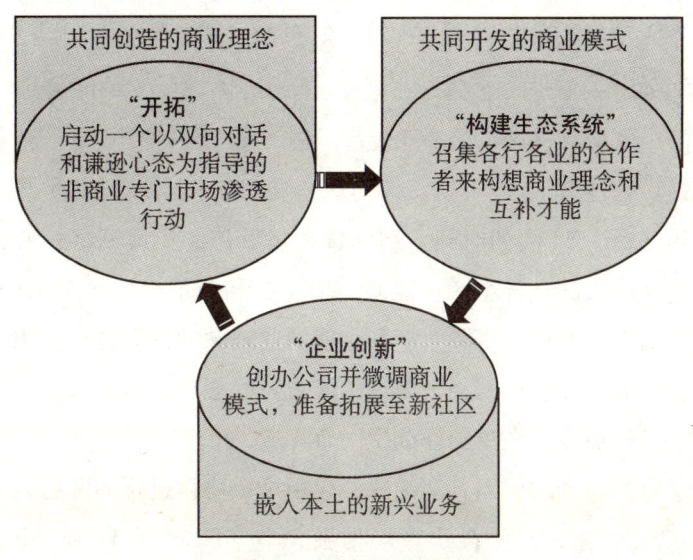

图9.2 BoP协议过程

资料来源：改编自艾瑞克·西蒙尼斯在2006年对BoP协议项目所做的演讲。

扩大 BoP 协议项目的第一步是"系统宣传"——将这个新事业从原始起点扩展到整个主体或"母体"社区。通过口碑效应及招募更多社区成员成为其合作伙伴，这个项目将被有效地"牵引"并遍布整个初始的目标社区。第二步是使用"业务移植"战略来将业务拓展到新的社区，但不是重复最初形成该业务的整个共同创造过程。公司派出原来小组中的商务"大使"进入新社区，在新社区内种下商业理念的"种子"。通过这个过程，原先的业务代表将核心理念传递给新社区，而与此同时，又让新的合作伙伴将这种理念"消化吸收"。要确认某种商业模式在哪些社区最有望成功，可以先进行快速市场评估。

在探索中学习

2005 年，庄臣公司基于 BoP 协议进行的第一次小规模试验在肯尼亚开始实施。由于该公司密切参与了协议过程的开发，因此，其企业可持续发展的领导、主席和首席执行官菲斯克·约翰逊为这项事业提供了来自企业可持续发展机构的热情支持和财力资助。

一个与庄臣的肯尼亚子公司合作的六人协议小组（Protocol Team）[8]在两个社区内成立了：一个是诺约塔镇，位于纳库鲁地区的自给自足的小农耕种社区；另一个是基贝拉（位于内罗毕），是东非最大的贫民窟，估计有 70 万人口。作为这个项目中一个独特的步骤，小组成员大约花费了 11 周的时间与纳库鲁和基贝拉的当地家庭一起生活工作，体验这些人的日常生活。他们也把企业和当地社区小组集中起来，用于广泛的需求评估、资源共享和全新商业理念的创造过程。他们的目的是共同探索企业和社区相互影响的能力，构想出为所有人创造价值的商业理念，避免双方在单独作战中一事无成。

出于各种各样的原因，在纳库鲁应用这个协议过程的努力以失败告终[9]：团队在农村地区的合作者埃格顿大学（Egerton University），是农村参与式评估（Participatory Rural Appraisal，PRA）方法的培训和应用中心。尽管在协议的开发过程中利用了 PRA 的一些方法，但这两种方法的目的却截然不同——一种是授权于社区，另一种是发展新公司。在目的上的这种差别最终导致了在农村地区试验该方法时的失效。

但是，在贫民窟社区又是另一个故事。一期试验的目的是"开拓"，基贝拉社区和庄臣公司肯尼亚子公司共同发现了一个新的商机，有足够的迹象表明其可以进行二期试验的启动工作——"构建生态系统"[10]。通过融入当地社区，团队和当地居民建立了宝贵的联系，并且和当地的非政府组织"卡罗莱纳帮助基贝拉"（CFK），以及一些青年企业家团体建立了重要的合作伙伴关系，他们通过在"用垃圾致富"活动中收集垃圾、循环利用并将其制成堆肥来创造收入。在与 CFK 合作的过程中，庄臣公司与一些青年团队在内罗毕的三个贫民窟共同组成了一个"青年企业家联盟"，分别是基贝拉、马塔莱和密吞巴。这些社区是肯尼亚最穷的一些社区，拥有 120 万～150 万人口。

协议的二期工作最终使得新业务"社区净化服务"（CCS）在 2006 年 7 月启动。该服务是庄臣公司、CFK 和九个青年团体在三个贫民窟社区的合作成果。CCS 将庄臣公司在净化系统、卫生系统和病虫害防治系统方面的专业知识与家庭规模服务模式相结合，青年团体是这种服务模式商业化的主力军。首次提供的服务包括垃圾收集、卫生设施提供、地毯清洁、家具护理、病虫害防治、窗纱以及墙壁修补和粉刷。青年团体采用了庄臣公司的产品，如残杀威、雷达、碧丽珠和稳洁等都成为他们服务组合包的一部分，并且学到了很多在营销、客户服务和会计账务方面的技能。反过来，庄臣公司也学到了很多处理棚户区环境问题的办法，以及如何改装并改进其技术、产品和服务以更好地满足不断膨胀的市场需求，这其中包括通过一种服务模式来"批量"出售其配方产品，这种模式几乎消除了对小包装产品的需求。

为了改良核心商业模式而进行的为期一年的试验，收获了很多重要知识，这些知识此后将用来重新发现和改进商业理念。作为第一个直接面向内罗毕贫民窟家庭提供服务的机构，庄臣公司和社区净化服务机构发现，对于是否该把青年企业家请进屋里，让其提供一系列事先设想好的服务，当地居民总是犹豫不决，这其实无可厚非。建立一个只有青年企业家的组织面临了诸多挑战，营业额和技术开发是重中之重。因此，他们彻底改造了商业模式，重点关注公共厕所的清洁问题，而不是向私人居民提供服务。[11]

现今的公厕清洁业务以一种微型企业的模式运行，而不是运用 CCS 组织结构。虽然认为这个公司已获成功还为时尚早，但可以看出的是，尽管这项工作的人手有限，但它仍有无限潜能，有望大有成就。确实，公司在肯尼亚的经验使其信心倍增，因此公司将其 BoP 业务拓展到卢旺达（小型家庭除虫菊种植户的所在地）和加纳（盖茨基金会资助的一个治疗疟疾的项目）。庄臣公司承诺将继续 BoP 的试验，因为，为发展中国家市场的消费者创造三重底线方面的利益是该公司整体可持续发展战略的一个重要部分。

基于庄臣公司的小规模试验成果，杜邦的舒莱（大豆蛋白）合资企业决定将 BoP 协议应用到印度。这个项目得到了舒莱公司首席执行官的拥护，并指派市场销售部门的高级主管负责。同时该项目也得到了来自杜邦公司的企业可持续发展小组以及首席执行官恰德·霍利德的大力支持。

自 2006 年 4 月开始，从肯尼亚项目返回的三名成员指导了舒莱市场渗透小组，帮助其在印度度过"开拓"阶段。[12] 舒莱小组中有两名从印度商学院毕业的工商管理硕士、四名当地非政府组织的高级开发专员，还有一名不定期参与其中的舒莱公司员工。同样，这次也是选取了一个城市棚户区和一个农村村庄，分别在印度的海德拉巴及周边地区。在农村地区，舒莱小组与"印度农村现代建筑师组织"（MARI）建立了合作关系。这个机构集中精力为该地区贫困人群建立一个强大的社区性组织。在贫民窟里，最主要的合作伙伴是"城乡发展一体化协会"（SADUR）。两者在应用协议一期的方法来形成共创的商业理念时都取得了成功。

例如，在贫民窟，舒莱小组及其当地的合作伙伴（大多数是来自当地自助小组的妇女）共同创造了一个富有想象力的商业理念——舒莱屋顶烹饪花园。在协议一期中发现的一种未被充分利用的资源就是一些大规模建筑物（如学校和商业建筑）的屋顶。由于贫民窟里几乎没有绿色空间，妇女们觉得应该充分利用屋顶并将其改造为"公园"，并可以让她们把孩子和家人带到这个安静的地方来。与此同时，因为舒莱的核心产品大豆蛋白在印度的烹饪中并不常见，所以有人建议在屋顶配置"大厨"的炊具，让妇女能够体验加入了大豆的食谱。这种融合日后可能会扩展至整个社区。当然，同时也会在屋顶上出售大豆。在农村地区，他们也共同创造出了一种相似的商业理念——舒莱美食中心——这让人们有类似的烹饪大豆的机会，此外还为社区的人们举行诸如婚礼等盛大活动提供了场地。两种商业理念都如同"内置英特尔芯片"一样，将舒莱的核心产品（大豆）应用到了一种更加广阔的社区性商业模式中，并且为社区带来不断的"牵引力"。

2007年，这两个商业想法，连同在孟买的小组共同创造出的第三个想法，都进入了协议的二期阶段。这一整年，共同创造的商业模式在各个方面都经受住了检验，于是发展出了企业家小组。与可持续发展营养公司（NFSD）一起，创造了一个新的平台，由一名具有丰富的发展中国家经验的高级主管领导。另外，一名来自舒莱印度公司的员工被任命重点发展这些新业务。确实，这两种业务似乎都已经做好商业化的准备，但是杜邦公司和舒莱公司的内部组织变动却让之前的努力功亏一篑。首先，舒莱的首席执行官换人了，极大地消除了该项目曾让公司引以为豪的受保护的"白色空间"。

由于这个经验可能有利于杜邦公司的其他业务，所以杜邦公司竭尽全力维持该倡导。但遗憾的是，杜邦公司可持续发展项目的副总裁退休了，几乎同一时间退休的还有其首席执行官恰德·霍利德，这让整个公司大大削减了对于这个项目的支持。更令人悲哀的是，2008年间，不管艾瑞克·西蒙尼斯和其他人带领的项目有多出色，这个新事业还是被杜邦公司弃之一旁；在2009年第一季度，舒莱公司倾尽了最后一季度的工作资本，这才使得他们从其事业中全身而退。[13]庄臣公司和杜邦/舒莱公司的协议倡导是对这个过程的初步学习探索过程，起到了十分重要的作用。所有这些都为协议模型的更新换代以及修改完善奠定了基础。该模型于2008年公开发表。[14]

水的冒险

2006年，手术康复期中的企业家凯文·麦克加文决定，他将尽其余生发展一家公司来解决日益恶化的世界用水危机问题，尤其是那些服务匮乏地区缺少廉价纯净水的问题。麦克加文曾经在一些与水相关的成功企业担任主管，如KX公司、水过滤器生产商和Sober Water公司——一家在21世纪初卖给了百事公司的营养水公司。但是，他要成立的这家新企业将会与众不同：它将着重发展出一种商业和环境同步可持续发展的方法，来满足金字塔底层人群的饮用水需求。

正如在第2章"冲突中的世界"里提到的，世界上有20亿的人口无法正常获得纯净饮用水。每年病菌污染导致了数十亿例的腹泻和数百万例的死亡。此外，被砷、氟、杀虫剂和重金属污染的水是引起世界上疾病、癌症与早亡的主要原因。迅速的城市化进程对水的增长需求远远超过了管道类设施建设的速度。不可靠的（有时是不道德的）水供应商或者昂贵的瓶装水常常是偏远城市的唯一选择。农村社区的服务水平长期低下，常常依赖下降地下水层的管井或污染的表层水源来获得水资源。

更糟的是，集中化的水处理工厂本身效率低下且不具有环境可持续性：工厂需要极大的能耗、大量的化学品和巨额的资金来净化水质，以达到饮用水的标准，但只有不到2%的水真正用来饮用和烹饪（大多数水被用于对水质要求不高的方面，如洗衣、沐浴和灌溉）。此外，水处理工厂中有将近一半的水还未到达目的地就从破旧的水管中泄漏了。破旧的水管也造成了水质的再次污染。面对世界上这种用水现状，麦克加文清楚地认识到，基于企业模型提供的终端水系统，为给服务匮乏的家庭和社区提供干净、便捷、便宜的饮用水提供了无限的前景。

作为康奈尔大学理事会的一名成员以及全球企业可持续发展研究中心顾问委员会的一员，麦克加文对BoP协议的方法愈发感兴趣，并且决心据此成立他自己的新公司——水资源计划公司。他注意到，大多数水企业都专门集中向世界上贫穷且服务水平低下的地区营销特定的技术（如过滤器），但总是无法大获全胜。因此，TWI决定从一个非同寻常的假设开始——基于两个与常规思维背道而驰的原则。[15]首先，解决纯净水危机不是只有唯一出路或是需要什么"魔法子弹"。用水问题和挑战因地而异，任何一个企业若想取得成功，都需要考虑到这个现实情况。其次，不是仅仅意图通过社会营销或其他"推广式"策略来销售已有产品，TWI让当地社区的人们都加入到企业理念的共同创造过程中。使用BoP协议这种方法作为基础，TWI旨在建立一家将其知识与当地知识资源融为一体的公司。通过这样的方法，TWI将着力以"社区牵引"而不是"产品推动"作为其深入服务匮乏社区的基础——这种方法使之与其他水企业有所区别。

拉丁美洲（确切地说是墨西哥）被选作逐步开展新业务的首个试点，做出这样的选择部分是因为其地理位置毗邻美国，在交通和时间上，为公司领导前往现场提供了便利。我早期就加入了这家新公司，与麦克加文共事，一起组成了管理团队，致力于业务在墨西哥的发展。理查德·威尔斯（Richard Wells）是墨西哥可持续发展问题的一名专家，之后不久也加入了这个队伍，同样还有吉恩·菲茨杰拉德（Gene Fitzgerald），一名在水处理技术和净化方面有着丰富专业技能的麻省理工学院教授。2007年，我的博士生邓肯·杜克被招募进来，在墨西哥TWI共同创造的BoP协议业务发展过程中担任首次市场渗透小组组长。[16]

用从麦克加文和天使投资商处筹来的第一笔资金，公司又召集了更多的管理团队成员，包括来自顶尖机构的技术人员，其中一些来自康奈尔大学、麻省理工学院、加州大学洛杉矶分校、哈佛大学、耶鲁大学、新加坡南洋理工大学和墨西哥蒙特雷理工学院。来自企业与研究所的经验丰富的企业家和商务专员也加入其中并担任领导工作，这些机构包括可口可乐公司、百事公司、颇尔公司、Filtertek公司、贝尔实验室、通用电气公司、SoBe饮料公司、KX公司、Amberwave公司、辉瑞公司、美洲开发银行和美国国际开发署。

2008年，美国TWI公司通过合并墨西哥TWI公司，巩固了其在墨西哥的业务。里克·任基里安（Rick Renjilian）不久后加盟公司，担任 CEO，并与墨西哥事务的发展紧密相连。墨西哥 TWI 业务在墨西哥中北部地区靠近托雷翁市的贫困社区查帕拉展开了协议进程，在此地，最为迫切需要解决的饮用水问题就是砷污染。由于政府供水也含有超量的氯气（用于杀菌），所以当地人宁愿购买昂贵但口感更好的瓶装水或桶装水。然而，这两种水也并不是完全没有受到砷或病菌污染。TWI 公司的研发团队于是打算开发出一种便宜的终端水处理技术来去除水中的砷和多余的氯气，并在需要时提供帮助，保护人体免受病原体侵害。

在协议进程的第一阶段，由于缺少潜在的非政府机构合作者，市场渗透小组首先与社区的天主教堂合作，教堂的大力支持及其合法性使 TWI 小组从邻近的社区吸引了一些感兴趣的合作者或"社会企业"。一位有相关技术经验的墨西哥企业家路易斯·西立欧（Luis Siliceo）在此期间加入了现场团队；他逐渐对 BoP 协议的方法了如指掌，最终成为共同创造进程的带头人。家庭寄宿和信任的构建使得当地一群意志坚定的合作者下定决心，致力于共同打造成功事业。最终，他们形成了一种商业理念，即将 TWI 企业的平台技术植根于更为广阔的、基于社区的"健康对话组"（HDG）中，这个组织向很多母亲和家庭提倡更健康的生活方式。

此外，一些"社会企业"萌生了使用 TWI 企业的健康水生产辅助产品的想法。早期开发的一种辅助产品有"FruTWI"——用净化的 TWI 水和各种各样的浓缩果汁制成的系列健康果汁饮品。"社会企业"可以通过销售"FruTWI"开始他们的微型事业，在可乐和其他软饮料之外提供了一种可口、健康的选择，受到了低收入群体的欢迎。这种商业模式也涵盖了一些社区绿化活动，包括 TWI 企业参与到学校活动和附近的清扫计划中（见图 9.3）。因此，共同创造过程中诞生了一种商业理念，它在很多层面上都创造了价值，提供了必要的"社区牵引"。

协议过程对于开发 TWI 公司的终端水处理技术本身也至关重要。首先，TWI 团队认为，任何家用水净化设备都要尽可能便宜，以便让穷人也能买得起。通过让社区参与到共同创造过程中，TWI 公司迅速

第 9 章
嵌入式创新战略

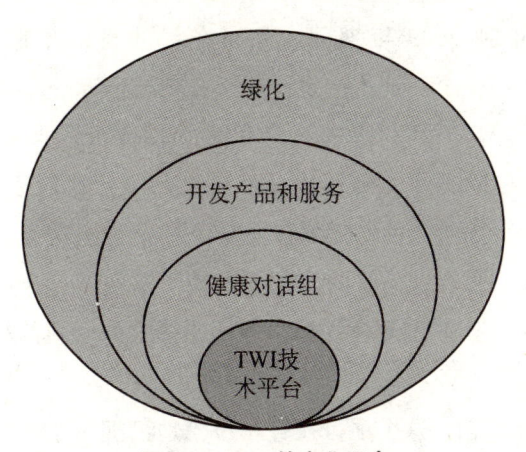

图 9.3 TWI 的商业理念

资料来源：邓肯·杜克在 2008 年所做的 TWI 的商业理念展示。

了解到当地居民不希望在屋顶上装一个廉价设备来除去水里的砷。事实上，大多数人并不特别关心砷污染，因为他们尝不出且闻不到水里的砷味。相反，人们渴望家里能有个让他们引以为豪的东西。他们想要"健康"的水质，但是他们也希望获得清凉可口的水。正是基于这个想法，"WATERCURA"这种水净化产品被设计出来了（见图 9.4）。尽管添加了一些功能，WATERCURA 仍然可以在没有任何外在能源的时候工作，从而降低了其成本和对环境的破坏。这种设备也可以拆卸和改装，既保证了低成本又减少了浪费。

图 9.4 Watercura 产品

在 2008 年到 2009 年期间，公司在墨西哥的圣路易·波托西（SLP）兴建了第二个厂址；这是将基于查帕拉的商业理念移植到一个新社区的第一步。SLP 和查帕拉有很多相似之处，但有一点不同的是：这里的主要问题并非砷污染，而是氟污染。这对于 TWI 的研发团队来说是一个挑战，他们需要研发出一种合适的除氟技术来为 SLP 移植事业奠基。来自查帕拉的商务"大使"参观了 SLP，在很短的时间内，一个致力于在 SLP 建立起类似商业模式的全新的社会企业团队成立了。

截至 2010 年初，这个项目在查帕拉当地已拥有了 100 多家社会企业和数百个 WATERCURA 设备。很多挑战仍然存在，但是"小失败换大教训"，TWI 公司正在进行第二轮筹款，蓄势待发地准备在来年将事业带入一个新的阶段。和"FruTWI"及其他相似的辅助产品（如萨尔萨酱和浓汤宝）一样，SLP 也在前进，为社会企业提供早期收入直至完善的除氟技术。这两项"试验"的结果证明，由于 TWI 公司的共同创造方法是将低廉但有利可图的技术平台根植入由社区团队和 TWI 公司技师合作开发的商业模式，所以得以有效地处理当地的水质问题。这样就有可能解决之前各个社区迫切却无力处理好的饮用水问题，同时仍能创造出可拓展的商业模式。

这种商业模式的核心就是在社会企业销售 WATERCURA 设备的同时监管其安装和服务。顾客每周为这个服务分期付款，而这种付款方式比瓶装水便宜很多，且产品质量明显优于瓶装水。从根本上说，WATERCURA 满足了社区的饮水需求；而借助于社会资助网络，它使得人们创造了他们梦寐以求的健康生活方式。随着正在进行的查帕拉和 SLP 行动，TWI 公司将扩展到墨西哥其他合适的社区，并开发出一种处理病菌污染这一主要问题的净水技术。从查帕拉获得的经验将被用于衡量扩展行动，其业务成果也会被加以改善，以满足新社区的特殊要求。最终，公司立志扩张至整个拉丁美洲直至全世界。正如倒入杯中的水一样，TWI 公司在开展事业的同时塑造了社区。

第 9 章
嵌入式创新战略

三大挑战

至此，我们已从上述六个 BoP 协议倡导中学到了很多真知灼见。另外，由市场渗透小组开发的很多特定现场技术也得到利用并将被记入《BoP 协议指南》。[17] 庄臣公司、杜邦/舒莱公司、Ascension 保健公司、百特保健公司、盖茨基金会和 TWI 公司激起了很多人对 BoP 协议的兴趣，热衷者不仅包括跨国公司，也包括企业家、政府和民间团体组织。这样看来，BoP2.0 时代指日可待。

基于目前的经验，我了解到了作为领导所面临的三大挑战和推动嵌入式创新向前发展的变化因素，尤其是在现存的公司当中。第一个挑战从根本上来说是心理因素。大多数商人对于贫困社区几乎一无所知——无论是发展中国家的农村地区和城市贫民窟还是发达国家工业不发达的内陆城市。不熟悉的东西往往看起来困难重重——所以大家宁愿选择"已知的困难"而不去选择完全陌生但可能非常容易的工作。许多经理都带有偏见和主观臆想，这阻碍了他们迅速地了解 BoP 协议。正如我的同学泰德·伦敦建议我的，对此最好的一个测试是问问公司同事，当他们想到"金字塔底层"的时候最先映入脑海的三个东西。有一些人可能会轻率地说出"穷人很懒，要不然他们就不会这么穷"之类的话。但是，更常见的是，他们会侧重描述一些金字塔底层缺少的东西：教育、资源、法律条例、实体连接性等。[18]

因此，释放嵌入式创新的潜能就需要公司团队中的关键人物（那些能够提出或突破倡议的人）转换心态。正如我们所看到的，改变人类思维的最好方式就是让他们拥有现场第一手经验。在这里，"深度合作"这一工具尤为有用：例如，组织一次到发展中国家的旅行，让那些重要的执行者看到：事实上，穷人也足智多谋，有创业才能，并且渴望获得改善他们生活的新机会。然而，说服同事和上级花时间去投身这样一份事业需要有足够的说服力。确实，正如丹尼尔·平克在他那本精彩的《全新的思维》（*A Whole New Mind*）中建议的，讲故事和说服的艺术对于 21 世纪的创新至关重要。[19]尽管商人常常怀疑故事的真实性,他们也认识到数据可以用来说谎,但仍然常常需要用数据来证明为什么某个项目就比其他选择略胜一筹。然而,在设计"蓝海战略"这个创意的时候,一个有力且令人信服的叙述者能不用数据证明就大获全胜。秘诀是:锻炼讲故事的技巧或者找个顾问咨询该技巧。这对于迄今为止的六项 BoP 协议倡导都必不可少。

嵌入式创新的第二大挑战是组织因素。正如我们所看到的,依靠现有事业来进行 BoP 协议倡导(如耐克公司的"世界鞋")几乎注定会失败,因为不可避免的是,他们要向和传统新产品或产品线拓展一样的计量学系统与奖励系统负责。企业的免疫系统非常强大——任何一个偏离常规的项目都会迅速被一群"抗体"包围,然后被无害化!重要的就是要构建一个得到适当保护的"白色空间",从而使得这种新的创新形式能够按自己的速度成长;这也意味着要设计一套专为某个 BoP 协议倡导而开发的时间轴、系列交付物和计量方法。然而,我们不希望获得的是完全分离的"高度机密",因为这种倡导需要与企业水平的资源和能力相关联,同时能够针对管理核心业务的惯例保持足够的独立性。

仅仅依赖 CEO 或其他任何某个高级领导的友善和支持也可能十分冒险。据我们的经验,如果这个见证了杜邦/舒莱公司倡导全过程的人职位变动或离开了公司,抑或被替代了,"白色空间"就有可能会瓦解。正是由于这种原因,我们建议创立一个 BoP 协议领导团队要包括 8~10 名前文提到的覆盖公司各个部门的关键领导人。不过,获得企业高级领导人的支持仍然非常关键,因为协议倡导应该被视为整个公司的创新活动,而这类人有效地连接了公司的各个节点,起到催化剂的作用。领导团队也必须保证这个倡导有适当的自主权,而且资金到位。经验告诉我们,企业的 BoP 协议倡导最好通过研发预算来筹资,这样整个过程可以被恰当地构建为"商业模式研发"的框架。[20]这种框架消除了对快速回报、迅速扩大规模的预期,也消除了像传统新业务发展项目中通常会有的其他期望。

我们由此可以想到嵌入式创新的第三个也是最后一大挑战,即战略因素。在真正启动 BoP 协议倡导前,将其看做新业务的培养箱,它需要受到保护和悉心照料。按照这样的方式构架后，现场市场渗透小组将受到保护，但也有足够的权威性可以按他们认为最恰当的方式来发展战略和商业模式，包括决定哪个外部小组和合作者最可行。鉴于本章中提到的共同创造过程中所面临的挑战和复杂性，市场渗透小组必须摆脱公司过多的干扰来自主行动。事实上，正如通用电气公司的杰夫·伊梅尔特提议的那样，"地方发展团队"（他们公司对受保护的 BoP 协议倡导的称呼）应该被视为一个独立的单位，它能够开发自己的战略、组织、产品乃至自身的损益责任。领导团队需要市场渗透小组为他们达成共识的时间表和交付物负责，但是领导团队本身不可以亲临现场环节。我们就阿森松保健项目的经验表明，就像"厨师多了坏汤味儿"，现场指手画脚的人过多，就会大大削弱市场渗透小组在社区里建立必需的信任和社会资本的能力，以致倡导无法立足和发展。所以，消除这个过程中的怀疑能够确保现场工作有效进行。

引领下一次巨变

服务金字塔底层人群的商业战略在过去几年发展迅猛：诸如联合利华、飞利浦公司、杜邦公司、庄臣公司、宝洁公司、辉瑞公司、英国石油公司、英特尔公司、AMD、微软公司、陶氏公司、耐克公司、力拓公司、荷兰银行、DSM、皇家弗里斯兰食品公司、南非米勒公司、塔塔集团、南非艾斯康电力公司、墨西哥西迈克斯水泥公司、纳特拉公司、豪西盟公司，它们只是自 2005 年来已开始或已深入 BoP 商业化的主要全球化企业中的很少一部分代表。但互相矛盾的是，尽管最开始对于 BoP 协议的设想曾经承诺将商业成长与可持续发展相结合，而如今它却行将衰亡。大多数企业的 BoP 协议倡导遵循 BoP1.0 战略，因此尚没有意识到它们想象中的、在这世界上的农村地区和贫民窟里等待它们的财富会是什么样。因此，一些公司已经撤回它们在这个地区的投资，或者把它们的 BoP 战略限制在面向更低收入目标市场销售现成产品来获得利润的层面上。确实，应用 BoP1.0 战略而获得"成功"的为数不多的实例可能让一些公司认为，唯一能从 BoP 市场中获得的财富只要装在数十亿个单份包装里就可以了。

然而，有一种发展的方法可以有效避免良莠不分的状况。可持续地解决全球贫困问题需要一个全新的实践，需要合作双方共同制定变化议程表，而不是像"魔法子弹"那样空投到社区即可。[21] 如要满足额外 40 亿人口的需求而不扰乱地球的生态系统，就需要很大程度上减少对环境的破坏，这一挑战最好通过使用全球最先进的洁净技术来战胜。确实，新技术和西方知识本质上并不是异化的——只有当它们空降到某些社区且横行无忌地破坏现有社会文化机构时才变得异化。

因此，问题不是说一家企业是否可以以更可持续的发展方式运行，而是说怎样以更可持续的方式运行。我和我的同事建议，通过嵌入式创新来获得解决问题的答案。嵌入式创新有助于确保企业的洁净技术、宝贵的组织才能和想象力能够构建在现有的社区资产与生态系统上，而不是脱离后者存在。嵌入式创新能保证共同创造的解决问题的途径吸引更大范围的社区加入，为企业提供足够的"牵引力"来获得成功。也许最为重要的是，嵌入式创新在社区中开发了深层的企业家才能，这种才能保证了持续的本土创新能力和积极的改变。

需要思想和行为的巨大转变才能意识到这场工业革命——这个阶段的资本主义实现了西方国家大众市场前所未有的繁荣景象和物质生活丰收。同样，也需要企业成长和创新战略的巨大转变来缔造一个全新的且更加包罗万象的资本主义形式——这种资本主义能将企业的利润无限扩大，同时又保护了我们赖以生存的生态基础。每个根本性的改变总是伴随着巨大的机遇。抓住这个机遇有赖于一种新型企业能力，它基于亲近的对话、学习、试验的意愿以及一贯的谦逊。

注释

1. Karl Polanyi, *The Great Transformation: The Political and Economic Origins of Our Time* (New York: Farrar & Rhinehart, New York and Toronto, 1944).
2. 开始的这一部分引自: Erik Simanis and Stuart Hart, "Innovation from the Inside Out," *Sloan Management Review*, Summer, 2009: 77–86。
3. 这部分余下的内容摘自我和艾瑞克·西蒙尼斯共同创作的文章,"Innovation from the Inside Out"。

4. 这部分的一些内容摘自：Erik Simanis and Stuart Hart, "License to Imagine: Business Co-Creation at the Base of the Pyramid"。

5. BOP倡议核心团队的成员除了艾瑞克·西蒙尼斯、戈登·安克以及我以外，还包括康奈尔大学的Duncan Duke和密歇根大学的Michael Gordon。

6. 更多内容，参见www.bop-protocol.org。

7. Erik Simanis and Stuart Hart, *The Base of the Pyramid Protocol: Toward Next Generation BoP Strategy* (Cornell University: Center for Sustainable Global Enterprise, 2008). 该文档可在网站下载：www.bop-protocol.org。

8. Erik Simanis, Patrick Donohue, Justin DeKoszmovsky, Tatiana Thieme, Catherine Burnett, and Nyokabi Kiarie.

9. 对庄臣公司以及舒莱项目经验的深入分析，参见Erik Simanis, *The Anatomy of Market Creation: Insights from the Base of the Pyramid* (Cornell University, Doctoral Dissertation, 2010)。

10. 部分对于肯尼亚项目的描述来自2007年1月15日庄臣公司的斯科特·约翰逊在"可持续发展对话"中的内容。

11. Justin DeKoszmovszky, 最初实地考察队的成员之一，现在是庄臣公司BOP事业部的负责人。

12. 再次加入实地考察队的成员包括艾瑞克·西蒙尼斯，Patrick Donohue, 和Tatiana Thieme。

13. 更多内容，参见Erik Simanis, *The Anatomy of Market Creation: Insights from the Base of the Pyramid*。

14. 更多内容，参见Erik Simanis and Stuart Hart, *The Base of the Pyramid Protocol: Toward Next Generation BoP Strategy*。

15. 部分内容摘录自TWI的"2008商业计划"，更多内容可查询公司网站：www.thewaterinitiative.com。

16. Duncan即将完成的博士论文很大程度上基于此次经历。

17. 现场指南正在进一步完善之中。

18. Ted London, "Building Better Ventures for the Base of the Pyramid," William Davidson Institute, Working Paper, 2010.

19. Daniel Pink, *A Whole New Mind* (New York: Riverhead Books, 2006).

20. See Ted London, "Business Model R&D for New Market Entry," William Davidson Institute, Working Paper, 2010.

21. 这部分内容引自：Erik Simanis and Stuart Hart, "Beyond Selling to the Poor," Cornell University: Center for Sustainable Global Enterprise, Working Paper, 2008。

第10章
成为可持续发展的全球性企业

在本章中，我们将对一个更具包容性、更加可持续的商业模式做出规划。图10.1概括了本书所述的一个演变路径。正如我们看到的那样，"绿色"是重要的第一步，因为它带领我们走出了公司经济效益和社会效益此消彼长的误区。在意识到污染是一种浪费并且与利益相关者展开对话对于减少法庭上的纷争尤为重要后，"绿色"为企业开启了一扇大门，穿过这扇门，企业能以一种积极主动的姿态应对社会和环境问题。事实上，污染防治和产品管理在减少废弃物、降低污染物排放和减小负面影响方面已经取得了成功，与此同时，在降低成本、减少风险以及缓和与利益相关者的敌对局面方面同样硕果累累。然而，显而易见，与"绿色"战略相关的持续改进还远远不够：它们只是延缓了破坏的速度，并未起到釜底抽薪的作用。

因而，"超越绿色"战略无论是对于构建一个可持续发展的世界，还是对于构建一家可持续发展企业而言，都是至关重要的。为了适应这个承载着80亿到100亿人口的世界，我们已经越来越深刻地意识到我们需要一些颠覆性的改变，在日新月异的局势和这层意识的驱使下，"超越绿色"战略使企业开始考虑另辟蹊径而非持续改进。通过自下而上的颠覆性商业模式，跨越到源头上的洁净技术使得企业有能力战胜人类社会所面临的两大难题：贫困和全球范围内的环境恶化。这同样为企业奠定了实现未来繁荣发展所不可或缺的重新定位和成长基础——整个社会亦然。

然而，正如我们所看到的那样，针对金字塔底层的战略和洁净技术，如果在设计之初目光狭隘，不管是对目标市场所在地的文化还是生

第 10 章
成为可持续发展的全球性企业

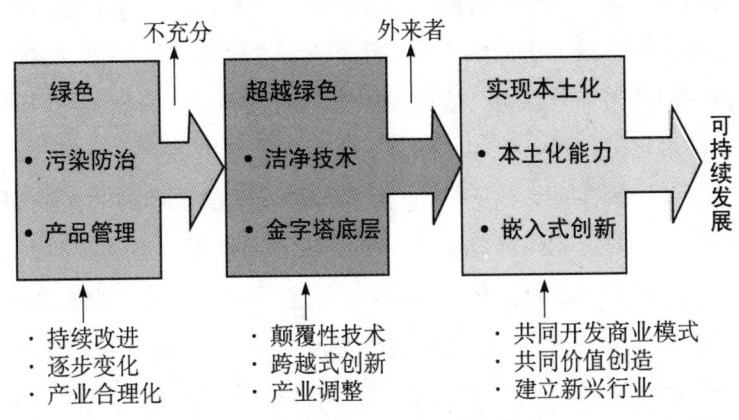

```
        不充分              外来者
          ↑                  ↑
    ┌─────────┐      ┌─────────┐      ┌─────────┐         可
    │  绿色   │      │超越绿色 │      │实现本土化│         持
    │·污染防治│ ──→  │·洁净技术│ ──→  │·本土化能力│ ──→  续
    │·产品管理│      │·金字塔底层│    │·嵌入式创新│       发
    └─────────┘      └─────────┘      └─────────┘         展

    ·持续改进         ·颠覆性技术      ·共同开发商业模式
    ·逐步变化         ·跨越式创新      ·共同价值创造
    ·产业合理化       ·产业调整        ·建立新兴行业
```

图 10.1　包容性商业的演变路径

态系统而言，企业都只能扮演外来者的角色。如果仅仅在部署"洁净技术"和将穷人定位为自己的目标市场并向他们销售廉价的商品上孜孜以求，一些企业会在无意之中种下不满的种子，不日，这颗种子必将成长为对全球资本主义进程持续不断的抵制之音。因此，可持续发展所面临的下一个挑战是如何实现本土化。通过与那些呼声曾经被全球化的进程置若罔闻的群体展开合作，并且通过和当地人共同开发技术、产品与商业模式，企业可以在自己经营的地区实现本土化。这需要适当的谦逊与尊重，同时需要向众多当地人所选择的各式各样的生活方式投以欣赏的目光。通过以一种人性化的方式实现自下而上的创新，公司很容易就能扎根其中——成为当地的一道风景线。通过这种方式，企业可以成为实现全球可持续发展的主力军。在这个进程中，高瞻远瞩的企业会挖掘机遇，以及未曾发现过的市场。

正如 19 世纪通过建立现代资本主义的工业机制，使得市场经济脱胎换骨（也就是一直延续到今日的伟大的工业企业模型），如今，我们同样处在一个意义非凡的过渡年代。正如前言中所说的那样，我们正在经历一场"伟大的变革"——自然母亲和贪婪父亲同时陷入了绝望的境地。我们所面临的挑战——以及机遇——是重塑资本主义，使其成为一种能为全人类带来福祉并能够支撑我们赖以生存的自然资本的可持续发展的商业形式。

如何使现今的这些企业意识到并追逐这类机遇，是个不小的挑战。

233

正如我们所看到的那样，打破污染和财富之间非此即彼的观念是使"绿色"战略发挥其全部潜力的重要的第一步。"超越绿色"和"实现本土化"将我们从另一种权衡与假设中解脱出来。事实上，今天我们周遭充斥着各种否定的声音，诸如"服务穷人我们连半毛钱都捞不到"，"别指望通过商业来解决世界的问题"，或者是最近不绝于耳的"你要么和我们站在一边，要么和恐怖分子统一战线"。这些都是二分法的错误运用，因为思考问题太过简单而将更加微妙的、更具包容性的解决方案扼杀在了萌芽状态。致力于通过创造性的努力来打破这些误区——以及支持它们的传统思维方式——可以为企业未来的突破性商业战略开辟一条林荫大道。

在真实的世界中成就一切

在这本书中，我曾经尝试为企业提过建议——应该通过什么样的做法来获得成为可持续发展的全球企业所需要的战略、实践和能力，但并未十分明了地阐述如何追寻这条道路，尤其是对于那些大型的、已经处于领先者地位的跨国企业。事实上，格赫拉姆·瑞詹（Raghuram Rajan）和鲁奇·津加莱斯（Luigi Zingales）在其共同撰写的著作《从资本家手中拯救资本主义》(*Saving Capitalism from the Capitalists*) 中指出，正是这些已经在行业中立足的企业，是颠覆性创新道路上最大的拦路虎。[1]合上这本书，一些想法在我的脑海里翻涌：在一个充满了预算、上级、季度报告、现金流量分析和投资行业准则的真实世界，什么能够帮助我们坚持可持续发展的道路。[2]企业中的领导和变革推行者需要满足所有的利益相关者，避免自上而下的偏见，以一种颠覆性创新的思考方式，重新制定成本结构，重新诠释规模，还要对各种要素重新进行组织。最为重要的是，需要促使雇员们建成一所"可持续发展的大教堂"。高管们要以一种可见的、实实在在的承诺直面挑战，而这种承诺远超过迄今为止他们所愿意做的。

满足所有的利益相关者

有人曾将资本主义比作一把刀：它既可以成为割伤你兄弟的凶器，又可以成为在你饥饿难耐之际为面包涂上一层黄油的功臣——这可是同一把刀。因此，资本主义面临的问题并非利益动机，而是如何诠释利益动机。正如全食超市（Whole Foods）的CEO约翰·麦基（John Mackey）所指出的，存在这样一个顽固的误区，认为商业的最终目标就是使投资者利润最大化。然而，利润最大化并非一个目的，而是一个结果。就长期而言，实现利润最大化的最佳途径就是并不将其视作一个首要目标。事实上，正如麦基所清晰阐述的那样，利润就像快乐：它常常是别的东西的副产品，譬如说一种强烈的目标感、一份有意义的工作、挚友以及深情厚谊。太过执著追求自我快乐的人往往是自恋狂——最终只能以悲剧收尾。大企业的领袖们都知道，只有生产出高质量的东西才能挣钱，二者的顺序不能颠倒。[3]

在2009年召开的世界经济论坛上，当人们对全球经济危机进行更深层次的分析时，"我们正处在一个过渡的时期"这句话被一再强调。克劳斯·施瓦布（Klaus Schwab）和托尼·布莱尔（Tony Blair）都强调说"雇佣资本主义"已经走到了尽头，我们正在开启一个"利益相关者资本主义"的新纪元。话罢，掌声经久不息。问题在于，几乎没有什么企业家或是商业人士真正理解其中的深意，更不用提如何将其落到实处了。正如艾德·福里曼（Ed Freeman）在其25年前完成的一部著作中提到的那样，问题的关键在于如何使商业活动所涉及的所有利益相关者及顾客群获收切实的利益，而非厚此薄彼。[4]事实上，如果我们不折不扣地遵循财务理论的话，投资者应该被视作"剩余索取者"——在所有的利益相关者被很好地满足之后，他们才能分配剩余的利润。

矛盾的是，如果这样的话，致力于在看似存有利益冲突的利益相关者（诸如投资者，社区以及环境）之间"打破非此即彼观念"的公司，可以通过一些极具竞争优势的绝佳战略来赢得高额的回报——这正是可持续发展企业的真正定义。事实上，在最近出炉的新书《追寻利润与其他目的》（*The Pursuit of Purpose and Profit*）中，作者列举了30家公司的案例，这些公司并未只将目光锁定在利润上，而是试图实现所有利益相关者整体利益的最大化。他们追溯了这些企业的长期股市动态，与标准普尔500作比较，发现不管是从短期还是长期来看，这些公司的股票都有不错的长势。[5]

麦基自己的公司全食超市，正是一个最好的诠释。公司力争提供最高质量的天然和有机食品，使顾客收获满足和愉悦，保证团队成员的幸福感和自我实现，关注他们的社区和环境，以创造财富、利润和成长作为自己的核心追求。在尝试着最大化公司全部的、相互依赖的利益相关者的价值的同时，依照百分比来看，全食超市同样是全美成长速度最快、利润最为丰厚的食品零售商：自1992年首次公开募股以来，全食超市的股票增长了近25倍。这为我们上了这样一课："肇事后逃逸"的商业模式——诸如掠夺性贷款，导演庞氏骗局，通过一种对其利益相关者置若罔闻甚至侵犯其权益的方式，在短期内确实可以大捞一笔，但最终他们都将自食其果。可持续发展的企业——那些对长期的兴旺发达抱有兴趣的企业——则会学着取悦自己的利益相关者。

听听对丰田公司的一片声讨，这正是我们要讨论的另外一个案例。2010年初，公司本以为简单的脚垫卡住油门踏板的问题只是技术问题，但这却演绎成了公共关系的一场灾难，对公司来说这意味着一次重创。事实上，丰田似乎几年之前就已经知道自己生产的汽车会在没有经过任何操作的情况下自动加速（之前已经导致过许多死亡的案例），通过告诉消费者和监管者这只是个小问题，丰田节省了数亿美元。直到现在，受害者的一纸诉状才使丰田的问题浮出了水面。也许从短期来看，丰田能够赚得更多，但就长期而言，它的美誉将毁于一旦，甚至品牌价值也会大幅缩水。

避免自上而下的偏见

对大公司而言，要想掀起一场自下而上的改革无疑困难重重。即使不被横加干涉，公司通常也都是由高级管理人员制定了项目和战略之

第 10 章
成为可持续发展的全球性企业

后,再层层向下贯彻执行。不幸的是,当涉及可持续发展的时候,这种自上而下的实施方式总是存有巨大的局限性,有时甚至会使公司从中挖掘商机的希望化为泡影。事实上,在金字塔顶端拥有一个运行良好的市场往往会蒙蔽经理们的双眼,使其错失其他市场的良机。

保洁公司就是其中一例。当进军低收入市场或是尝试将某些跨越性技术商业化之际,摆脱其著名的品牌管理市场的影响却显得无比艰难。当公司想要尝试着向市场推出自己新发明的调节营养均衡的产品(比如"营养之星")时,就受到了来自公司在金字塔顶端推销产品的传统方式的负面影响。菲律宾的子公司对低收入细分市场的情况不甚了解,加之公司维系已久的模式又将新顾客的真正心声屏蔽在外,最终,项目组不得不放弃了这块试销市场。后来,他们又决定在一个尚未建立分公司的国家开展试销活动。这给了企业与当地社区及非政府组织合作并真正建立一个"学习型"市场的机会。讽刺的是,公司在世界各地的出色表现却成了自己在 BoP 市场孕育新的市场模式的阻碍。[6]

杜邦公司同样在金字塔底层竞争的道路上孜孜以求。高管们将进入金字塔底层市场提高到了最优的战略高度;商业领导者也在这方面进行了各种尝试。事实上,公司已经在新兴市场完成了从辨别到评估再到投资新的商业机遇的一系列流程。然而,尽管作出了诸多的努力,公司却没有采取通过嵌入式创新合作的方式开发 BoP 市场。与之相反,杜邦公司在接下来的 BoP 市场开发过程中,还是通过现有的事业部开展业务,主要还是把现有的产品和服务拓展到那些未曾得到良好服务的市场去,而这只是一种逐步改进之举。尽管这个过程看似没有半点差错(产品线的扩张是一个实现短期增长的好方法),但这反映出跨国公司放弃现有所拥有的商业模式是多么举步维艰。[7]

即使是沾沾自喜的印度斯坦利华公司,最初也是企图通过一种扬汤止沸的方法来解决金字塔底层的新问题:对香皂和洗发水的配方做出略微的调整,并选用了穷人能够负担的一次性的小份包装。然而想要切实地融入并实现自下而上的创新,需要走一条全新的、截然不同的道路。正如我们所看到的那样,BoP 战略的核心是一种合作创造共同价值的方式。为了实现这一点,高级管理人员需要为中级管理人员能够冲破现有

237

系统中的条条框框提供结构性的条件支持。至少，这需要一笔专项的投资资金和一个专门的孵化组织，使这些资本能在没有最低资金预期回收率、公司管理费用限额以及对现有业务部门成长期望的负担情况下良好运作。[8]它不需要投入大量的资源。正如我们所看到的，通过这种方法，即使只花费几百万美元也能选择一个更好的未来——并为公司带来一个可以有效避免现有业务饱和和停滞的增长引擎。正如著名的经济学家E. F. 舒马赫（E. F. Schumacher）总是挂在嘴边的那样："人类因为小巧所以美丽。追求巨大就意味着走向自我毁灭。"[9]

像突破性创新者那样思考

格拉敏银行的经验告诉我们，采取一种突破性创新而非持续改进的思维方式对于追寻可持续发展的道路至关重要。这常常意味着要颠覆大脑中根深蒂固的现有技术和商业模式。另外，突破性创新意味着要更改公司局限于集中式研发的现状。这样的体系在当今着重强调世界规模、全球供应链、所有产品统一规格的金字塔顶部市场的商业模式中尤为适用。然而，如果想通过这种方式推动未来的可持续发展技术和商业模式，它可能完全难以奏效。

要想像突破性创新者那样思考，就必须针对不同地区和不同国家的情况对贫困人口的需求进行研发与市场调查。第一步，可以通过对现有技术进行适当的调整以适应当地的需要。实际上，突破性思考有时能帮助将现有的"闲置技术"（shelf technology，指仍然没有被投放到商业运作中的技术）转变成一棵摇钱树。试想，许多技术之所以被搁置，是因为它们不适应现行的商业模式。授权给一个团队，让他们通过一种新的视角——例如，洁净技术或是进入金字塔底层市场——可能就会"柳暗花明又一村"。

许多公司不得不将专利转赠给大学，以作为一种慈善事业和表达良好愿望的方式。也许从突破性创新的角度来重新审视这些技术不失为一种更加明智的选择。例如，几年之前，我在康奈尔大学开启了一个项目，以重新评估这所大学知识产权办公室中的闲置技术。[10]数以百计的专利技术都处在"冬眠"状态，绝大多数是因为没有找到对这些技术感兴趣的公司。项目开始了几个星期后，一些精通可持续发展和金字塔底层商业模式逻辑的 MBA 志愿者就识别出几十个专利项目，这些项目都有能力成为在金字塔底层市场投资颠覆性的洁净技术的基础。

或许，从当地的实践中识别有用的原理和潜在的应用方法才是更加重要的。在金字塔底层的人群中，一些重要的知识是由祖祖辈辈交口相传的。尊重这些传统，并对其进行科学的分析，新的知识就会叩响我们的大门。针灸疗法在 30 年前是被竞相嘲笑的对象，冥想被认为是一种发疯的举动。美体小铺富有创造力的 CEO 阿妮塔·罗迪克在了解当地习惯和实践的基础上，建立了自己的事业。例如，她发现一些非洲妇女用菠萝片来清洁皮肤。从表面上看，这种做法是一种没什么意义的习惯。然而研究表明，菠萝中的有效成分可以比化学配方更好地清除死皮细胞。

突破性地思考，要求跨国公司必须在类似中国、印度、拉丁美洲和非洲这样的发展中国家或地区兴建主要的研究基地。然而，这些基地的重心不应该是传统的研发。相反，它们能够且必须作为深度合作和培养本土化能力的向下跃进的起跳点。在这方面作过较多努力的跨国公司屈指可数，联合利华公司是一个例外：公司高度重视在印度的研究中心，雇用了 400 余名研究者来解决如何为印度城市贫民窟和农村服务的问题。显然，通用公司同样也在通过制定并执行一种叫做"逆向创新"的战略在这个方面为自己埋下了种子。事实上，在 2009 年的时候，通用公司宣称，在接下来的六年间，它会投资 30 亿美元新建 100 个健康中心，日后，这个创举一定会为其带来最终成本的降低、市场机会的增加以及质量的提升。

重新确立成本结构

管理者必须大幅度地减少那些金字塔顶部市场模式下的成本。为了使穷人们能支付得起自己的产品和服务，跨国公司必须跨数量级地降低自己的成本，比方说降到原先的 10%。如果仅凭现在的产品开发、扩大生产或是改善物流水平，是断然无法实现这个目标的。整个商业流程的重新考虑必须将注意力集中于功能的改进，而非着眼于产品本身。

正如我在前面建议过的，对减少成本而言，关注研发和技术改进尤为重要。比如印度的 N-Logue 公司，将其研发力量运用在如何提高产品的可支付性上，公司通过开发无线本地环路技术，大大降低了在农村地区搭建通信线路的成本。格兰仕公司同样独辟蹊径，将目光锁定在中国低收入人群这片市场，并以之作为驱动力，为其开发廉价并且高效节能的微波炉产品。因此，将金字塔底层市场出现的障碍转变为革新的动力之源，正为我们提供了降低成本的一条重要途径。

大多数洁净技术及 BoP 市场中的商机存在分散化和本土化的特点，这为我们通过商业模式的革新降低成本提供了机遇。跨国公司依据自己在金字塔顶部市场的经验，通常更看重资本密度和劳动生产率，BoP 市场的逻辑则恰恰相反。由于金字塔底层非充分就业的人口数量庞大，并且分销系统不堪一击，所以新的商业模式必须能够为大量人口提供工作。正如 Arvind Mills 公司推出 Ruf and Tuf 牌牛仔裤的案例：公司雇用了一支本地的裁缝大军，他们将仓库保管员、促销员、分销商和服务提供者的角色集于一身，即便如此，公司牛仔裤的成本还是比利维斯牛仔裤便宜了 80%。因此，在商业模式的设计过程中，用劳动力密集型取代资本密集型是另一个重新构造成本结构的重要手段。

ITC 是一家率先推出电子集市的企业，在其纸张业务的商业模式创新中，同样扮演了弄潮儿的角色。由于印度正遭受着土壤流失和退化的侵袭，ITC 通过与遍布印度的各大农村开展合作，推出了一个荒地造林计划。公司与扮演"林业工人"角色的农民们一起，开垦荒地后再种植树木，使得曾经被废弃或是过度使用的土地重新覆盖了一片片森林，同时还为当地人带来了为数众多的就业机会。通过荒地造林计划，当地环境的蓄水能力得到了提高，这恰恰缓解了一个困扰着印度全国的问题：地下水位的下降和水资源的短缺。最终，当地社区的合作伙伴们通过一种可持续的方式收获了大面积的树林，而这同样为 ITC 的纸张生产过程提供了质优价廉的纸浆原材料。到 2010 年初，ITC 的荒地造林计划共计覆盖了 10 万公顷的土地，并提供了 4 600 万人的就业机会。

第10章
成为可持续发展的全球性企业

在改善成本结构方面，还有一场有关降低投资强度方法的讨论。这将不可避免地促使信息技术被更多地运用到生产和分销系统中，正如著名的乡村电话已经开始改变发展中国家的通信模式一样。再加上互联网，我们在贫穷的农村地区中就有了一种崭新的相互沟通和创造经济增长的途径。正如我们所看到的那样，在这些市场中，对IT技术创造性地运用，将会极大性地降低获得产品与服务以及分销和信贷管理的成本。

改写规模的定义

当今，就大多数跨国公司的规模而言，"大"是唯一的逻辑——世界级工厂、全球供应链以及国际市场。实现规模化意味着要进行巨额的投资，以便将成本分摊到更广阔的市场中。今天的大公司在投资一个10亿美元的新项目时，甚至不会皱一下眉头，不管它是新的汽车生产线、芯片加工厂、纸浆厂，还是能源基础工程。大赌注通常会换来令人瞩目的成就，但同时也伴随着一败涂地的风险。经营管理人员的职业生涯也随着他们管理这些投资的成败大起大落。新的业务必须刚刚开始就有不错的起色，必须足够支付公司的管理费用、满足最低预期资本回收率的要求以及产生短期内维持公司全体员工生活所必要的增长。在实际操作中，项目评估和资金预算通常被用于从大项目中挑选最优者。而不符合上述特征的项目，或是因为规模太小，或是由于回报太慢，即使是颇具潜力也会鲜有人问津。简而言之，方枘圆凿，只会格格不入。

然而，要想成为可持续发展的全球企业，跨国公司必须改写（或者至少是放宽）"规模"一词的定义。正如我们所看到的，洁净技术中多数都是突破性技术，而典型的突破性技术具有小规模和分散性的特点。实际上，许多最为振奋人心的新兴技术，如分布式发电技术、终端水处理技术以及小额贷款模式，都与"越大越好"的逻辑背道而驰。其实不妨看看纳米技术在分子层级上谱写的新篇章。另外，有效地进入金字塔底层市场要求掀开一场商业模式方面的革命。融入地方环境，与当地人员共同开发，以及低成本的探索实验，是惯常的做法。在这些新的竞技

241

场上，实现规模化意味分散性的能力和知识与世界级技术和全球化的覆盖网络之间的联姻。增长是分散化而非集中式的，它通过一个共同创造的有机过程自下而上地发生，而不是通过在世界范围内大量投资基础设施自上而下地实现。它需要的是本土化能力，而非全球化的规模或基于目标市场的适当调整。

工业时代的"规模经济"或许不日将退出历史舞台。因此，管理者们应该将关注的目光投向有着显著优势的领域。从现在开始，接受分散化策略，在有人证据确凿地推翻它之前，假定这是一条正确的道路，让我们更多地质疑世界范围内隐藏在规模经济背后的逻辑，这种模式真的很好地利用了稀缺的资本和资源吗？它们是否过早地为我们关上了别的窗口？一些公司是否应该将自己的资金更多地投放到各种各样小规模、分散化的经营实验中去呢？那些刚开始的"小绿芽"项目，真的没有潜力通过分散化的、有机增长的方式快速扩大规模，最终成为"绿巨人"业务吗？类似的问题能帮助管理者们拓展对于规模的理解，并最终对规模做出全新的诠释。

整合组织中的要素

在企业追寻可持续发展的道路上，现有组织架构中总会有一些与目标不一致甚至相互矛盾的不和谐音符。如果没有相适应的组织结构和体系保障，公司战略只能是"竹篮打水"。如果没有合适的人采用正确的方法实施准确的步骤，目标的实现也只能是异想天开。如果没有强烈的决心根除这些不利因素，美好的愿景同样不过是一场黄粱美梦。[11]

图10.2列出了一些组织架构中需要重点整合的要素。毋庸置疑，为公司制定引人注目且富有挑战性的愿景和使命，来实现可持续发展，是打开成功大门的金钥匙。事实上，我们越来越清楚地意识到，杰出的公司创办人在创业伊始制定的一些使命仍然在公司业务中发挥着核心的作用。令人刮目相看的公司愿景和使命能够促使高管们带领手下职员挑战一些伟大的事情，立下一个"伟大的、令人忐忑而又无畏"的目标

("big, hairy, audacious" goal, BHAG), 用吉姆·柯林斯（Jim Collins）和杰里·波拉斯（Jerry Porras）的话来说，是一个值得让他们用最高渴望、希冀和梦想来迎接的目标。[12]位于亚特兰大的 Interface 地毯制造公司的 CEO 雷·安德森（Ray Anderson）确立了一个令人有些畏惧但又内心痒痒的目标：绝不再使用地下开采的哪怕一滴石油。这显然是个大胆的目标，因为公司当前的核心产品——由聚氯乙烯和尼龙制造的商用地毯——的原料完全来自石化产品。

- 愿景/使命：设立可持续性 BHAG 目标
- 目标：建立量化的目标
- 战略：识别可持续的价值组合
- 结构：开设单独的实验、白色空间和基金
- 系统：设计新的测量标准、回报和项目评估工具
- 过程：创造全新的技术、产品和市场开发方法
- 成员：将可持续性整合到招聘、领导力培养以及绩效评估中

图 10.2　为可持续发展整合组织中的要素

正如我们所看到的沃尔玛公司的案例，公司制定的振奋人心的可持续发展目标不仅加快了公司内部的创新，更重要的是，催化了整个供应链的改革。印度的 ITC 公司同样制定——并实现了——一些非常大胆的目标：在过去的几十年间，公司在整个业务过程中都实现了减少碳排放、保护水资源的目标。这意味着他们在商业活动中储存的碳量要超出其排放量，他们储存的水资源同样比消耗的要多。我们清楚地看到，公司正在向着"多做一点好事"而非"少做一点坏事"的方向前进。

尽管基于可持续发展的 BHAG 意义非凡，但是它们不能独立运转，因为它们定义的这种未来的状态大大超越了当前公司里大多数人所能理解的范围。明确一些切实的步骤来指引我们向着这些愿景前进十分必要。这就是制定条理清晰、可以量化的目标的意义所在。例如，杜邦公司已经致力于一系列可持续发展的目标，这些目标将推动公司向着为全世界人们创造可持续发展问题的解决方案的方向前进，这些方案对于人们获得更好、更安全、更健康的生活有着无与伦比的重要意义。例如，该公司的目标之一是到 2015 年温室气体的排放量至少减少 2/3（以 2004 年作为基期）。这是一个雄心勃勃的目标，当然，它也将雇员们的

目光吸引到了探究未来必须采取的步骤上来，并且阐明了追寻这个目标的恰当战略。

公司总是会为实现可持续发展制定崇高的愿景和目标，但往往到了制定具体战略时却束手无策。发生此类情况的时候，外部的利益相关者——尤其是非政府组织和民间社会组织就会觉得公司不过是在公共关系方面作秀，或是在采取对付环境保护主义者的公关策略而已。因此，公司对自己真正的战略组合了如指掌就显得异常重要。在本书第3章，"可持续发展价值组合"中所论述的可持续发展价值组合（在图10.1中进行了详尽阐述），是一种帮助我们将"绿色"、"超越绿色"战略，甚至包括本土化项目和一些探索性工程有机组合的有益工具。例如，百特保健和道康宁公司都是通过这种工具来确保自己的公司能够展开混合战略的实践，而这种实践对于驱使公司向着自己的目标，尤其是向着"超越绿色"目标前进异常重要。

然而，虽然公司可以清楚地陈述这些战略，但在真正实施过程中却总会半路搁浅。假如组织结构和体系合谋来扼杀这些项目并惩罚这些项目的负责人，那么，那些令人兴趣盎然的愿景、伟大的目标以及雄心勃勃的战略就会永远迈不出起跑线。正如我们所看到的那样，这种"企业抗体"总会将一切新鲜事物视作外来入侵体。事实上，这种不一致可能是当今大型公司所面临着的最为严重的问题之一。

耐克公司"世界鞋"的尝试以失败告终的原因至少可以部分归结为战略结构以及评估制度未曾协调一致。第一个错误是这项尝试被直接划入了运动鞋类业务部门，这让"世界鞋"不得不使用公司高端鞋产品所采用的制造和分销系统。事实上，由于现有的合同制造商希望获取的报酬与利润总额成正比，因此他们从一开始就根本没有动机生产低价的"世界鞋"。同样，公司的定价规则迫使产品的价格在这次经验不足的尝试中超过了管理者制定的对于目标市场的可支付价格，这从一开始就为这个项目埋下了失败的种子。最后，这次试验被迫使用现有的销售渠道来分销产品——大多数都是以中国大城市高端商品的零售商作为分销渠道——使耐克根本不可能到达自己的目标客户群。

将"世界鞋"列为一个单独的项目或是为其开辟一个全新的空间，

第 10 章
成为可持续发展的全球性企业

使其可以自由设计自己的生产战略、营销战略以及摆脱耐克现有定价方法的分销战略，可能会给这项投资一个发挥其全部潜力、获得巨大潜在市场的公平机会。而事实却并非如此，"世界鞋"由于无法实现原来设定的最低销售目标而不得不宣告失败，呆板的公司结构和体系最终将其击垮。

因此，对大公司而言，适当保留的组织空间对基于突破性的洁净技术和繁荣 BoP 市场的创新性尝试的重要程度不言而喻。正如我们在第 9 章"嵌入式创新战略"中看到的，为其创建一个专门的组织机构和投资机制是重要的起点。这并不是说这样的投资应该被允许长期亏损。相反，没有理由说这样的投资不可能从一开始就盈利。正如克莱·克里斯滕森和迈克尔·雷纳建议的，当提到突破性创新的新投资时，高级管理层应该保持对成长的耐心而非对盈利水平无比的急切。期望这样的投资规模庞大、增长迅猛的想法，并没有尊重它们成长所遵循的有机的和模块化的特性。[13]

而且，对于开启这些试验和投资的人来说，即使他们失败了，也万万不能给予苛责。即使是成功了，BoP 市场开拓过程中的一些角色也只是暂时的；如果参与其中会成为职业生涯中的一块污点，那么优秀的人才是会对这些挑战敬而远之的。因此，开拓 BoP 市场的先驱们需要"软着陆"，即使某一次的尝试以失败告终或是走向了一条截然不同的轨道，他们仍然能有从头再来的机会。因此，新的、创造性的衡量和激励机制对我们成为可持续发展的全球性企业而言显得十分重要。

对于正规体系，尤其是在衡量体系的调整能力方面，孟山都的案例正是最好的诠释。20 世纪 90 年代中期，公司内部建立了独立的可持续发展部门。[14]直觉告诉 CEO 鲍勃·夏皮罗（Bob Shapiro），这样的部门亟待建立，因为公司要想推进未来的商业活动，就需要这样一个识别和试验创新性思维能力的场所。20 世纪 90 年代中后期，该部门开发出了一系列全新的技术，并在发展中国家寻找到了新的合作伙伴，致力于满足贫困农民的需求。遗憾的是，公司的评估体系将大多数类似项目都扼杀在了摇篮中，将已有业务单元（如农用化学药品）中采用的增长指标和利润指标强加在这些全新的可持续发展投资项目上，公司砍断了自己

245

通向未来的一座座桥梁。

除了组织架构和正式体系外，调整公司内部存在于技术、产品以及市场开发过程中的非正式环节（或企业文化方面的内容）的作用同样不可小视，在实际操作过程中，这些往往是关键所在。相对而言，改变组织架构图上的方框和用于评估投资决定的贴现率倒比较简单；通过改变公司员工遵从的程序进而改变他们的行为方式则相对难度较高——但却能取得更有力的结果。通过过去 20 年以这种过程为导向的制度规划，如质量管理、六西格玛管理、重新设计商业过程等，我们已经对这方面有所了解。对于诸如庄臣公司、杜邦公司、提升健康公司，以及百特保健公司而言，BoP 协定显示出培养这种重要能力首战告捷。

令人惊讶的是，在大型企业中，设计使可持续发展技术和业务商业化的步骤至今仍然少之又少。对于保证行动而言，相比在愿景、目标甚至战略计划方面天花乱坠地做文章，这些步骤更为切实。例如，飞利浦已经开发出一种非常简单但极适用于可持续发展业务和市场的开发程序。飞利浦的业务部门（主要是雇员）被要求提交他们认为能够更有效地满足全球人类需求的想法，同时还要列出他们的方案会对经济、环境、社会和个人等方面的影响。这些全新的商业创意中最优秀的个案会得到专项基金的支持。另外，公司的高管还要求飞利浦的每个业务部门每年至少发展一项针对金字塔底层的投资。[15]

以上的案例为我们引出了组织调整的最后一大要素：人。事实上，这样一个一直以来被大多数跨国公司置之脑后的要素，却在扮演最重要的角色。如果能将可持续发展愿景中所传达的信息真正与公司招聘、领导力开发，以及绩效评估融会贯通，我们将会看到因此而带来的大量成就。说到这些，我倒是拥有大量的第一手经验：尽管有着良好的初衷，但很少有公司能保证它们派到商学院的招聘人员对可持续发展方面颇为精通。甚至几乎没有哪家公司将对可持续发展企业有所理解或拥有实战经验列为一条招募 MBA 人才的标准。

我在康奈尔大学的同事鲍勃·弗兰克（Bob Frank）在其研究中指出，如果在招聘过程中忽视学生的社会责任感、道德品行以及对可持续发展相关问题的献身精神，致力于实现这方面目标的公司可能会因此错失良机。[16]弗兰克和他的同事们发现,在薪资的要求上,同那些与社会责任无关的工作相比,员工对能获得极大"精神满足"的工作会更为青睐。事实上,研究证据清晰地表明,面对那些较少承担社会责任的雇主,员工们会要求较高的额外收入。因此,可持续发展正如一块吸铁石,在这方面许下过承诺的企业即使提供相对较低的薪水,也会比没有承诺的竞争对手更能吸引高质量的人才。

纵观全球各大跨国公司,在培训和开发时,几乎没有哪家能够意识到全球可持续发展的重要性,并将其作为培养领导力过程的一个重要组成部分。能够把可持续发展作为绩效评估和推广过程的一个主要因素的公司更是少之又少。说到这个方面,印度的塔塔集团是一个可圈可点的例外。事实上,在过去的十年间,公司已经开发出一种将嵌入式可持续发展思维融入自己的体系、组织和人员中的结合过程。现在是时候去着手招聘、培育与奖励那些在推动公司与世界朝着可持续发展道路前进过程中发挥出能力和想象力的人了,不要仅仅停留在口头功夫上。

我们不应该低估调整这些组织结构元素的重要性。假如雇员们向着可持续发展道路前进过程中阻碍连连或者不得不承担过多的职业风险,他们将会很快变得疑虑重重甚至消极怠工。通过将所有的元素箭头调整至同一个方向,跨国公司的领导们能发出一个鼓励员工们勇往直前和在企业里挥洒创造力的强烈信号。最终,这将成为确保成功的不二法门。

建造一所"大教堂"

约翰·麦克米伦(John McMillan)在其著作《重新构筑市场》(*Reinventing the Bazaar*)中,有一段话极具说服力——小公司的创造性和革新性的行为,大公司永远也无法复制,理由只有寥寥三个字:所有权。[17]资产的所有者拥有支配一切孳息的所有权。假如利润出乎意料地高,那么所有者就会收获一笔意外之财。大公司可以将自身分成若干个自负盈亏的小部门,以提高其积极性。部门经理们的报酬可以由该部门的业绩决定。但大公司永远无法拥有与小公司如出一辙的所有权结构。由于部门经理没有剩余利润的支配权,所以高层管理人员的决策支配着一切。即使某个部门做得比签订合同时的预期好得多,母公司还是会有某种办法将那部分利润据为己有。简言之,各部门的负责人由于不是所有者——缺乏对剩余利润的支配权——所以这对于那些创新性投资和冒险的动机而言犹如当头一棒。

因此,跨国公司应该如何帮助员工释放其创造力——这个实现可持续发展全部潜能的先决条件呢?答案还是所有权!但不是剩余利润的所有权,而是想象的所有权和促使它们开花结果的能力。跨国公司必须将被我的同事艾瑞克·西蒙尼斯所描述的"发挥想象力的许可证"授予其员工,使它们的员工能够挖掘并追逐新的思路——这些思路可以帮助我们走向一个可持续发展的世界——而单凭企业自身断然无法做到这一点,仅靠小型公司这更是无异于天方夜谭。简言之,跨国公司必须使员工们的工作更具意义,并给他们一个将个人价值的实现融入日常工作中的机会。

一个发生在建筑工地上的关于三个人的故事浮现在我的脑海中。他们承担着同样的工作,但当被问起自己在干什么的时候,提问者却得到了大相径庭的答案。第一个人回答说"凿石头",第二个人的回答则是"谋生",第三个人的回答却是"帮助建造一所大教堂"。在大公司里,太多的员工还只是把自己的工作看作"凿石头",最多不过看作谋生的手段。坚持可持续发展道路就是在 21 世纪建造一所大教堂。再没有比这更重要的目的、更令人肃然起敬的渴望以及更重大的商业机遇了。我们的公司所缺乏的并非资源,而是想象力。我们要帮助员工转投到建筑一所可持续发展的"大教堂"的事业中去。

由于可持续发展有着无与伦比的重要性,而公司在实现这个目标时扮演着独特的角色,所以高层管理人员必须大胆地公开说出这一点。公司的政府事务不该仅仅停留在说服议员们维持现状或是在政策中委曲求全来满足公司的短期利益。相反,商业必须拥护全球框架的制定——国际草案和协订——政府、市民社会以及多边机构都无法凭借一己之力实现这个目标。例如，最近刚刚发起的美国气候行动合作组织（United States Climate Action Partnership，USCAP），美国的一些领军企业参与到了其中，共同呼吁政府对全球气候变化有所行动，这昭示着企业将在之后的几年里以一种积极主动的面貌引领我们走向一个可持续发展的世界。

要想建造一座可持续发展的"大教堂"，高层管理人员还必须创造结构上的空间，以孕育突破性新技术和商业试验，使其茁壮成长。这包括为它们的发展提供必要的资金支持，保护这些冒险——以及将它们付诸实践的企业家——使它们免受"企业抗体"以及当前业务专横的侵袭，并且对那些成功创造出未来商业模式的人给予肯定和嘉奖。

高层管理者领导力的重要性不言而喻，但对每个个体或雇员来说，风雨兼程的勇气同样十分必要。最好的起点正是基于对可持续发展绘制个人蓝图并制定自己的行动计划。为推动公司和世界朝着可持续发展的方向前进，在当前的领域内有什么是你力所能及的呢？把它写下来并身体力行。当你已经为自己内心的愿望绘制了一幅蓝图后，就需要将目光转向当前的现实。正如我在可持续性企业学院（SEA）的同事布赖恩·史密斯所指出的，不要因为现实的条件而束手束脚——它仅仅是简单地定义了你所面对的资源、人群以及需要去把握的机会。明确你现在所处的环境，并评估它与你的蓝图之间的距离。[18]

现实和愿景之间的差距越大，"创造的张力"同样会越大。你所面临的挑战是要将人与资源有机结合，然后在组织内创造动力来消除这种差距，只有这样才能梦想成真。在实现了第一个愿景之后，再迅速转投到下一个愿景的追寻中去，并在组织内部带动更多的人加入到这样的行动中来。创造一个可持续发展的全球企业不是等待高层管理者下发"魔力子弹"，而是要靠组织内数以百计甚至数以千计的人决心要共同去实现他们的愿景和完成他们的行动计划，这一切都将以实现全球可持续发展为推动力。

附 言

在我们迎来新千年第二个十年的时候，企业已然成为了这个星球上最强有力的组织。数百年前,宗教处于同样的地位;世界上的教堂、清真寺以及庙宇都见证了当时宗教在这个世界上无与伦比的统治地位。两百年前,这个位置被政府取而代之,当你游历异地的时候,如果不去瞧一瞧那些令人难以忘怀的宫殿宅邸、国会大厦以及政府的综合大楼,这趟旅程绝对称不上完整,这些建筑总是会让我们回忆起当时这些政府有过的辉煌岁月。然而在今天的世界,最重要的机构却是企业:看看那些高耸入云的办公大楼、银行和商业中心,它们如今已经成了各个大型城市的中心。尽管没有人能够否认政府、宗教、市民社会还在发挥作用,并且意义不可小视,但商业已经毋庸置疑地扮演起了最具主导意义的机构的角色。

但正如我们已经看到的,地平线上已经乌云密布:从2008年开始,我们的地球变得危机连连——石油价格飙升、全球性的经济危机,以及最终演变而成的大萧条。一些肆虐已久的问题更是雪上加霜——环境恶化、生物多样性丧失、贫困、不平等、绝望,以及恐怖主义——显然,我们正处于一个历史性的节点。如果全球资本主义无法通过一种尊重文化多样性,并与自身赖以生存的自然资本紧密相连的方式,将自己的边界延伸至整个人类社会,那么在我们的有生之年,就会看到这架庞大的机器陷入四面楚歌的境地。不幸的是,却没有哪个替代性的机构在此时能够站出来担负起领导者的重任:全球政府还是个刚刚诞生不久的婴孩;各国政府还是为了一己私利而削尖了脑袋;宗教成了分歧而非统一的代名词;市民社会则缺少资源和技术,仅凭自己的力量回天乏术。如今,跨国公司已经成了唯一存在的真正的全球机构。

现在我们已经清楚地知道,如果企业被这些挑战击垮,环境崩溃、全球恐怖主义以及地缘政治灾难就会接踵而至。经过5年的时间,以及超过2万亿美元在外国投入的援助,自上而下的医治发展顽疾的处方最终宣告无效。美国,这个当今世界绝无仅有的军事霸主,陷入了两种过时的意识形态——自由派和保守派之间狭隘并且有百害而无一利的争斗中。可悲的是,两者都不能应对我们前方面临的挑战。因此,我们对第三条道路满怀期待,这种方式必将使得全球相互依存、可持续发展、地

第 10 章
成为可持续发展的全球性企业

方自力更生，以及自下而上的企业形式融会贯通。或许唯有企业能够采用相应的资源、能力以及全球视角将这一切付诸实践。如今，资本主义真正置身于一个十字路口：我希望本书能带来些许光亮，照亮这个荆棘丛生的十字路口，告诉我们何去何从。

注释

1. Rajan Raghuram and Luigi Zingales, *Saving Capitalism from the Capitalists* (New York: Crown Business, 2003).

2. 接下来的部分内容引自：C.K. Prahalad and Stuart Hart, "The Fortune at the Bottom of the Pyramid," *Strategy+Business,* January (2002): 2–14。

3. See Chapter 4 by John Mackey in Michael Strong (ed.), *Be the Solution: How Entrepreneurs and Conscious Capitalists Can Solve All the World's Problems* (Hoboken, NJ: John Wiley & Sons, 2009).

4. Ed Freeman, *Strategic Management: A Stakeholder Approach* (Marchfield, MA: Pittman Publishing, 1984).

5. David Wolfe, Rajendra Sisodia, and Jagdish Sheth, *Firms of Endearment: The Pursuit of Purpose and Profit* (Upper Saddle River, NJ: Wharton School Publishing, 2007).

6. 宝洁公司的 George Carpenter 于2004年4月在可持续性企业学院的讲话。

7. 杜邦公司的 Eduardo Wanick 于2004年2月在墨西哥蒙特雷BOP学习实验室会议上的发言。

8. 作者克莱·克里斯滕森和 Michael Raynor 在他们的著作 *The Innovator's Solution* (Boston: Harvard Business School Press, 2003) 中，针对如何在现有的大型企业中开展突破性创新，得出了类似的结论。

9. E. F. Schumacher, *Small Is Beautiful: Economics as if People Mattered* (New York: Harper Torchbooks, 1973) 150.

10. 感谢康奈尔大学技术创业商业化中心主任Dick Cahoon提供的这次机会。

11. 研究与可持续发展相关的领导力和组织挑战方面的为数不多的几篇文献包括：Bob Doppelt, *Leading Change Toward Sustainability* (Sheffield, UK: Greenleaf Publishing, 2003) and Dexter Dunphy, Andrew Griffiths, and Suzanne Benn, *Organizational Change for Corporate Sustainability* (London: Routledge, 2003).

12. Jim Collins and Gary Porras, *Built to Last* (New York: HarperCollins, 1994).

13. Clayton Christensen and Michael Raynor, *The Innovator's Solution.*

14. 感谢Kate Fish和孟山都公司的其他同仁，感谢他们给了我与他们在可持续发展部门并肩工作的机会。

15. 私人会谈，与Jan Oosterveld, Group Management Committee, Royal Philips Electronics, July 2004。

16. Robert Frank, *What Price the Moral High Ground?* (Princeton, NJ: Princeton University Press, 2004).

17. John McMillan, *Reinventing the Bazaar: A Natural History of Markets* (New York: W.W. Norton, 2002).

18. 我要感谢Bryan Smith的这种个人行动计划方法，该方法诞生于他与Peter Senge在组织学习协会中的工作。

尾声

展望未来

2001年9月11日，当遭遇劫持的飞机冲入世贸大厦和五角大楼的时候，许多人开始相信：世界彻底变了。但他们错了。世界其实和几天之前并无两样。"9·11"恐怖事件只是以一种截然不同的方式引起了我们的注意：显然，世界已经不可避免地被紧密相连，任何一处地区动荡都会在全球范围内掀起轩然大波。

许多居住在西方发达国家的人们——尤其是美国人——也许是第一次意识到了一个其他发展中国家的人早已谙熟的事实：当人们陷入绝望、公民权得不到保障或是蒙受羞辱时，他们将不惜任何手段挣脱窘境的束缚。大多数人通过一种平和的方式来寻求出路，诸如更加勤奋地工作，移民以寻求更好的机遇，甚至小偷小摸。其他人则会举起抗议的大旗或是寻求政治途径解决。极少数人则会通过极端的手段来表达自己的反抗与敌对：如恐怖主义。

毋庸置疑，恐怖组织的头目通常都是受到极端意识形态的驱使。例如，伊斯兰圣战组织将原教旨主义、道德价值观以及激进的政治纲领编织在一起，创造出了这种极端的恶势力。然而，正如头目们所知道的，只有拥有了特定的环境，才会有大量的人趋之若鹜并誓死效忠。大多数人并非生来就是自杀式炸弹袭击者或是圣战组织成员。只有那些终生都无时不在承受着被忽视、绝望、梦想彻底破灭，被剥夺机遇，或是更糟糕的——不断受到胁迫、盘剥或是羞辱——的人才会走上不归之路。

关键在于，要实施一场恐怖行为真的需要"劳师动众"。只有通过消除滋生这些行为的土壤——贫困、不公平和绝望，以及尊严的沦丧——才能从根本上解决这一问题。然而，当数千人在"9·11"事件中与这个世界诀别或是生活因为这个事件被彻底改变，并且数百名臭名昭著的恐怖分子已经因此被杀或被捕时，这些根本的原因却丝毫无人反省——甚至情况还变得更为糟糕。简言之，恐怖主义只是一个症状，真正的病因是这种不可持续的发展方式。

排干沼泽中的水分

21世纪初，中东地区上演的一幕幕情形为我们提供了现代史上最完整的非可持续发展的反面教材。[1]石油成就了几个异常富有和强大的统治集团，而大众却没有享受到任何福利。西方国家对石油的依赖使他们对独裁者和暴君的统治纵容到了极点，只要他们能够保证源源不断的石油供应。事实上，美国和另外一些西方国家一直扮演着基地组织及其他极端势力的幕后推手的角色。[2]遗憾的是，发达国家对来自中东的石油越来越依赖这一点使得这个恶性循环仍然得以为继。更糟的是，大量化石燃料的使用过程中产生的二氧化碳又在威胁着我们赖以生存的气候环境。

阿拉伯人曾骄傲地认为其科学和艺术成就举世无双，但现在已经今非昔比，整个阿拉伯世界都充斥着迷惘、绝望和一种深深的耻辱感。记者汤姆·弗里德曼认为，中东的顽疾不在于资金的紧缺，而是尊严的沦丧。[3]与伊斯兰教格格不入的西方文化在阿拉伯国家到处蔓延。事实上，传统的伊斯兰教信奉慈善、社会安定，并将神圣的信仰融入了生活中的每一个角落。许多阿拉伯人对于发展和现代化的概念并不以为然。[4]

在中东地区，数千万穆斯林适龄青年为就业的问题一筹莫展，机遇的大门紧闭。许多医学、法学专业的大学毕业生和专业技术人员只能打零工或是接受一份服务生的工作，强烈的受挫感和羞辱感将他们侵蚀，当他们挣扎着想从其中挣脱之际，宗教极端主义和无政府主义乘虚而入。在这样的情况下，越来越多被误导了的青年开始加入伊斯兰组织，他们需要借助这种目的性极其强烈、能够给予其归属感并保障经济安全的活动来摆脱内心的伤痛，这不难理解。为了解决恐怖主义的问题，我们一次次地将"战争"一词搬上台面，这将进一步导致分裂、散播恐惧，而不可能拓展我们的视野。在我们尝试"排干沼泽中的水分"的时候，是不是仍在向里面洒水呢？

恐怕对于极端主义者和恐怖主义者而言，帮助和说服才是良方——点燃他们对未来的希望，令他们相互尊重，为他们提供机遇——这样可以在中东地区和伊斯兰国家的大多数人面前展开一幅美好生活的蓝图。看看美国军队的例子，他们似乎正致力于通过"间接手段"来解决引发恐怖主义的根源问题，培养当地人的各种技能，促进其经济发展，并为他们创造机遇。[5]如果我们将军队经费中的一小部分款项交由当地的小型企业自由支配并为其提供支撑，情况会怎么样？如果我们为该地区带来的是教师、医疗机构、社工、小型业务拓展员以及小额贷款，而非更多穿着制服的士兵和来自西方的合同签订者，情况又会有什么改观？可持续发展企业和 BoP 投资能够作为一种 21 世纪的"特殊力量"来促进当地的发展。

倘若我们将伊斯兰世界作为创建可持续发展企业的最后一大挑战，结果会如何？在阿联酋 Masdar 太阳能项目中，这种思想已经初露端倪。这个项目致力于通过建立可持续的、低碳的城市来掀起一场洁净技术的革命。本书中提及的所有战略——洁净技术、进军金字塔底层、创造性破坏、深度合作以及本土化——能否为现在肆虐于整个地区的暴力行径的恶性循环画上一个句号？试想，如果这个石油王国的腹地能够出现面向未来的可再生、分布式能源系统，会是一幅什么样的场景呢？还有比这更具讽刺意味的吗？但更重要的是，还有比这里更迫切需要这一切的地方吗？

下一次海啸

2004 年圣诞节过后的第二天，一场巨大的海啸席卷了南亚的大部分沿海地区，规模空前的大面积死亡和严重破坏侵袭了这些地区。超过 15 万人在这场灾难中失去了生命，经济损失高达数百亿美元。世界各国纷纷向数百万受灾民众伸出了援手，来自四面八方的支持和关怀蜂拥而至：政府迅速应对，筹集了数亿美元的救灾款项；来自全球的个人慈善捐款额同样刷新了历史纪录。各公司也纷纷开足马力，投入到了从纯净水到救灾帐篷，再到药品等一系列救灾物资的生产制造中。非政府组织、救灾机构都投入到了这场战斗中去，甚至军队也在其中扮演了重要角色，他们将紧急救灾物资运送到了数百个在灾难中面目全非的偏远灾区。

在印度尼西亚、泰国和斯里兰卡，巨大海啸过后，极端主义者、恐怖组织以及其他敌对势力，至少在短期内，纷纷放下昔日的恩怨，携手平复这场人类的创伤，并肩投入到了灾后的重建工作中去。事实上，富人和穷人，基督教、佛教、印度教以及伊斯兰教的教徒，企业、政府和市民社会，发达国家和发展中国家，完全有可能团结一致。海啸，至少在一定的时期内，为各方的合作创造了机遇。但是，当悲剧被历史冲淡，世界目光的焦点转向别处，迎接人类社会的又会是什么样的场景？飓风卡特里娜、新奥尔良市的溃败、阿富汗愈演愈烈的危机以及海底地震再度将人们关注的目光从亚洲的悲剧中吸引出去。随着时间的推移，一旦援助停止，留给这些地区的将只有贫穷和消耗殆尽的资源。那么接下来，这片地区是会成为孕育极端主义和恐怖活动更大的温床？还是在巨大的海啸过后我们可以迎来一场更大的巨浪——即运用本书中介绍的原理掀起一场变革的浪潮。

事实上，随着海啸将南亚海岸线上的一切吞噬殆尽，可持续发展的、基于企业的灾区重建带来了重大机遇。对于高瞻远瞩的企业而言，这正是一个跨越现有技术，直接推广洁净技术、无线通信技术、分布式可再生能源技术、终端水处理技术、农业可持续发展技术、符合环保要求的建筑技术的最佳契机。对于金融机构而言，机会在于小额贷款以及小型企业家模式的推广，这可以使得当地人依靠自身努力恢复经济，而不是陷在对援助的依赖中无力自拔。

简言之，下一次的浪潮意味着一种更具包容性的资本主义将在这些地区生根发芽，它拥有这样的潜质，可以使人类彻底摆脱那些滋生不平等、贫困、被遗忘和绝望的社会动荡。试想在印度尼西亚——世界上最大的伊斯兰国家——掀起这场浪潮，为国家毁于一旦的西部海岸线创造可持续发展的未来的场景。转变这一代人对于美国和西方资本主义的看法不再是痴人说梦。世界上的大型企业投身到这场挑战中的时机已经到来——企业需要通过与多边机构、各国政府、非政府组织以及当地的企业家开展合作，使这一切成为现实。事实上，重建新奥尔良市、阿富汗、海地以及世界上其他诸如底特律和密歇根州贫困的非工业化地区的逻辑如出一辙。

不幸的是，通过政治方案解决世界上的社会和环境问题的时代尚未到来——看看哥本哈根会议后的僵局，再看看经济危机之后企业再次滑入"一切如昨"的境地，你就会清楚这一点。事实上，全球政治尚未酝酿成熟，基础条件还有欠缺，单凭援助和慈善事业应对这些挑战远远不够，动用武力带来的麻烦则会比解决的问题更多。经济全球化让我们看见了希望的曙光，但迄今为止，它还是没有能够将触角延伸到绝大多数人那里。世界各地的人们关于同一个问题的质疑之声越来越多：资本主义对利润和增长的渴求难道一定要与贫困加剧和环境恶化为代价吗？如果答案是肯定的，那么，正如越来越多的反全球化激进主义者认为的那样，挽救这个世界的最后一点希望也破灭了。

然而，正如我在本书中所阐述的那样，也许答案是一个斩钉截铁的"不"。当今时代，我们所面临的重大挑战与机遇在于创建一种能够提升全球 67 亿人生活水平的商业模式，并且要以一种尊重自然以及文化多样性的方式进行。事实上，这是追寻全球可持续发展的唯一一种切实可行的道路。企业有能力——也必须——引领这条道路。

谁会成为 21 世纪的守护者？

尽管在引领我们走向可持续发展世界的道路上，商业一直扮演着推手的角色，但同时我们也愈来愈清楚地意识到，仅仅依靠全球资本主义制度并不能解决全部问题。随着 2009 年全球经济彻底崩盘，关于贪婪和逐利动机能否协调的质疑之声连绵不绝。由于政府对那些惨败的企业巨头不断纾困，并对能源、食品、健康保险以及医药等众多行业的佼佼者们持续发放补贴，人们的愤怒不断翻涌，从"华尔街"到"缅因街"，到处都能看到怒火的痕迹——与这些同时上演的，是世界各地的个人、家庭以及小型企业在大萧条过后的经济衰退浪潮中沉没或苦苦挣扎。

准确地说，全球性的企业通常有着大型、复杂和矛盾的特征，对于每一场可持续发展的商业模式尝试来说，都需要克服遗留的投资问题以及非可持续的行为。例如，杜邦公司，尽管叫嚣着要通过可再生能源以及生物材料脱胎换骨，却还是在全美有毒物质排放的黑名单上位列榜首；英国石油公司，尽管宣称自己要"摆脱石油"，但还是成为在阿拉斯加的北极国家野生动物保护区开采石油和天然气的主要拥护者之一；Interface 公司，世界上最大的商用地毯生产商，虽然一直强调最终将实现"不再使用地下开采的哪怕一滴石油"，然而它还是在亚洲地区销售火爆的地毯业务中使用以化石原料生产的 PVC 作为材料。我们同样还记得，孟山都公司尽管扛起了"食品、健康和希望"的大旗，却还是在为第一世界大量生产着转基因种子，来抵御虫害及除草剂的侵袭。最终，只有一群包括非政府组织以及全球各地激进主义者在内的利益相关者扛起了责任。为什么花旗银行、高盛集团、安泰保险或者维朋公司不能效仿呢？

所以，尽管全球的企业有能力引领我们在接下来的几年间迈入可持续发展的世界，被授权并相互联系的市民社会还是在充当守护者和背书人的角色。事实上，相对默默无闻的小企业而言，正是跨国公司的规模和声望让他们对自下而上的原则极度敏感。这个新的现实同样应该成为政府的警钟：应当开始学习如何通过效仿相互联系的利益相关者所凸显的特征，来设计出对企业监管和规制更加有效的系统！现在，这对我们而言，比历史上的任何一个时刻都更为重要。

由于世界日新月异，我竭尽所能地使此次的版本能与 2007 年的第 2 版有所区别，而不仅仅是停留在材料的更新上。事实上，我已经倾尽所能在第 3 版中，将所有最新的动态以及新的商业冒险都添加了进来。在过去三年间，本书已经彻底改头换面，以至于不得不将原先的副标题"将商业、地球和人类紧密相连"改为："后危机时代的企业战略"。这个改变其实正折射出我们已经到达了一个时代的拐点，以及一个通往可持续发展之路的拐点。为了全球人民的利益，我衷心地希望对于可持续发展的信仰最终能够经受住时间的考验。

注释

1. 深入了解激进的伊斯兰教运动的来龙去脉，参见Benjamin Barber, *Jihad Versus McWorld* (New York: Ballantine Books, 1996); and *Fear's Empire* (New York: W.W. Norton, 2003).

2. 一位匿名情报老兵的观点发人深省：全球伊斯兰教暴乱的幕后黑手并非西方世俗、民主的生活方式，而是西方推行的不可持续的政策，以及中东国家自己的实践。参见 *Imperial Hubris* (anonymous) (Washington, D. C.: Brassey's Inc., 2004)。

3. 《纽约时报》的汤姆·弗里德曼于2003年4月在北卡罗来纳大学凯南−弗拉格勒商学院的讲话。

4. 对西方自由主义观念背后的"可怕的精神分裂症"的深入探讨，参见Paul Berman, *Terror and Liberalism* (New York: W.W. Norton, 2003)。

5. 有关这个话题的一些创造性思考的总结，参见: Kent Butts and Jeffrey Reynolds, *The Struggle Against Extremist Ideology: Addressing the Conditions that Foster Terrorism* (Carlisle Barracks, PA: U.S. Army War College Center for Strategic Leadership, 2005)。还可参见 : Miemi Winn Byrd, "Combating Terrorism: A Socio-Economic Strategy," *JFQ Forum* 41 (2006): 15–19; David Fridovich and Fred Krawchuk, "The Special Operations Forces Indirect Approach," *JFQ Forum* 44 (2007): 24–27。

致谢

本书凝聚了我20余载在可持续发展和商业领域的成果，并作了一定延伸。事实上，完成这本书可以说用了40年。毋庸置疑，我之前在大学、研究生阶段以及社会中的经历都在很大程度上对这项工作的完成起到了影响和决定性的作用。因此，许多人都给予了我无以为报的关爱——导师，教授，指点迷津者，同仁，助教以及我的学生和我的亲友。

当我还是罗切斯特大学一名本科生的时候，如果没有拉瑞·郎格伦（Larry Lundgren）和克里斯蒂安·克林（Christian Kling）教授的启迪，我是断然不会走上环境和管理学的探索之路的。这两位教授唤起了我对这片领域的兴趣，使我热血沸腾。教授对于自己的学生真的会产生重要的、塑造性的影响，我就是一个活生生的例证。对于他们，我永远感激。

在耶鲁大学森林与环境研究学院度过的那段时光中，感谢上帝，我能有幸与后来的乔·米勒（Joe Miller）、劳埃德·爱尔兰（Lloyd Irland）以及贾斯·沃伊特（Garth Voight）共事，这三位教授帮我进一步确立了自己的研究兴趣，并加深了对环境政策与管理领域的理解。他们同样使我对环境活动的历史渊源以及它是如何适应更具包容性和更大型社会演进的过程有了一个理性的认识。[1]

20世纪70年代末期，在纽约北部的人类和科学研究院，我首次与"现实世界"亲密接触（找到了一份实践性的工作）。我迎来了自己的第一个老板——戈登·安克（Gordon Enk），在他的领导下，担任经济和环境这门学科的实验助理一职。在这次工作中，我与戈登建立的学术关系和私人感情一直维系至今。事实上，如果我必须挑出一位对我影响最为深远的人，非戈登·安克莫属。他在环境学和经济学体系中都有着不错的知识背景，并且非常专注于这方面的研究工作（戈登·安克获得了耶鲁大学自然资源经济学的博士学位），他是第一个告诉我应该对社会和经济绩效难以兼得的观点持怀疑态度的人。在战略决策制定的过程中，应该将各方利益相关者纳入考虑范畴，对这一方面的研究，当时的他可以说走在了时代的前列。

致谢

在他的领导下，我们承接了一系列的项目，将各式各样关于在重要的社会和战略决策中的呼声纳入考虑范围。我们将其中的收获发表在了诸多杂志上，时至今日，这些结论在时间的考验中仍旧屹立不倒。[2]

也就是从那时起，戈登和我一直并肩工作：他在密歇根大学的论文委员会工作[3]；在他为一家国际造纸厂从事管理工作的几年间，我则为他提供顾问咨询服务。再后来，他又成了密歇根大学企业环境管理项目、北卡罗来纳大学可持续发展企业研究中心的活跃分子，现在他又加入了康奈尔大学全球企业可持续发展研究中心。在我创办的非营利组织——可持续发展企业协会的建立过程中，他同样扮演着不可或缺的角色。在翻阅这篇手稿的时候，戈登一定会看到他对我的观点所产生的潜移默化的影响。他应该会为自己教育出了一个不错的学生倍感欣慰。

在密歇根大学攻读博士学位的时光中，几位重要的老师给予了我良多的教诲与深远的影响。彼得·安德鲁斯（Pete Andrews，现在在北卡罗来纳大学任职）、蕾切尔·卡普兰（Rachel Kaplan）、吉姆·克劳夫特（Jim Crowfoot）、陈侃（Kan Chen）、保罗·诺瓦克（Paul Nowak）和比尔·德雷克（Bill Drake，已经辞世）对我的影响尤为深远，意义也格外重大。在这里尤其要提到的是蕾切尔·卡普兰，在我论文的撰写过程中，我获得了来自这位女士的无数鼓励与支持。1983年博士毕业之后，我又来到密歇根大学安娜堡分校的科学与研究学院担任研究员并攻读博士后。在那段岁月中，我与马克·伯格（Mark Berg）博士、唐·迈克尔（Don Michael）博士，以及唐纳德·佩尔斯（Donald Pelz）和奈特·卡普兰（Nate Kaplan）一同工作。同样也是在那段时间，两位后来对我产生了重大影响的人闯入了我的生活，我与他们建立了延续至今的工作关系与友谊，他们分别是丹·戴尼森教授（Dan Denison，现在在瑞士洛桑国际管理学院任职）以及贾克·戈尔茨（Jac Geurts，现在在荷兰蒂尔堡大学任职）。他们对我学术上的进步起到了醍醐灌顶的作用，尤其是在我将通过企业战略和组织变革结合以解决社会影响与环境管理问题上更是令我茅塞顿开。一直到今日，我仍然与他们携手工作。[4]

20世纪80年代中期，我在密歇根大学商学院成为了战略管理学的一名教授。在那里，在与简·达顿（Jane Dutton）教授、鲍勃·奎因（Bob Quinn）教授以及尼尔·迪驰（Noel Tichy）教授相处的时光中，我获得了

261

莫大的帮助。在那些年间，吉姆·沃尔什（Jim Walsh）教授同样是一位让我受益匪浅的益友、知己和顾问，如果没有他的帮助，鼓足勇气应对职业生涯中的那些冒险对我来说将会变得举步维艰。最近，在与美国密歇根大学威廉·戴维森研究所的所长鲍勃·肯尼迪（Bob Kennedy）以及教授迈克尔·戈登（Michael Gordon）一起工作的过程中，我同样收获颇丰。

然而，我尤其需要感激的一位教师是已故的普拉哈拉德教授。20世纪80年代末，当时我对自己的职业生涯完全丧失了信心：那些难于激发我半点兴趣或是激情的研究和教学耗费了我愈来愈多的时间，在这些研究和教学实践中我只能是业绩平平。许多资深的同事都劝我忘记自己的学术背景，放弃对环境与可持续发展的兴趣，只有零星的声音对我表示支持，普拉哈拉德教授就是其中之一。直到现在，我仍然对那些场景记忆犹新：他几乎命令似地告诉我，要利用自己在这门学科上的背景，继续追寻梦想。此时，若是没有邂逅普拉哈拉德教授，我是断然不会清醒地做出这个决定（那是在1990年）——将我此后的职业生涯投入到将商业和可持续发展融合的事业中。普拉哈拉德教授依靠战略进行创新的独到观点对我形成关于可持续发展企业的思想基础产生了重大的影响。在这一点上，以及其他方方面面上，普拉哈拉德教授都值得我感念，我将深切缅怀他。

早年间，其他令我受益匪浅的人中，还包括：保罗·霍肯（Paul Hawken），尤其是他的著作《商业生态学》（*The Ecology of Commerce*）；艾德·弗里曼（Ed Freeman）及其意义深远的著作《战略管理：一个股东的视角》（*Strategic Management: A Stakeholder View*）；约翰·埃尔金顿（John Elkington）和他最先在《餐叉食人族》（*Cannibals With Forks*）一书上发表的关于"三重底线"的观点，以及迪克·瓦尔特（Dick Vietor）教授和哈佛商学院的福斯特·莱因哈特（Forest Reinhardt）教授，他们在20世纪90年代初整理了大部分关于环境与商业的早期教学案例。

还有另外两位老师需要重点提及，正是在他们的鼓舞下，我走上了这条道路：现于康哥迪亚大学任教的保尔·希瓦史塔瓦（Paul Shrivastava）教授以及现于密歇根大学任教的汤姆·格莱德温（Tom Gladwin）教授。[5] 在我看来，保尔和汤姆绝对可以称得上是这片学术领域的弄潮儿。当其他商学院的人纷纷对这片领域的内容嗤之以鼻的时候，他们就已经致力于这方面的研究工作了。与普拉哈拉德一样，保尔和汤姆在我投身这段职业生涯的初期，带领我迈出了勇敢的步伐。这是我所做过的最棒的决定，我对他们的感激之情无以言表。

要是没有另外两位挚友的帮助，我要想成功地创办企业环境管理项目（CEMP）——现在是 Erb 研究院的双硕士学位课程——无异于痴人说梦。这就是于 1990 年从耶鲁大学赴密歇根大学担任自然资源和环境学院院长的加里·布鲁尔（Garry Brewer）以及同期走马上任的商学院院长的乔·怀特（Joe White）。尤其要感谢加里·布鲁尔，他不仅在为两所学院搭建沟通桥梁中起到了关键的作用，还在项目的早期工作中给予了支持与庇佑。要是没有加里和乔所作出的伟大贡献，CEMP 项目只能是天方夜谭。这两位先生向我伸出了援手，使我对将这两个领域紧密相连所要面对的机遇与挑战有了更加深入的理解。

在北卡罗来纳大学的时候，休·奥尼尔（Hugh O'Neill）教授、里奇·贝蒂斯（Rich Bettis）教授以及本·罗森（Ben Rosen）教授和后来的罗伯特·沙利文（Robert Sullivan）院长都对我恩重如山，他们给了我创立可持续发展企业研究中心（Center for Sustainable Enterprise）的机遇。然而，安妮·约克（Anne York）教授最值得感激，她是我将北卡罗来纳大学作为首选的最大功臣。正是她的热情、远见与坚持使我将计划付诸了实践。对于中心本身来说，我与吉姆·强生（Jim Johnson）教授的工作关系与私人友情在其中发挥了极其重要的作用，在与我共同领导中心的教职员工时，吉姆教会了我许多可持续发展在社会方面的内容，尤其是在少数民族聚居地以及贫困地区方面，甚至连本书书名的创意也是出自吉姆。几年之间，我们经过共同探讨，最终敲定了本书的题目：《十字路口的资本主义》。我的挚友吉姆对我给予了不求回报的关怀，对此我感激不尽。

与密歇根大学的 CEMP 项目一样，我在北卡罗来纳大学建立的可持续发展企业研究中心同样是仰仗了两位先生高瞻远瞩的支持：凯南私有企业研究院（Kenan Institute for Private Enterprise）院长杰克·卡萨达（Jack Kasarda）以及卡罗来纳环境保护项目的前负责人比尔·格雷斯（Bill Glaze）。当商学院的其他人都对这个还在襁褓中的新概念不屑一顾的时候，只有他们愿意在经济上伸出援手。没有他们的帮助，在过去十年间开展的所有工作都无法实现——凯南-弗拉格勒商学院的 MBA 项目也将不复存在。而自 2000 年起，这个项目每年吸引的人数占到了该院总人数的 1/3。这项成就同时还要归功于商学院的吉姆院长，在 MBA 项目创办之初，吉姆就是负责人。

在康奈尔大学期间我同样收获了诸多机遇，有这样几个人需要特别鸣谢：罗伯特·斯维尔日加（Robert Swieringa）院长，院长助理乔伊·托马斯（Joe Thomas），以及阿兰·麦克亚当斯（Alan McAdams）教授、诺姆·斯科特（Norm Scott）教授、鲍勃·利比（Bob Libby）教授、百特·曼尼克斯（Beta Mannix）教授和鲍勃·弗兰克（Bob Frank）教授等，还有很多人需要感谢，在此不再一一列举。在过去的两年时间里，康奈尔大学的校长大卫·斯科顿（David Skorton）教授也是我坚强的后盾；2009 年，我创建了康奈尔可持续发展企业全球论坛，来自他的帮助功不可没。与康奈尔大学的董事凯文·麦克加文（Kevin McGovern）一起工作的岁月，以及过去两年与水资源计划（TWI）的先锋小组一起开展行动时的时光都是我人生中异常宝贵的经历。最后要感谢庄臣公司的名誉董事长，已故的塞缪尔·约翰逊先生。拥有远见卓识的塞缪尔先生和约翰逊家族都曾在全球可持续发展企业项目以及可持续发展企业研究中心赞助过关于庄臣公司的讲座。另外还要感谢几位有先驱精神的赞助者：瑞士科学家、企业家汉斯·祖林格（Hans Zulliger）博士，他是北卡罗来纳大学可持续企业研究中心的讲座捐助者；在密歇根大学，弗雷德·厄尔布（Fred Erb）和马克斯·麦克格劳基金会（Max McGraw Foundation）分别捐资创建了 Erb 研究院全球可持续发展企业讲座，以及马克斯·麦克格劳讲座。他们的重要贡献是一份上天的厚礼，使得在主要的大学与商业院校的工作变得常规化和体制化了，我们深切意识到这一点的重要性。

还有很多来自企业和非营利机构的人士，他们这些年的支持和广泛影响值得我深深感激。杜邦公司的保罗·泰伯（Paul Tebo）需要特别感谢。像戈登·安克一样，保罗和杜邦公司先前参与密歇根大学、北卡罗来纳大学（UNC）的项目，现在参与康奈尔大学的项目。杜邦也为所有的三所院校的项目提供资金支持。道恩·瑞特豪斯（Dawn Rittenhouse）、约翰·洛特（John Lott）、约翰·霍奇森（John Hodgson）、爱德华多·万尼克（Eduardo Wanick）、托尼·阿诺德（Tony Arnold）都是来自杜邦的员工，正如之前的 CEO 恰德·霍利德（Chad Holliday）一样，他们都对我们的工作起了关键性的支持作用。马特·阿诺德（Matt Arnold）最初是在环境与商业管理研究院（MEB），后来这几年在世界资源研究所（WRI）工作——这家机构在业界有着广泛的影响力。在 20 世纪 90 年代初，我们开始了一段并肩作战的旅程，当时他在组建 MEB，而我正在密歇根创办 CEMP 项目。马特后来继续在普华永道公司（PWC）从事着可持续金融机构方面的实践。

像杜邦公司一样，世界资源研究所也与我们保持了十多年的长期合作关系，其中的乔纳森·赖什（Jonathan Lash）、里克·邦奇（Rick Bunch）、珍妮弗·雷克（Jennifer Layke）、罗博·戴（Rob Day）、麦格汉·查普尔（Meghan Chapple）、艾尔·哈蒙德（Al Hammond）、丽兹·库克（Liz Cook）等人都给我们提供了关键的帮助。陶氏化学公司（Dow Chemical Company）和戴夫·柏兹利（Dave Buzzelli）、斯科特·诺伊斯（Scott Noesen）也是我要特别感谢的。陶氏公司是密歇根大学 CEMP 项目早期的赞助者之一，后来在商学院与自然资源和环境学院同时开设讲座。世界银行的简·普拉特（Jane Pratt）、杰德·谢林（Jed Schilling）和（后来的）高山研究所（Mountain Institute）也是我们重要的长期合作伙伴。这些年，他们一直都是项目涉及领域和项目本身不可或缺的支持者。

我还要感谢李·谢林（Lee Schilling）和马克·布里杰（Mac Bridger），感谢他们在商业上的领导才能和对项目的参与，当时他们是坦德斯集团 Collins & Aikman Floorcovering 公司的高级主管。还有伯灵顿化学公司的山姆·摩尔（Sam Moore）、可口可乐公司的丹·弗米尔（Dan Vermeer）（现在在杜克大学）、当时在福特公司的戴比·赞克（Debbie Zemke）、惠普公司的吉姆·希茨（Jim Sheats）、芭芭拉·沃夫（Barbara Waugh）、格雷·赫曼（Gray Herman）也要受到感谢。还有宝洁公司的格雷格·奥尔古德（Greg Allgood）、查克·盖尔（Chuck Gagel）、基思·祖克（Keith Zook）、乔治·卡朋特（George Carpenter）。在过去的五年中，菲斯克·约翰逊（Fisk Johnson）、斯科特·约翰逊（Scott Johnson）、简·亨特利（Jane Hutterly）等庄臣公司的一行人，作为关键赞助者和合作者也都值得特别感谢。因为不论在康奈尔大学还是在公司内部，他们都在将可持续全球公司建设的工作不断向前推进。

尽管这份感谢名单已经拉得很长，但如果我没有提及以下这些人，就是我的严重疏忽了。他们正是我的合著者以及同事们。基于他们对我的想法的影响和重塑，在某种程度上，他们甚至可以说是这本书中某些字句的原创者。尽管这本书中基础性的概念在 20 世纪 90 年代几位作者单独撰写的文章中已经出现过，但是后期合作者的作用同样不可小视。[6] 我要感谢C.K. 普拉哈拉德教授（来自密歇根商学院）在我们的共同工作中发挥的重要影响，也是他最先提出在金字塔底层寻求商业机会的想法。[7] 这方面的工作成果将在第5、6、8章中体现出来。克莱顿·克里斯滕森（Clayton Christensen）教授（来自哈佛商学院）也值得特别感谢。他和我合著了两篇文章，他的颠覆性创新理论与我的可持续发展和金字塔底层理论得到了有机的结合。[8] 第5章正是我们的合作成果。最近几年，我也和桑杰·沙马教授（现在是康哥迪亚大学莫尔森商学院的院长）有过合作经历。第7章展示了我们在处理边缘利益相关者和深度合作方面的研究结果。[9]

在过去的十年间，两位北卡罗来纳大学的博士毕业生也成了我重要的同事和合作伙伴。我与马克·米尔斯泰因（Mark Milstein）相识逾15载，我在密歇根做CEMP项目时他还是个学生。从他在UNC做博士生开始，我和他已经合作撰写了3篇文章。[10] 我们在研究创造性破坏和可持续性上的共同成果体现在第2章和第4章；第3章的一部分也要直接归功于我们在这方面的合作。我要骄傲地说，我们的合作还会继续——马克现在已荣升康奈尔大学可持续性全球企业中心主管。由于泰德·伦敦（Ted London）有着广泛的国际合作经验，所以我们之间的合作也变得意义非凡。第6章和第8章中蕴含了我与泰德在他在北卡罗来纳大学读博士时一起工作的成果，我们为金字塔底层入口检验了正在出现的市场战略。[11] 泰德现在是密歇根大学戴维森研究院的高级研究员，带领他的团队研究有关金字塔底层的项目，并已经为这片新兴的领域贡献了几部著作。我和泰德也已经进入了撰写一本有关金字塔底层的书籍的最后阶段，今年之内，沃顿商学院即将出版这本书。

两位现在在康奈尔大学读博士的学生也要特别提一下，他们是艾瑞克·西蒙尼斯（Erik Simanis）和邓肯·杜克（Duncan Duke）。我和艾瑞克的合作开始于教堂山（Chapel Hill），那时他帮助我完成了金字塔底层协议项目的早期工作。艾瑞克带领庄臣公司和杜邦旗下的舒莱（Solae）公司的BoP协议项目的团队，也负责了BoP领域共同创造进程的发展。我和他一起撰写了三章内容，他对我在过去几年的想法产生了重要的影响。[12] 在第7、8、9章体现了他所做工作的部分，即为商业战略领域引入了人类学和行为研究的内容。事实上，第9章的重要内容改编自我们在《斯隆管理评论》上最新发表的论文。邓肯·杜克为BoP协议的发展同样作出了重要的贡献。

第 9 章描述了邓肯带领 TWI 公司的团队共同创新的过程。和艾瑞克、邓肯一道，我们写了另外一个部分，这也对我的想法有不小的启发。[13]

所有这四位现在或以前的学生对 UNC 的可持续发展企业研究中心和康奈尔大学的全球企业可持续发展研究中心都有巨大的贡献：马克·米尔斯泰因在 UNC 中心是研究主管，特别是 2005 年在我加入康奈尔大学的团队前，他和莫妮卡·图斯纳德（Monica Touesnard）一起管理这个中心。2000 年，艾瑞克·西蒙尼斯在 UNC 帮助我构思出了金字塔底层学习实验室模式的雏形，作为其 MBA 毕业后，开始博士学习之前的项目。泰德·伦敦从 2001 年到 2004 年一直作为 BoP 学习实验室的主管付出了巨大的努力，是我们在亚洲、非洲和拉丁美洲等国际工作中的默契合作者。邓肯·杜克在康奈尔大学发展 BoP 协议工作中也特别重要。希望在不远的未来，这四位朋友能作出重要、独立的贡献。

作为可持续性企业学院（SEA）的核心成员，学院也为我尝试新想法，在过程中学习提供了很好的平台。由此看来，我也要感谢我在 SEA 的同系老师们，特别是布雷恩·凯利（Brain Kelly）、大卫·维勒（David Wheeler）、布赖恩·史密斯（Bryan Smith）、约翰·恩弗雷德（John Ehrenfeld）、大卫·贝尔（David Bell）和奈杰尔·鲁姆（Nigel Roome），感谢他们真诚的回馈，并且支持我用这种方法达到最大的影响力来发展、呈现我的想法。

最后，我要感谢我的出版商——沃顿商学院出版社，感谢他们的耐心、支持和出版技术。特别是我的编辑吉姆·柏来德（Jim Boyd）（也是我在美国罗切斯特大学时的同窗），开发编辑艾丽萨·亚当斯（Elisa Adams），项目编辑克雷斯特·哈特（Kristy Hart）和安妮·戈贝尔（Anne Goebel），文字编辑克雷斯塔·哈斯（Krista Hansing）和克雷西·怀特（Chrissy White），以及沃顿的代表保罗·克雷恩多佛（Paul Kleindorfer）教授。本书质量的大幅提高，是他们独到眼光和高超润色的直接结果。我的同事戈登·安克、贾克·戈尔茨、泰德·伦敦、艾瑞克·西蒙尼斯、保罗·泰伯、鲍勃·弗兰克、阿兰·麦克亚当斯和马克·米尔斯泰因也在手稿起草时提供了许多有价值的成果。我长期的同事贾克·戈尔茨和戈登·安克在第 3 版修订时的评论同样给予了我莫大的帮助。自然边际项目的查理·哈库鲁斯（Charlie Hargroves）也在修订过程中提供了有价值的资料。感谢彼得·奈特（Peter Knight）邀请阿尔·戈尔（Al Gore）帮我撰写序言。

显然，这本书的写作过程，用希拉里·克林顿（Hillary Clinton）书中的一句话概括最为精当："劳师动众"。如果篇幅足够，我会尽我所能把对我研究生涯有过重要帮助的人全部——罗列，更多的人将会被提及。最好的朋友们和同事们，如果你们碰巧没有被提起，请原谅我！不过，如果不感谢我的父母——劳埃德·哈特和凯瑟琳·哈特（Lloyd & Katherine Hart），这篇致谢将不会终结。感谢他们对我的教诲，我确信20世纪70年代和80年代，那些看似漫无目的的闲逛是我几十年中最美好的时光。我只是为我父亲生前没能看到这本书的成就而遗憾。我还想提一下我的哥哥保罗，他为我在我曾经想要做博士研究之前的学术道路上树立了一个我不懈追求的榜样。

最后，还要感谢我的妻子帕特丽夏，她是这些年真正不断鼓舞我的人，是我超过35年来工作的最终推动力。没有她的爱和支持，这一切只能是一场泡影。她也是一位天赋异禀的编辑和好知己。我简直不敢想象阅读我的作品、评论我的作品耗费了她多长时间。我的大女儿杰尔也值得特别感谢。在过去的两年里，她作为全球企业可持续发展项目和TWI项目中的一员和我一起工作。在此过程中，作为编辑和研究助手，她对本书第3版有着重要贡献。大部分案例的更新都是由她完成的，她在第9章帮忙撰写了TWI的部分。在过去的两年与她一起工作让我倍感骄傲，期待在未来我们能再度携手。

谨以此书献给我的两个女儿杰尔和珍妮，希望她们能运用它在急流中领航。无论情况是好是坏，她们这一代会最终见证我们向可持续发展世界的转变。我希望上帝保佑，这一刻不会太晚来到。

2010年4月于纽约伊萨卡

注释

1. See, for example, Stuart Hart, "The Environmental Movement: Fulfillment of the Renaissance Prophesy?" *Natural Resources Journal* 20 (1980): 501–522.
2. 部分出版物列举如下：Gordon Enk and Stuart Hart, "An Eight-Step Approach to Strategic Problem Solving," *Human Systems Management*, 5 (1985): 245–258; Stuart Hart, Mark Boroush, Gordon Enk, and William Hornick, "Managing Complexity Through Consensus Mapping: Technology for the Structuring of Group Decisions," *Academy of Management Review*, 10 (1985): 587–600; Stuart Hart, Gordon Enk, and William Hornick, (eds.), *Improving Impact Assessment* (Boulder, CO: Westview Press, 1984); and Stuart Hart and Gordon Enk, *Green Goals and Greenbacks* (Boulder: Westview Press, 1980).
3. Stuart Hart, *Strategic Problem Solving in Turbulent Environments* (Ann Arbor, MI: University of Michigan, 1983).

4. 部分示例出版物列举如下：Jac Geurts, Stuart Hart, and Nate Caplan, "Decision Techniques and Social Research: A Contingency Framework for Problem Solving," *Human Systems Management*, 5 (1985): 333–347; and Daniel Denison and Stuart Hart, *Revival in the Rust Belt* (Ann Arbor, MI: Institute for Social Research, 1987)。

5. 我在该领域一些最早的出版物是与 Paul Shrivastava 共同完成的。比如他和我合著的 Greening Organizations, *Academy of Management Best Paper Proceedings*, 52 (1992): 185–189。

6. 我最重要的两篇独著文章是："A Natural Resource-Based View of the Firm," *Academy of Management Review*, 20 (1995): 986–1014; and "Beyond Greening: Strategies for a Sustainable World," *Harvard Business Review* (January–February 1997): 66–76。

7. C.K. Prahalad and Stuart Hart, "The Fortune at the Bottom of the Pyramid," *Strategy+Business*, 26 (2002): 54–67.

8. Christensen, Clayton, Thomas Craig, and Stuart Hart, "The Great Disruption," *Foreign Affairs*, 80(2) (2001): 80–95; and Stuart Hart and Clayton Christensen, "The Great Leap: Driving Innovation from the Base of the Pyramid," *Sloan Management Review*, 44(1) (2002): 51–56.

9. Stuart Hart and Sanjay Sharma, "Engaging Fringe Stakeholders for Competitive Imagination," *Academy of Management Executive*, 18(1) (2004): 7–18.

10. Stuart Hart and Mark Milstein, "Global Sustainability and the Creative Destruction of Industries," *Sloan Management Review*, 41(1) (1999): 23-33; "Creating Sustainable Value," *Academy of Management Executive*, 17(2) (2003): 56-69; and "In Search of Sustainable Enterprise: The Case of GE's Ecomagination Initiative," *Value*, 1(1) (2006): 36-43.

11. Ted London and Stuart Hart, "Reinventing Strategies for Emerging Markets: Beyond the Transnational Model," *Journal of International Business Studies*, 35 (2004): 350-370; and Stuart Hart and Ted London, "Developing Native Capability: What Multinational Corporations Can Learn from the Base of the Pyramid," *Stanford Social Innovation Review*, Summer (2005): 28-33.

12. Erik Simanis and Stuart Hart, "Expanding the Possibilities at the Base of the Pyramid," *Innovations*, Winter (2006): 43-51; Erik Simanis and Stuart Hart, "The Base of the Pyramid Protocol: Toward Next Generation BoP Strategy," *Cornell Center for Sustainable Global Enterprise*, 2008; and Erik Simanis and Stuart Hart, "Innovation from the Inside Out," *Sloan Management Review*, Summer (2009): 77-86.

13. Erik Simanis, Duncan Duke, and Stuart Hart, "The Base of the Pyramid Protocol: Beyond 'Basic Needs' Business Strategies: *Innovations*, Winter (2008): 57–83.

Authorized translation from the English language edition, entitled Capitalism at the Crossroads: Next Generation Business Strategies for a Post-Crisis World, 3rd Edition, 9780137042326 by Stuart L. Hart, published by Pearson Education, Inc., Publishing as Wharton School Publishing, Copyright © 2010 by Pearson Education, Inc.

All rights reserved. No part of this book may be reproduced or transmitted in any form or by any means, electronic or mechanical, including photocopying, recording or by any information storage retrieval system, without permission from Pearson Education, Inc.

CHINESE SIMPLIFIED language edition published by PEARSON EDUCATION ASIA LTD., and CHINA RENMIN UNIVERSITY PRESS Copyright © 2012.

本书中文简体版由培生教育出版公司授权中国人民大学出版社合作出版,未经出版者书面许可,不得以任何形式复制或抄袭本书的任何部分。

本书封面贴有Pearson Education(培生教育出版集团)激光防伪标签。无标签者不得销售。

图书在版编目（CIP）数据

十字路口的资本主义（第3版）/（美）哈特著；李麟等译. —北京：中国人民大学出版社，2012.12
（走出发展困局之一）
ISBN 978-7-300-15317-9

Ⅰ.①十… Ⅱ.①哈…②李… Ⅲ.①企业发展战略-研究 Ⅳ.①F272

中国版本图书馆CIP数据核字（2012）第173926号

走出发展困局之一
十字路口的资本主义（第3版）
斯图尔特·L·哈特 著
李麟 李媛 钱峰 译
Shizi Lukou de Ziben Zhuyi

出版发行	中国人民大学出版社		
社　　址	北京中关村大街31号	邮政编码	100080
电　　话	010-62511242（总编室）	010-62511398（质管部）	
	010-82501766（邮购部）	010-62514148（门市部）	
	010-62515195（发行公司）	010-62515275（盗版举报）	
网　　址	http://www.crup.com.cn		
	http://www.ttrnet.com（人大教研网）		
经　　销	新华书店		
印　　刷	北京中印联印务有限公司		
规　　格	165 mm×240 mm 16开本	版　次	2012年12月第1版
印　　张	18 插页1	印　次	2012年12月第1次印刷
字　　数	261 000	定　价	36.00元

版权所有　侵权必究　　印装差错　负责调换